Gustav Eiten

Das Unterkönigtum im Reiche der Merowinger und Karolinger

EHV
HISTORY

Gustav Eiten

Das Unterkönigtum im Reiche der Merowinger und Karolinger

ISBN/EAN: 9783955642822

Auflage: 1

Erscheinungsjahr: 2013

Erscheinungsort: Bremen, Deutschland

@ EHV-History in Access Verlag GmbH, Fahrenheitstr. 1, 28359 Bremen. Alle Rechte beim Verlag und bei den jeweiligen Lizenzgebern.

EHV
HISTORY

Heidelberger Abhandlungen

zur mittleren und neueren Geschichte

Herausgegeben von Karl Hampe, Erich Marcks und Dietrich Schäfer

18. Heft

Das Unterkönigtum im Reiche der Merovinger und Karolinger

Von

Gustav Eiten

Heidelberg 1907

Carl Winter's Universitätsbuchhandlung

Verlags-Archiv Nr. 169.

Inhaltsverzeichnis.

Verzeichnis von Werken, die des öfteren in abgekürzter Form und ohne Druckangabe angeführt sind.

Abel, Karl b. Gr. = S. Abel, Jahrbücher des fränkischen Reichs unter Karl dem Großen Bb. I, 1. Aufl. Berlin 1866.

Acta SS. O. S. Ben. = J. Mabillon, Acta Sanctorum ordinis S. Benedicti. 1. Ausg. Paris 1668 ff., in Fol.

Ann. regni Francor. = Annales regni Francorum rec. Kurze in SS. rer. Germ. 1895.

Ann. Q. D. Einhardi = Annales qui dicuntur Einhardi rec. Kurze in SS. rer. Germ. 1895.

Ann. Fuld. = Annales Fuldenses rec. Kurze in SS. rer. Germ. 1891.

Ann. Bertin. = Annales Bertiniani ed. Waitz in SS. rer. Germ. 1883.

B. = J. F. Böhmer, Regesta chronologico-diplomatica Karolorum. Frankfurt a. M. 1833.

BM. = Böhmer-Mühlbacher, Regesta imperii I. Die Regesten des Kaiserreichs unter den Karolingern. 2. Aufl. Innsbruck 1899 ff.

Bouquet = Recueil des historiens des Gaules et de la France ed. D. Bouquet et al. Nouvelle édition. Paris 1869 ff., in Fol.

Capit. = Monumenta Germaniae Historica, Capitularia regum Francorum (Legum sectio II), in 4°.

Cod. dipl. Langob. = Codex diplomaticus Langobardiae = Monumenta Historiae Patriae Bb. XIII. Turin 1873, in Fol.

DK. = Monumenta Germaniae Historica, Diplomata Karolinorum, in 4°.

Dümmler, O. R. = E. Dümmler, Geschichte des ostfränkischen Reiches. 2. Aufl. Leipzig 1887 f.

Einhardi vita Caroli = Einhardi vita Caroli Magni rec. Waitz in SS. rer. Germ. 1880.

Epp. = Monumenta Germaniae Historica, Epistolae, in 4°.

F. D. G. = Forschungen zur deutschen Geschichte, herausgegeben von der historischen Kommission bei der kgl. Akad. der Wiss. zu München. Göttingen 1862 ff.

Gallia Christ. = Gallia Christiana in provincias ecclesiasticas distributa. 2. Ausg. Paris 1715 ff., in Fol.

Histoire gén. de Languedoc = Devic et Vaissete, Histoire générale de Languedoc. Nouvelle édition (Dulaurier, Mabille u. a.). Toulouse 1872 ff.

Jaffé, Bibl. = Ph. Jaffé, Bibliotheca rerum Germanicarum. Berlin 1864 ff.

Jaffé, Reg. = Ph. Jaffé, Regesta pontificum Romanorum. 2. Aufl. Leipzig 1885 ff.

v. Kalckstein, Robert d. T. = v. Kalckstein, Robert der Tapfere, Markgraf von Anjou, der Stammvater des kapetingischen Hauses. Berlin 1871.

v. Kalckstein, Kapetinger = v. Kalckstein, Geschichte des französischen Königtums unter den ersten Kapetingern. Leipzig 1877.

LL. = Monumenta Germaniae Historica, Leges, in Fol.

Lib. Pontif. = Liber Pontificalis ed. Duchesne. Paris 1884 f.

Mansi, Concil. coll. = Mansi, Sacrorum conciliorum nova et amplissima collectio. Editio novissima. Florenz und Venedig 1759—98, in Fol.

Memorie di Lucca = Memorie e documenti per servire all' istoria del ducato di Lucca. Lucca 1813—70.

Meichelbeck, H. Fr. = Meichelbeck, Historia Frisingensis. Augsburg 1724 ff. in Fol.

MG. = Monumenta Germaniae Historica. Hannover 1826 ff., in Fol. und 4°.

Migne, Patrol. Lat. = Migne, Patrologiae cursus completus. Series Latina. Paris 1844 ff.

M. J. Ö. G. = Mitteilungen des Instituts für österreichische Geschichtsforschung red. von E. Mühlbacher. Innsbruck 1880 ff.

Mühlbacher, Karolinger = E. Mühlbacher, Deutsche Geschichte unter den Karolingern. Stuttgart 1896.

Muratori, Rer. Ital. SS. = Muratori, Rerum Italicarum Scriptores. Mailand 1723 ff., in Fol.

Muratori, Ant. Ital. = Muratori, Antiquitates Italicae medii aevi. Mailand 1738 ff., in Fol.

N. A. = Neues Archiv der Gesellschaft für ältere deutsche Geschichtskunde. Hannover 1876 ff.

Nithardi histor. = Nithardi historiarum libri IV ed. Pertz in SS. rer. Germ. 1870.

Parisot, Lorraine = Parisot, Le royaume de Lorraine sous les Carolingiens (843—923). Thèse. Paris 1898.

Poet. = Monumenta Germaniae Historica, Poetae Latini.

Reginonis chron. = Reginonis chronicon ed. Kurze in SS. rer. Germ. 1890.

Richeri histor. = Richeri historiarum libri IV ed. Waitz in SS. rer. Germ. 1877.

Regesto di Farfa = Il Regesto di Farfa, compilato da Gregorio di Catino e pubblicato dalla società romana di storia patria a cura di J. Giorgi e U. Balzani. Rom 1879 ff.

SS. = Monumenta Germaniae Historica, Scriptores.

SS. rer. Germ. = Scriptores rerum Germanicarum in usum scholarum ex Monumentis Germaniae Historicis recusi. Hannover 1840 ff., in 8⁰.

SS. rer. Lang. et Ital. = Monumenta Germaniae Historica, Scriptores rerum Langobardicarum et Italicarum, in 4⁰.

SS. rer. Merov. = Monumenta Germaniae Historica, Scriptores rerum Merovingicarum, in 4⁰.

Simson, Karl d. Gr. = Abel, Jahrbücher des fränkischen Reichs unter Karl dem Großen Bd. I, 2. Aufl. bearb. von B. Simson. Leipzig 1888. Bd. II, 1. Aufl. von B. Simson. Leipzig 1883.

Simson, Ludwig d. Fr. = B. Simson, Jahrbücher des fränkischen Reichs unter Ludwig dem Frommen. Leipzig 1874 ff.

Tiraboschi, Nonantola = Tiraboschi, Storia dell' augusta badia di S. Silvestro di Nonantola. Modena 1784 f.

Ughelli, I. S. = Ughelli, Italia Sacra sive de episcopis Italiae et insularum adiacentium. Editio secunda (Coleti). Venedig 1717 ff.

Waitz, V.-G. = G. Waitz, Deutsche Verfassungsgeschichte 2. Aufl., Bd. I und II in 3. Aufl. Berlin 1880 ff.

Wartmann, U.-B. von St. Gallen = Wartmann, Urkundenbuch der Abtei St. Gallen. Zürich 1863 ff.

———✻———

Einleitung.

Es ist in der Geschichte des fränkischen Reiches eine häufige Erscheinung, daß die Herrscher gemäß der privatrechtlichen Auffassung ihres Königtums bei Lebzeiten Teile des Reichs, die dann mit dem Königstitel ausgestattet werden, aus bestimmten Gründen ihren Söhnen zu gesonderter Verwaltung übergeben. Zu einer Loslösung dieser Gebiete vom Reichskörper soll jedoch dieses Verfahren nicht führen. Die Zugehörigkeit der unter getrenntes Regiment gestellten Gebiete zum Ganzen bleibt vielmehr durchaus bestehen, indem ihre Regenten in ein Vasallitätsverhältnis zu dem regierenden Herrscher treten. Dieser behält sich die Oberherrschaft und das oberste Verfügungsrecht auch in den abgetretenen Landesteilen vor. Für eine derartig beschränkte, an nächste Familienangehörige übertragene Herrschaft ist der Name Unterkönigtum eine gebräuchliche und zutreffende Bezeichnung. Je nach den besonderen Kräften, die bei der Entstehung wirksam sind, und nach den besonderen Verhältnissen, unter denen sie besteht, kann eine solche Bildung eine größere oder geringere Rolle im Staatenleben spielen, kann einem Reiche zu Nutzen und Vorteil gereichen oder auch die verderblichsten Folgen für dasselbe in sich bergen und seinen Bestand ernstlich gefährden. Die hohe Bedeutung, die das Unterkönigtum so mehrfach für die Entwicklung der Staaten gewann, läßt eine Untersuchung dieser staatlichen Institution des frühen Mittelalters von ihren ersten Anfängen an, die in die Zeit des merovingischen Königtums zurückreichen, wohl berechtigt erscheinen.

I.

Das Unterkönigtum im Reiche der Merovinger.

---

1. Austrasien unter Dagobert I. (623—629).

Wenn man davon absieht, daß im Jahre 589 Childebert II. auf Bitten der Bewohner von Soissons und Meaux seinen Sohn Theudebert zum Herrn dieser Städte machte,[1] fällt das erste Auftreten des Unterkönigtums in der fränkischen Geschichte in die Regierungszeit des Königs Chlothar II. Er ernannte Anfang 623 seinen Sohn Dagobert (I.) zum König von Austrasien, dem östlichen germanischen Teile des Reiches.[2] Die Lage der Dinge, die diesen Schritt des Königs veranlaßte, war folgende. Mit Hülfe des aufrührerischen Adels in Austrasien und Burgund, der das strenge monarchische Regiment der Brun=hilde nach dem Tode ihrer Enkel nicht länger dulden mochte, war es dem neustrischen König Chlothar II. im Jahre 613 ge=lungen, auch das burgundisch=austrasische Reich in seinen Besitz zu bringen und so das gesamte Frankenreich in seiner Hand zu vereinigen.[3] Die Wiedervereinigung verschaffte naturgemäß

---

[1] Gregorii Turonensis hist. Francor. IX, c. 36, SS. rer. Merov. I, 391.

[2] Über die Chronologie der merovingischen Könige vgl. die Unter=suchung von B. Krusch in F. D. G. XXII, 449—490; die hier vorliegende Datierung S. 468.

[3] Fredegarii chronicon IV, c. 40—42, SS. rer. Merov. II, 140—142. Liber historiae Francor. c. 40, SS. rer. Merov. II, 310.

dem Königtum wieder eine gebietende Stellung und eine größere
Machtfülle, als dasselbe vorher besessen hatte; doch nur zu bald
mußte Chlothar erkennen, daß es ihm nicht möglich war, die
Einheit völlig zu bewahren. Die Aristokratie verlangte für
ihre Unterstützung, die sie ihm 613 hatte zuteil werden lassen,
bedeutende Zugeständnisse und war auch imstande, ihren Forde=
rungen den nötigen Nachdruck zu geben. Gerade während der
Bürgerkriege hatte der Adel bedeutend an Macht gewonnen,
und das Selbständigkeits= und Sonderheitsgefühl der einzelnen
Landesteile war außerordentlich gewachsen. Namentlich in
Austrasien hatten Minderjährigkeitsregierungen, bezw. die ge=
fährdete Lage des Landes nach Osten hin und die überwiegend
germanische Nationalität im Gegensatz zu dem romanischen
Westen diese Entwicklung begünstigt. Nachdem man nun soeben
das absolutistische Regiment der Brunhilde abgeschüttelt hatte,
war man in Austrasien keineswegs geneigt, sich dem monarchischen
Einheitsstaate mit starker Zentralgewalt unterzuordnen. Der
austrasische Adel erkannte sehr wohl, daß es mit seiner Macht
und seinem Einfluß auf die Regierung vorbei sein würde, falls
Austrasien als einfache Provinz vom neustrischen Hofe aus
regiert würde. Sein Streben ging also dahin, für das Land
eine selbständige Regierung unter einem besonderen Könige zu
erlangen, auf den er den maßgebenden Einfluß ausüben konnte.
Diesen Forderungen vermochte sich König Chlothar auf die
Dauer nicht zu entziehen. Nachdem er gleich im Anfange seiner
Alleinherrschaft im Jahre 613 schon einen besonderen Haus=
meier namens Rado für Austrasien eingesetzt hatte,[1] sah er sich
zu Anfang des Jahres 623 genötigt, seinen Sohn Dagobert
zum König von Austrasien zu ernennen, das dieser fortan im
eigenen Namen regieren sollte. Jedoch wurden alle Gebiete

---

[1] Fredegarii chronicon IV, c. 42, SS. rer. Merov. II, 142⁷.

südlich und westlich der Ardennen und Vogesen abgetrennt; wie uns Fredegar berichtet,[1] behielt Chlothar sie für sich zurück: «Anno 39. regni Chlothariae Dagobertum, filium suum, consortem regni facit eumque super Austrasius regem instituit, retinens sibi, quod Ardinna et Vosacos versus Neuster et Burgundia excludebant.» Als Berater wurden dem jungen Herrscher beigegeben der Bischof Arnulf von Metz und Pippin, der Stammvater des karolingischen Hauses,[2] die uns als Häupter des austrasischen Adels bereits bei der Empörung von 613 begegnen.[3] Pippin scheint damals auch die Haus=meierwürde für das Ostreich erhalten zu haben, denn in dieser Stellung wird er bei Fredegar bald darauf genannt.[4]

Über die Stellung des neuen austrasischen Königs sind wir nur sehr unzureichend unterrichtet. Als sicher dürfen wir an=nehmen, daß das austrasische Reich und sein Herrscher in einem gewissen Abhängigkeitsverhältnis zu Chlothar standen, daß dieser sich die Oberhoheit über seines Sohnes Reich vorbehielt.[5] Das geht hervor aus einer Formel der Sammlung des Markulf, aus der wir erfahren, daß bei der Einsetzung eines Sohnes als König über einen Teil des Reiches die Untertanen desselben nicht nur ihm, sondern zugleich auch dem Vater als Oberherrn den Treueid leisten müssen. Die bedeutsame Formel lautet:[6]

---

[1] Fredegarii chronicon IV, c. 47, SS. rer. Merov. II, 144[11]. Vgl. Liber historiae Francor. c. 41, SS. rer. Merov. II, 311[10].

[2] Fredegarii chronicon IV, c. 58, SS. rer. Merov. II, 150[10]: «Post discessum beati Arnulfi adhuc consilius Peppino maiorem domus ... utens ...» Vita S. Arnulfi c. 16, SS. rer. Merov. II, 439[5].

[3] Fredegarii chron. IV, c. 40, SS. rer. Merov. II, 140[12].

[4] Fredegarii chron. IV, c. 52 und 58, SS. rer. Merov. II, 146[16] und 150[11], [17].

[5] Dahn (Könige der Germanen VII, 1, 71) behauptet, wie aus dem Folgenden erhellt, zu Unrecht, daß sowohl Dagobert wie später Sigibert unabhängig und ihren Vätern gleichstehend gewesen wären.

[6] Formulae Marculfi I, no 40, MG. Formulae (LL. sect. V), p. 68.

«Dum et nos una cum consensu procerum nostrorum in regno nostro illo filium nostrum illum regnare precipemus, adeo iubemus, ut omnes paginsis vestros, tam Francos, Romanos vel reliqua natione degentibus bannire et locis congruis per civitates, vicos et castella congregare faciatis, quatenus presente misso nostro, inlustris vero illo, quem ex nostro latere illuc pro hoc direximus, fidelitatem precelso filio nostro vel nobis et leudesamio per loca sanctorum vel pignora quas illuc per eodem direximus, dibeant promittere et coniurare.» Ferner deutet auf eine Oberhoheit des Vaters, daß Bischof Arnulf von Metz, als er sich aus dem öffentlichen Leben zurückziehen will, sich an Chlothar wendet und ihn bittet, ihm sein Amt abzunehmen.[1] Ebenso nimmt ein austrasischer Großer namens Chroboald aus dem Geschlechte der Agilolfinger, als er von Dagobert bedroht wird, seine Zuflucht zu Chlothar und sucht bei ihm Schutz.[2] Endlich hören wir bei Fredegar,[3] daß Dagobert «iussu patris» nach Neustrien in die Nähe von Paris kommt und hier von ihm die Schwester der Königin Sichielba zur Gemahlin erhält.

Näheres über dieses Abhängigkeitsverhältnis ist bei der Dürftigkeit der Überlieferung nicht zu ermitteln; auch die Urkunden versagen, denn einerseits haben sich die Urkunden Dagoberts aus der Zeit seines Unterkönigtums als Fälschungen erwiesen[4] und andrerseits sind Diplome Chlothars aus dieser

---

[1] Vita S. Arnulfi c. 16, SS. rer. Merov. II, 438[16]: «... repente coepit intenciosissime a principe (i. e. Chlothario) flagitare, ut successorem sui praesulem daret. Mittensque epistolam ...»

[2] Fredegarii chron. IV, c. 52, SS. rer. Merov. II, 146[20].

[3] Fredegarii chron. IV, c. 53, SS. rer. Merov. II, 146[27]: «Anno 42. regni Chlothariae Dagobertus cultu regio ex iusso patris honeste cum leudibus Clippiaco nec procul Parisius venit, ibique germanam Sichieldae regini nomen Gomatrudae in coniugium accepit.»

[4] MG. Diplomata regum Francorum I, 135 ff. (Spuria).

Zeit für austrasische Gebiete nicht überliefert. Ebensowenig lassen sich die wenigen echten Privaturkunden[1] für unsere Frage verwenden.

Sicherlich jedoch schießt in der Beurteilung dieses Abhängig=keitsverhältnisses zwischen Haupt= und Nebenreich in merovingischer Zeit Mlle de Lezardière über das Ziel hinaus, wenn sie be=hauptet[2]: «Ces associations ne communiquaient ainsi aux princes associés qu'une puissance absolument subordonnée à la puissance des rois régnants, et de la même nature que la puissance des ducs et des comtes qui comman-daient dans les provinces au nom des monarques.» Von einer derartig untergeordneten Gewalt des Königs von Austrasien sprechen, seine Stellung mit der eines Herzogs oder gar Grafen vergleichen, heißt doch die ganze Ent=stehungsgeschichte des merovingischen Unterkönigtums und die tatsächlichen Verhältnisse völlig verkennen. Auch Waitz[3] erhebt gegen eine solche Auffassung Einspruch, wie er andrerseits mit Recht bemerkt, daß auch eine vollständige Selbständigkeit der vom Vater eingesetzten Könige nicht behauptet werden könne.

Aber die jenem zustehende Oberhoheit war der ganzen Lage der Dinge entsprechend doch mehr nominell als tatsächlich vor=handen; in Wirklichkeit wurde Austrasien so gut wie selbständig regiert, da die eigentliche Regierungsgewalt in den Händen der so mächtig erstarkten Aristokratie, bezw. ihrer beiden Führer Arnulf und Pippin lag. Sie wußten den jungen König bald ganz unter ihre Bevormundung zu bringen und in ihrem Sinne

---

[1] Gedruckt bei Bréquigny, Diplomata, Chartae, Epistolae, Leges aliaque Instrumenta ad res Gallo-Francicas spectantia ed. Pardessus. Paris 1843 ff.

[2] Théorie des lois politiques de la monarchie française (Nouv. édition. Paris 1844) III, 49.

[3] B.-G. II[3], 1, 167/68.

zu leiten. Daß von einem größeren Einfluß Chlothars keine
Rede sein kann, zeigt das Schicksal jenes Agilolfingers Chro=
doald. Obwohl Chlothar sich für ihn verwandte und auch von
Dagobert das Versprechen erlangte, daß jenem kein Leid ge=
schehen solle, verfügte Dagobert doch unter Nichtachtung der
väterlichen Einrede seine Tötung.[1] Wir haben darin wohl den
Einfluß Arnulfs und Pippins zu sehen,[2] die in dem stolzen
Agilolfinger einen gefährlichen Nebenbuhler fürchten mochten,
doch wird dieser auch grober Vergehen beschuldigt. Ganz be=
sonders klar tritt die Bedeutungslosigkeit der Oberherrschaft des
Vaters und seines höheren Willens, auf der anderen Seite die
große Unabhängigkeit der austrasischen Regierung zutage bei den
Verhandlungen zu St. Quen=sur=Seine unweit Paris (625/6).
Nach der hier erfolgten Vermählung Dagoberts verlangte dieser
wohl auf Veranlassung der austrasischen Aristokratie zu seinem
Reiche alle Gebiete hinzu, die einst dem austrasischen Königreiche
angehört hatten.[3] Entschieden wies Chlothar die Forderung
zunächst zurück (vehementer denegabat), mußte sich aber dann
doch dazu bequemen, die Angelegenheit einem Schiedsgericht zu
unterbreiten, dessen zwölf Mitglieder von beiden Königen be=
stellt wurden. Unter ihnen befand sich auch Arnulf von Metz,
und hauptsächlich durch seine Bemühungen einigte man sich da=

---

[1] Fredegarii chron. IV, c. 52, SS. rer. Merov. II, 146[24]: «Sed
nulla extante mora, cum Chrodoaldus cum Dagoberto Treverus ac-
cessisset, iusso Dagoberti interfectus est.»

[2] Vgl. Fredegarii chron. IV, c. 52, SS. rer. Merov. II, 146[15] (Chrodoaldus in offensam Dagoberti cadens, instigantibus beatis-
simo vero Arnulfo pontifice et Pippino maiores domus).

[3] Fredegarii chron. IV, c. 53, SS. rer. Merov. II, 147[2]: «Transac-
tis nupciis, diae tercio inter Chlotharium et filium suum Dagobertum
gravis horta fuit intencio: petensquae Dagobertus cuncta que ad
regnum Austrasiorum pertinebant suae dicione vellere recipere;
quod Chlotharium vehementer denegabat, eidem ex hoc nihil velle
concedere.»

hin, daß Chlothar nun doch alle einst austrasischen Lande bis auf die im Süden und Westen der Loire liegenden Enklaven, d. h. also wesentlich Lothringen und die Champagne an seinen Sohn abtrat.[1] Von einer wirklichen Oberherrschaft Chlothars ist hierin wahrlich nichts zu spüren!

Longnon[2] behauptet, auch der ducatus Dentelini sei damals an Dagobert abgetreten worden, auf Grund einer Stelle in Kap. 76 des 4. Buches der Chronik Fredegars.[3] Hier heißt es anläßlich der Reichsteilung, die Dagobert I. 634 zwischen seinen Söhnen Sigibert und Chlodoveus vornahm: «Et quidquid ad regnum Austrasiorum iam olem pertenerat, hoc Sigybertus rex suae dicione rigendum recipere et perpetuo dominandum haberit, excepto docato Dentelini, quod ab Austrasius iniquiter abtultus fuerat, iterum ad Neustrasius subiungeretur et Chlodoveo regimene subgiceretur.» Die Worte Fredegars, daß der ducatus Dentelini von den Austrasiern ungerechterweise in Besitz genommen sei, will Longnon auf das Jahr 625/6 bezogen wissen und meint, daß die Schiedsrichter denselben damals Austrasien zugesprochen hätten als Äquivalent für die Aufgabe der südlich und westlich der Loire liegenden Gebiete, sonst hätte Fredegar kein Recht gehabt zu sagen, er sei Neustrien unrechtmäßig entrissen worden. Der Chronist war jedoch sehr wohl dazu berechtigt, denn diese Stelle bezieht sich auf das Jahr 599/600, wo Theudebert II. von Austrasien im Kriege mit Chlothar II. diesem den ducatus Dentelini abnahm,[4]

---

[1] Fredegarii chron. IV, c. 53, SS. rer. Merov. II, 147⁹: «... tandem ... pater paceficatur cum filio. Reddensque ei soledatum quod aspexerat ad regnum Austrasiorum, hoc tantum exinde, quod citra Legere vel Provinciae partibus situm erat, suae dicione retenuit.»

[2] Texte explicatif zum Atlas historique (Paris 1884 ff.), livr. I, p. 41.

[3] SS. rer. Merov. II, 159¹³.

[4] Fredegarii chron. IV, c. 20, SS. rer. Merov. II, 128²⁴.

was Fredegar als unrechtmäßig bezeichnet, weil dieses Gebiet
zu dem vom Vater überkommenen Erbe Chlothars, zu Neu=
strien gehörte. Da wir auch sonst nirgends einen Beleg für
Longnons Ansicht finden, so ist sie abzulehnen.

Nicht lange nach dem erwähnten Konflikt zwischen Chlothar
und seinem Sohne schied Bischof Arnulf von Metz aus seiner
leitenden Stellung am austrasischen Hofe aus, um hinfort ein
asketisches Leben zu führen.[1] An seine Stelle trat der Bischof
Chunibert von Köln,[2] so daß auch jetzt die weltliche Macht
Pippins in dem Ansehen eines der ersten kirchlichen Würden=
träger eine Stütze fand.

Dieses austrasische Unterkönigtum Dagoberts bestand bis
zum Tode seines Vaters Chlothar II. im Jahre 629,[3] in welchem
Dagobert zur selbständigen Regierung nicht nur in Austrasien,
sondern auch in Burgund und Neustrien gelangte.

Diese Länder waren ihm nicht unbestritten zugefallen,
vielmehr hatte sein jüngerer Bruder Charibert sie mit Hülfe
seines Oheims Brodulf für sich zu gewinnen versucht.[4] Doch
hatte Dagobert, durch ein austrasisches Heer wirksam unterstützt,
sogleich in Burgund und im größten Teile Neustriens Aner=
kennung gefunden,[5] sah sich dann aber genötigt, mit seinem
Bruder eine Auseinandersetzung zu suchen, in der er diesem den
südlichen Teil Aquitaniens als selbständiges Königreich abtrat.[6]

<hr/>

[1] Vita S. Arnulfi c. 16—18, SS. rer. Merov. II, 438/9; vgl. auch
folgende Note. — Bonnell, Die Anfänge des karoling. Hauses (Berlin
1866) S. 98 nimmt das Jahr 627 an; vgl. auch S. 185 ff.

[2] Fredegarii chron. IV, c. 58, SS. rer. Merov. II, 150 [17]: «Post
discessum beati Arnulfi adhuc consilius Peppino maiorem domus et
Chunibertum ponteficem urbis Coloniae utens et ab ipsis fortiter ad·
monetus . . .»

[3] Vgl. Krusch, F. D. G. XXII, 459.

[4] Fredegarii chron. IV, c. 56, SS. rer. Merov. II, 149 [1] ff.

[5] Fredegarii chron. IV, c. 56, SS. rer. Merov. II, 148.

[6] Es handelte sich hier offenbar um eine regelrechte Reichsteilung,

Wie Frebegar berichtet,[1] waren es die Gaue von Toulouse, Cahors, Agen, Perigueux und Saintes und die südlich davon bis zu den Pyrenäen sich erstreckenden Gebiete. Auf Grund einiger Münzen, die diesem Charibert anzugehören scheinen, rechnet Longnon[2] wohl mit Recht auch den pagus Gabalitanus, das heutige Gévaudan, zu diesem aquitanischen Reiche und infolgedessen auch Rouergue und Albigeois, weil sie zwischen dem Gévaudan und den von Frebegar genannten Gebieten liegen. Dafür mußte Charibert auf alle weiteren Ansprüche auf seines Vaters Reich verzichten.[3]

Im Widerspruch mit Frebegars Bericht steht scheinbar eine Urkunde Dagoberts vom 8. April 630,[4] in der er seinen bisherigen Schatzmeister Desiderius als Bischof in Cahors einsetzt, einer Stadt, die nach Frebegar zu Chariberts Reich gehörte. Es darf nun aber daraus nicht der Schluß gezogen

wenn sie auch zu sehr ungleichen Teilen geschah; nichts zwingt uns, die Stellung Chariberts als eine unterkönigliche aufzufassen, wie Dahn annimmt (Könige der Germanen VII, 1, 71). Vgl. Fauriel, Histoire de la Gaule méridionale sous la domination des conquérants germains (Paris 1836) II, 438 f.

[1] Chron. IV, c. 57, SS. rer. Merov. II, 149[7]: «. . . citra Legere et limitem Spaniae quod ponitur, partibus Wasconiae seu et montis Parenei pagus et civitates, quod fratri suo Cairiberto ad transagendum ad instar privato habeto cum vivendum potuisset sufficere, nuscetur concessisse: pagum Tholosanum, Cathorcinum, Agenninsem, Petrocorecum et Santonecum vel quod ab his versus montis Pereneos excludetur.»

[2] Texte explicatif zum Atlas historique livr. I, 42.

[3] Fredegarii chron. IV, c. 57, SS. rer. Merov. II, 149[11]: «Hoc tantum Chairiberto regendum concessit, quod et per pactiones vinculum estrinxit, ut amplius Airibertus nullo tempore adversus Dagobertum de regno patris repetire presumerit.»

[4] MG. Diplom. I, no. 13, p. 15. Die Urkunde wird hier irrig in das Jahr 629 verlegt. Daß sie in das Jahr 630 gehört, zeigen Krusch, F. D. G. XXII, 467 und Histoire gén. de Languedoc II, 162 f. (Note 78).

werden, daß die Stellung Chariberts eine abhängige war, daß etwa Dagobert die Besetzung der Bistümer in dessen Gebiet sich vorbehalten hätte, sondern wir müssen annehmen, daß zwischen Chlothars II. Tode und jenem Teilungsvertrage eine größere Spanne Zeit lag, die vielleicht mit kriegerischen Ereignissen ausgefüllt war,[1] welche Dagobert dann eine Abfindung seines Bruders mit Aquitanien rätlich erscheinen ließen. Diese kann also, wie aus dem genannten Diplom hervorgeht, frühestens im April 630 erfolgt sein,[2] bis zu welcher Zeit Dagobert die Herrschaft über das gesamte Reich in Anspruch nahm und das Recht der Besetzung der Bistümer in dessen ganzem Umfange ausübte.

Die Abgliederung dieses aquitanischen Reiches war nur von vorübergehender Bedeutung, denn bereits im Jahre 631/2 starb König Charibert,[3] dem sein unmündiger Sohn Chilperich in kurzer Zeit folgte. Die Folge war die Wiedervereinigung des gesamten Frankenreichs in Dagoberts Hand.

2. Auſtraſien unter Sigibert III. (634—639).

Jedoch auch Dagobert vermochte bei dem Widerstreben der Aristokratie die Einheit des Reichskörpers und die Alleinherrschaft ebensowenig zu behaupten wie sein Vater. Zur Erringung derselben waren ihm im Jahre 629 die Austrasier, namentlich der ältere Pippin und Chunibert von Köln, die wir als die treibenden Kräfte der Unternehmung ansehen dürfen, wohl behülflich gewesen, weil sie hoffen mochten, daß ihr Einfluß sich auch über die übrigen Teile des Reichs erstrecken werde, falls dieselben der Herrschaft Dagoberts unterworfen würden. Aber es kam anders. Nach einem Umzug durch die neuerwor-

---

[1] Vgl. Fredegarii chron. IV, c. 56, SS. rer. Merov. II, 149², wo von Umtrieben Brodulfs die Rede ist.

[2] Nicht 628, wie Fauriel (l. c. II, 438) glaubt.

[3] Fredegarii chron. IV, c. 67, SS. rer. Mer. II, 154¹².

benen Lande blieb der König nicht in Austrasien, sondern nahm
fortan seinen Aufenthalt in Neustrien,[1] dessen Hauptstadt Paris
als Mittelpunkt vieler königlicher Villen seit Chlodwig eine
bevorzugte Stellung einnahm. Hier war es natürlich mit der
Herrschaft Pippins und überhaupt der Austrasier vorbei; hier
fehlten die festen Grundlagen derselben, der große Grundbesitz
und das überlieferte Ansehen des Geschlechts, und es war vor=
auszusehen, daß die neustrischen Großen, die in Pippin ihren
Hauptrivalen sehen mußten und ihn zu vernichten trachteten,
bald das Übergewicht erlangten.[2]

Es wird nun ferner berichtet,[3] wie sich in Dagobert, seitdem
er seinen Hof nach Neustrien verlegte, eine große Umwandlung
vollzog. Er umgab sich mit Kebsweibern und Buhlerinnen, die
einen verderblichen Einfluß ausgeübt zu haben scheinen. Er
vergaß alle Gerechtigkeit und plünderte in seiner Gier nach
Reichtümern Kirchen und Untertanen.[4]

Wir dürfen wohl annehmen, daß bei dem Umschwung der
Verhältnisse besonders die Austrasier zu leiden hatten.[5] Beides,
der Verlust ihres Einflusses und der ungewohnte Druck erregten
ihre höchste Unzufriedenheit. Naturgemäß ging das Streben
der austrasischen Großen auch jetzt wieder auf die Errichtung
einer vom Hauptreiche gesonderten selbständigen Regierung, die
ihnen ermöglichte, ihren alten Einfluß wieder geltend zu machen,
und die den besonderen Verhältnissen des Ostreichs Rechnung
tragen konnte.

---

[1] Fredegarii chron. IV, c. 58 und 60, SS. rer. Merov. II, 150[20], [24].

[2] Fredegar (chron. IV, c. 62, SS. rer. Merov. II, 151[20]) nennt von
ihnen besonders Äga.

[3] Fredegarii chron. IV, c. 60, SS. rer. Merov. II, 150/1.

[4] Vgl. Fredegarii chron. IV, c. 80, SS. rer. Merov. II, 162[1], wo
Äga viele wieder in ihren Besitz einsetzt.

[5] Vgl. Fredegarii chron. IV, c. 68, SS. rer. Merov. II, 155[17]: «...
dum . . adsiduae expoliarintur (sc. Austrasii).»

Diesem Streben kamen auswärtige Verwickelungen zu statten. Um dieselbe Zeit nämlich kam es mit den slavischen Bewohnern Böhmens, unter denen der fränkische Kaufmann Samo ein Reich gegründet hatte, zum Kriege.[1] Dagobert sammelte ein großes austrasisches Heer und zog gegen sie zu Felde. Während nun aber die gleichzeitig in das Gebiet der Slaven eindringenden Alemannen und Langobarden siegreich kämpften, erlitt der König mit dem austrasischen Heerbann in der breitägigen Schlacht bei Wogastisburg eine vernichtende Niederlage, die Austrasien den verheerenden Einfällen der Slaven preisgab, die sie in der Folgezeit zu wiederholten Malen unter= nahmen, ohne daß etwas gegen sie ausgerichtet werden konnte. Diese Mißerfolge Dagoberts hatten, wie Fredegar ausdrücklich hervorhebt,[2] ihre Ursache nicht in der Überlegenheit der Slaven, sondern in dem bösen Willen der Austrasier, die ihrer Unzu= friedenheit mit den bestehenden Zuständen dadurch Ausdruck gaben, daß sie den König nur schwach unterstützten. Zugleich mochten sie als Vorwand dienen für die Notwendigkeit der Er= richtung einer besonderen Regierung in Austrasien, um die Grenzen gegen die Slaven besser schützen zu können. Als nun wegen erneuter Einfälle derselben Dagobert Anfang 634[3] nach Metz kam, gab er dem Drängen der austrasischen Großen nach und setzte seinen Sohn Sigibert als König von Austrasien ein,[4]

---

[1] Fredegarii chron. IV, c. 68, SS. rer. Merov. II, 155[1].

[2] Fredegarii chron. IV, c. 68, SS. rer. Merov. II, 155[15] (non tantum Sclavinorum fortitudo . . ., quantum dementacio Austra-siorum).

[3] Vgl. Krusch, F. D. G. XXII, 471.

[4] Fredegarii chron. IV, c. 75, SS. rer. Merov. II, 158[26]: «Anno undecimo regni Dagoberti, cum Winidi iusso Samone forteter severint et . . . regnum Francorum . . . ingrederint, Dagobertus Mettis orbem veniens, cum consilio pontevecum seo et procerum, omnesque pri-matis regni sui consencientebus, Sigybertum, filium suum, in Auster regem sublimavit sedemque ei Mettis civitatem habere permisit.» Etc.

ben er seiner neuen Würde entsprechend auch finanziell hinrei=
chend ausstattete.

Für den noch ganz unmündigen König[1] mußte eine vormund=
schaftliche Regierung eingesetzt werden; sie wurde dem Bischof
Chunibert von Köln und dem Herzog Adalgisel übertragen,[2]
einem Sohne Arnulfs von Metz, der mit Pippins Tochter Begga
vermählt war. Pippin selbst trat noch nicht wieder an leitender
Stelle hervor, da er mit einigen austrasischen Großen von Dagobert
in Neustrien zurückgehalten wurde, welcher seinen starken Einfluß
in Austrasien fürchten mochte. Erst nach Dagoberts Tode (639)
kehrte er nach Austrasien zurück, wo wir ihn sogleich wieder an
der Spitze der Regierung finden, allerdings nur für kurze Zeit,
denn bereits 640 machte der Tod seinem Wirken ein Ende.[3]

Der Umfang des neugebildeten Königreiches wird derselbe
gewesen sein, wie er Dagobert im Jahre 625/6 zugesprochen
wurde,[4] denn wir erfahren bei Frebegar,[5] daß die einst zu
Austrasien gehörigen, im Jahre 625/6 aber durch Schiedsspruch
davon losgelösten links von der Loire gelegenen Gebiete erst nach
Dagoberts Tode an Sigibert fallen sollten.[6]

---

[1] Sigibert war noch nicht vier Jahre alt; er war im achten Jahre
der Regierung Dagoberts (630/1) geboren. Fredegarii chron. IV, c. 59,
SS. rer. Merov. II, 150[22].

[2] Fredegarii chron. IV, c. 75, SS. rer. Merov. II, 158[30]: «Chunibertum Coloniae urbis pontevecem et Adalgyselum ducem palacium
et regnum gobernandum instetuit.»

[3] Fredegarii chron. IV, c. 85, SS. rer. Merov. II, 163/4.

[4] Vgl. oben S. 8.

[5] Chron. IV, c. 76, SS. rer. Merov. II, 159[18]: «... Aoster vero
idemque ordine soledato ad regnum Sigyberti idemque in integretate
deberit aspecere, et quidquid ad regnum Aostrasiorum iam olem
pertenerat, hoc Sigybertus rex suae dicione rigendum recipere et
perpetuo dominandum haberit ...»

[6] Daß es sich hier sowohl wie früher wirklich um diese aquitanischen,
bezw. provenzalischen Landschaften handelte, ergibt sich daraus, daß wir
von einigen derselben ihre spätere Zugehörigkeit zum austrasischen Reiche

Wie die oben[1] angeführte Formel des Markulf beweist, blieb dem regierenden König die Oberhoheit über das dem Sohne abgetretene Gebiet, was uns durch eine Privaturkunde vom 30. Dezember 634 bestätigt wird,[2] aus der hervorgeht, daß man damals in Verdun nach Jahren Dagoberts rechnete. Weitere Anhaltspunkte sind auch in diesem Falle aus der vorhandenen Überlieferung nicht zu gewinnen. Wir werden jedoch nicht fehlgehen, wenn wir annehmen, daß es mit der tatsächlichen Abhängigkeit des neuen Reiches nicht besser bestellt war als elf Jahre zuvor mit der des Reiches Dagoberts, wenn auch äußerlich die Form einer Abhängigkeit gewahrt wurde.[3] Die Verhältnisse lagen in beiden Fällen ganz ähnlich, und Sigiberts Unterkönigtum verdankte denselben landschaftlichen Sonderbestrebungen seine Entstehung wie vorher dasjenige Dagoberts. Von einer Einwirkung oder gar Anteilnahme an der Regierung von seiten Sigiberts konnte keine Rede sein, und so lag die gesamte Regierungstätigkeit auf lange Zeit völlig in der Hand der Regentschaft, die natürlich ganz im Sinne einer absoluten austrasischen Selbständigkeit wirkte. Das Ansehen und die Bedeutung der königlichen Macht sank unter diesen Verhältnissen derart, daß nach Sigiberts (III.) Tode im Jahre 656[4] Pippins Sohn Grimoald es wagen zu können glaubte, die alte Dynastie der Merovinger ganz zu beseitigen und seinem Geschlechte den Thron zu gewinnen.

Dagoberts Schritt hatte zunächst den Erfolg, daß das Land vor den Einfällen und Plünderungen der Slaven bewahrt wurde;

---

nachweisen können. Vgl. Bonnell, Die Anfänge des karolingischen Hauses S. 104.

[1] S. 5.

[2] Beyer, Urkundenbuch zur Geschichte der mittelrhein. Territorien (Koblenz 1860 ff.) I, 5/6.

[3] Es ist zu beachten, daß die erwähnte Urkunde (A. 2) noch aus dem Jahre der Einsetzung Sigiberts stammt.

[4] Vgl. Krusch, F. D. G. XXII, 472.

er hatte durch denselben das Interesse der Austrasier an der Verteidigung ihres Landes wieder wachgerufen. Mit Eifer nahmen sie den Kampf gegen die alten Feinde auf und hielten sie fortan von ihren Grenzen fern.[1]

Das Unterkönigtum Sigiberts war nur von geringer Dauer; es ging mit Dagoberts im Jahre 639[2] erfolgtem Tode, gemäß dem Teilungsvertrage von 634/5[3] um bedeutende Enklaven im Süden vergrößert, in ein selbständiges merovingisches Teilreich über.

Damit hat die Untersuchung für die Zeit der Merovinger=herrschaft ihren Abschluß erreicht; ein Unterkönigtum ist im weiteren Verlaufe dieser Epoche nicht bezeugt. Werfen wir zum Schluß noch einen Überblick über seine Gesamterscheinung im Merovingerreich.

Charakteristisch für dieses merovingische Unterkönigtum ist in erster Linie, daß es nicht, soviel wir sehen, der Initiative des jeweiligen Herrschers seine Entstehung verdankt, sondern als eine Forderung der hohen Aristokratie des in Frage kommenden Landesteiles, d. i. Austrasiens erscheint; es steht im Dienst land=schaftlicher Sonderinteressen. In dem großen Machtkampfe, der im 7. Jahrhundert zwischen Adel und Monarchie gekämpft wird und schließlich mit dem Siege des ersteren endigt, haben wir die Institution des Unterkönigtums als eine Konzession zu be=trachten, die von der neuerstandenen Monarchie dem während der Bürgerkriege so weit fortgeschrittenen Sonderheits= und Selbständigkeitsgefühle des östlichen Teiles des Reiches gemacht wird. Es gelang dem austrasischen Adel, die autonome Gesamt=monarchie, die ihren Sitz nicht in Austrasien, sondern in Neu=strien hatte und einen bestimmenden Einfluß auf die Regierung

---

[1] Fredegarii chron. IV, c. 75, SS. rer. Merov. II, 159[4].

[2] Vgl. Krusch, F. D. G. XXII, 468.

[3] Fredegarii chron. IV, c. 76, SS. rer. Merov. II, 159[12].

von seiner Seite unmöglich machte, wieder zu beseitigen und an ihrer Stelle für sich eine gesonderte Regierung unter einem eigenen Könige zu erwirken, die jene Bedingungen erfüllte. Läßt sich nun auch nicht bestreiten, daß dem Reiche dadurch mancher Vorteil erwuchs, namentlich was die Sicherheit der Grenzen und die Ruhe vor äußeren Feinden betrifft, so gefährdete doch dieses austrasische Unterkönigtum im höchsten Maße den einheitlichen Bestand des Reiches, da, wie oben ausgeführt, von einer wirklichen Abhängigkeit von dem Monarchen bei der damaligen Schwäche des merovingischen Königtums kaum geredet werden kann. Austrasien war fast gleichbedeutend mit einem selbständigen Staatswesen und trug ganz den Charakter eines unabhängigen merovingischen Teilreiches. Mit Recht kann daher die Institution des Unterkönigtums im Reiche der Merovinger an staatsschädlicher Bedeutung dem Teilungsprinzip zur Seite gestellt werden.

II.

Das Unterkönigtum im Reiche der Karolinger.

———

A. Das Unterkönigtum unter Karl dem Großen.

———

1. Italien unter Pippin (781—810).

Im weiteren Verlaufe der Geschichte des fränkischen Reiches hören wir von einem Unterkönigtum längere Zeit nichts. Die letzten Zeiten der Merovingerherrschaft und die Begründung der jungen karolingischen Dynastie waren der Entstehung eines solchen nicht günstig. Erst unter der Regierung Karls des Großen tritt es wiederum in Erscheinung, jedoch unter völlig veränderten Verhältnissen.

Karl setzte im Jahre 781 seine Söhne Pippin und Ludwig als Könige in Italien, bezw. Aquitanien ein. Bevor aber die jungen Fürsten ihre Reiche betraten, ließ er sie am Osterfeste des genannten Jahres (15. April) gelegentlich seiner Anwesenheit in Rom durch Papst Hadrian I. feierlich zu Königen salben,[1] um ihrer Herrschaft in den Augen ihrer Untertanen eine höhere Weihe zu verleihen. Auch scheint, wenngleich die meisten Quellen

———

[1] Ann. regni Francor. a. 781, p. 56. Ann. Q. D. Einhardi a. 781, p. 57. Ann. Laureshamenses a. 781, SS. I, 31. Ann. Laurissenses min. a. 782, SS. I, 118. Ann. Mosellani a. 781, SS. XVI, 497.

nichts davon wissen, eine Krönung beider durch den Papst vorgenommen zu sein. Das berichten nicht nur die sog. Annales
Einhardi,[1] sondern auch die Vita Hludowici imperatoris des
sog. Astronomus.[2] Mit Recht hebt Abel[3] der Darstellungsweise
der meisten Quellen gegenüber hervor, daß die päpstliche Salbung
von der eigentlichen Erhebung der beiden Prinzen zu Königen
zu trennen ist, und daß auch keine Rede davon sein kann, daß
der Papst sie gerade zu Königen von Italien, bezw. Aquitanien
gesalbt habe, wie wir in den meisten Annalen wohl der Kürze
wegen berichtet finden.[4]

Was nun zunächst das Königtum Pippins betrifft, so haben
wir über den Akt seiner Einsetzung und über die Anordnungen,
die Karl inbezug darauf getroffen haben wird, keine Nachrichten.
Jedenfalls wurde, wie die italischen Privaturkunden zeigen,[5]
Pippins Herrschaft von Ende April 781 an gerechnet.

Das neue Königreich Italien umfaßte außer den nördlichen
langobardischen Provinzen noch Tuscien und Spoleto, während
die Besitzungen der römischen Kirche und das Herzogtum Benevent nicht dazugehörten. Die ersteren standen nur unter Karls
eigener Oberhoheit, letzteres war 781 noch nicht unterworfen,
wurde aber auch später, nachdem dies geschehen war, nicht zum
Königreich Italien gerechnet, weil seine Abhängigkeit vom Frankenreich nicht dauernd behauptet werden konnte. Dies geht aus dem
4. Kap. der divisio imperii Karls des Großen vom Jahre

---

[1] l. c. p. 57: «... quibus et coronam imposuit.»

[2] c. 4, SS. II, 608⁴⁸: «... et regali insignitus est diademate per
manus Adriani venerandi antistitis» (sc. Hludowicus).

[3] Karl b. Gr. I¹, 313/4; vgl. Simson, Karl b. Gr. I², 380.

[4] Auch Mühlbacher (Karolinger S. 104) macht sich hier zum min-
besten einer Unklarheit schuldig, wenn er sagt: „Der Neugetaufte und
sein jüngerer Bruder Ludwig wurden vom Papst zu Königen, jener zum
König von Italien, dieser von Aquitanien gesalbt."

[5] Cod. dipl. Langob. no. 67 (p. 125), 76 (p. 146), 79 (p. 150).

806 hervor,[1] wo bei der Aufzählung der Teile des italischen Reiches Benevent nicht genannt wird. Venedig, Kalabrien, Apulien, Neapel und einige andere Küstenstriche standen unter byzantinischer Oberhoheit.[2]

Für den noch nicht vierjährigen König[3] wurde eine Regentschaft eingesetzt, über die wir nur sehr schlecht unterrichtet sind. Als vornehmste Mitglieder derselben werden gewöhnlich[4] genannt Adalhard, Abt von Corvey, ein Vetter Karls des Großen, auf Grund einer Stelle der Vita Adalhardi,[5] und der Dichter Angilbert auf Grund der Überschrift eines an ihn gerichteten Briefes Alkuins.[6] Die Haltlosigkeit dieser Angaben aber hat Simson[7] wahrscheinlich gemacht und nachgewiesen, daß der eigentliche Bajulus[8] Pippins, das ist der zugleich mit der Leitung der Regierungsgeschäfte beauftragte Erzieher des jungen Königs, ein Mann namens Rotchild war, der als solcher in zwei urkundlichen Zeugnissen erwähnt wird.[9]

---

[1] Capit. I, 128.

[2] Riezler, Geschichte Baierns (Gotha 1878 ff.) I, 189 nimmt irrtümlich an, daß seit der divisio regnorum Karls d. Gr. von 806 auch Baiern der Verwaltung Pippins unterstanden habe, ohne zu bedenken, daß die divisio erst nach dem Tode Karls in Kraft treten sollte. Vgl. Capit. I, no 45 Einleit. (S. 127) und Ann. regni Francor. p. 121.

[3] Pippin starb nach Ann. regni Francor. p. 132 am 8. Juli 810 und erreichte nach Thegan (Vita Hludowici c. 5, SS. II, 591²⁴) ein Alter von 33 Jahren, seine Geburt fällt also in das Jahr 777. Vgl. Simson, Karl d. Gr. I, 318 A. 2.

[4] Abel, Karl d. Gr. I¹, 319/20. Mühlbacher, Karolinger S. 105.

[5] c. 16, SS. II, 525⁵¹ ff.

[6] Alcuini epistolae, Jaffé, Bibl. VI, 149. Vgl. aber Epp. IV, 37 (no. 11).

[7] Karl d. Gr. II, 435/6.

[8] Vgl. Waitz, V.-G. III, 537.

[9] Muratori, Ant. Ital. II, 977 D: «Dum Rotechild bajulus Pipini regis . . . Atonem episcopum disvestivit». L. c. V, 953 C: «. . . affatus est ipse abbas, quod tempore domini Pipini regis, dum adhuc Rot-

Die Gründe, welche Karl zu der Einsetzung eines besonderen Königs im ehemaligen Langobardenreiche veranlaßten, mochten verschiedener Art sein. Italien war nach seiner Eroberung durch die Franken im Jahre 774 dem fränkischen Reiche nicht als Provinz einverleibt worden, sondern hatte in einer Art von Personalunion mit diesem nur einen gemeinsamen Herrscher in der Person Karls erhalten,[1] der deshalb auch seinem bisherigen Titel noch den eines „rex Langobardorum" hinzufügte und in seinen Urkunden die Jahre seiner Regierung in Italien besonders zählte. Die Stellung Italiens als eines selbständigen Reiches wurde also staatsrechtlich nicht geändert, nur ging die Herrschaft über das Reich an den fränkischen König über. Zum Teil lag diese Sonderstellung begründet in der geographischen Lage des Landes, das von der Hauptländermasse des Frankenreichs durch die Alpen wie durch einen Wall geschieden war. Dazu war der Träger des staatlichen Lebens in Italien ein besonders lebens= kräftiger Stamm, der ein hochentwickeltes Recht besaß, das eben= sowenig umgestoßen werden konnte wie die Volksrechte der übrigen dem fränkischen Reiche unterworfenen Stämme. Auch die nach der Eroberung eingeschobenen fränkischen Elemente[2] mußten mit der Zeit in den Einheimischen aufgehen und dazu beitragen, ihre Selbständigkeit und Widerstandskraft zu verstärken. So machten die Verhältnisse eine Verschmelzung Italiens mit dem übrigen Reiche unmöglich und erschwerten namentlich eine Regierung, die von dem weit entfernten wandernden Hof Karls ausging,

---

cheldo viveret, ... ab eodem Rotchildo de ipso monasterio eiectus fuisset.»

[1] Anders kann das Verhältnis kaum aufgefaßt werden, doch spricht sich Waitz, V.=G. III, 357 dagegen aus.

[2] Es fand eine starke Einwanderung aus allen Teilen des fränkischen Reiches nach Italien statt, vgl. Ab. Hofmeister, Markgrafen und Mark= grafschaften im italischen Königreich in der Zeit von Karl d. Gr. bis auf Otto d. Gr. in M. J. Ö. G. 7. Erg.=Bd., Heft II, S. 226 ff.

ganz außerordentlich. Schon aus diesen Gründen mochte es
Karl angezeigt erscheinen, dem Lande eine besondere Regierung
und in seinem Sohn Pippin einen eigenen Herrscher zu geben;
es wurde auf diese Weise ein genaueres Eingehen auf die
nationalen Besonderheiten und vor allem ein schnelles und wirk=
sames Eingreifen der Regierung im Falle der Not ermöglicht.
Keineswegs aber sollte durch Pippins Einsetzung die Verbindung
Italiens mit dem übrigen Reiche gelockert werden;[1] noch weniger
ist an eine Teilung des Reiches zu denken, wie die Annales
S. Amandi[2] die Erhebung Pippins und Ludwigs fälschlich be=
zeichnen. Vielmehr sollte unter dem Scheine einer größeren
Selbständigkeit das Land nur noch fester an das Frankenreich
gekettet werden. Leicht konnten so, ohne Aufsehen zu erregen,
Maßregeln zur Festigung der fränkischen Herrschaft getroffen
werden, die sonst Mißtrauen und Unzufriedenheit hervorgerufen
hätten. Auf diese Weise ließ sich ferner eine genauere Beauf=
sichtigung der unzufriedenen Elemente, die von seiten der Byzan=
tiner und des noch unbezwungenen langobardischen Herzogtums
Benevent gefördert wurden, möglich machen und so die Gefahr
einer Empörung, wie sie noch 776 ausgebrochen war, erheblich
verringern. Außerdem darf man auch mit Abel[3] in der Ein=
setzung Pippins einen Akt der Staatsklugheit Karls in der
Hinsicht sehen, daß dadurch bezweckt werden sollte, das unter=
worfene Volk durch ein solches Zugeständnis mit der fränkischen
Herrschaft auszusöhnen und es für die neue Dynastie zu ge=
winnen; vielleicht liegt hier sogar das Hauptmotiv für die
Maßregel Karls.

---

[1] Luden, Geschichte des teutschen Volkes (Gotha 1825 ff.) IV, 328
spricht mit Unrecht von einer Absonderung Italiens und Aquitaniens vom
Reiche, die er als Werk des Papstes hinstellt.

[2] SS. I, 12 (zu 780): «Carlus rex divisit sua regna inter filios
suos et perrexit ad Romam.»

[3] Karl d. Gr. I¹, 321/2; vgl. Simson, Karl d. Gr. I, 388.

Diesen Absichten entspricht denn auch die Stellung Pippins und seine Machtbefugnis. Zunächst machte schon die Jugend des neuen Königs ein eigenes Regiment unmöglich, und es ist selbstverständlich, daß Karl der Regentschaft eine unabhängige Stellung nicht gewährte. Aber auch später, als Pippin zu Jahren gekommen war, ist seine Stellung, wie wir sehen werden, eine durchaus abhängige. Das Verhältnis, in welches das langobardische Reich 774 zu dem fränkischen Herrscher getreten war, wurde durch die Neuerung von 781 nicht geändert. Karl behielt auch in Italien die volle Souveränität in seiner Hand; Pippin gab im wesentlichen zu den einzelnen Regierungshand= lungen nur den Namen her. Die Einheit des Reiches blieb vollkommen gewahrt, und wenn in den Erlassen Karls von dem gesamten Reich die Rede ist, so ist Italien mit eingeschlossen. Das geht deutlich aus der divisio imperii von 806 hervor, wo „totum regni corpus" unter die drei Söhne geteilt wird,[1] und ebenso ist die Stelle aus dem Capitulare missorum generale von 802 zu verstehen, wo Karl Königsboten „in universum regnum suum" entsendet.[2] So sagt auch Boretius richtig:[3] „Das Langobardenreich bildete einen Staat in dem unter Karls Zepter vereinigten Staate, ein wenn auch frei sich bewegendes Glied an dem großen Körper des Reiches Karls des Großen".

Diese Auffassung des Verhältnisses Italiens und seines Königs zum Frankenreich lehren alle uns überlieferten Zeugnisse. Ganz allgemein behält sich Karl in der divisio imperii von 806 seine Oberherrschaft ausdrücklich vor:[4] „Haec autem omnia ita disposuimus atque ex ordine firmare decrevimus, ut quandiu divinae maiestati placuerit nos hanc corporalem

---

[1] Capit. I, 127⁹.
[2] Capit. I, no 33, c. 1 (p. 92).
[3] Die Kapitularien im Langobardenreich (Halle 1864) S. 18.
[4] Divisio c. 20, Capit. I, 130.

agere vitam, potestas nostra sit super a deo conservatum
regimen atque imperium istud, sicut hactenus fuit in
regimine atque ordinatione et omni dominatu regali atque
imperiali, et ut obedientes habeamus praedictos dilectos
filios nostros atque deo amabilem populum nostrum cum
omni subiectione, quae patri a filiis et imperatori ac regi
a suis populis exhibetur."

Wie die Angehörigen des italischen Reiches ihrem be=
sonderen Könige, so hatten sie zugleich auch ihrem Oberherrn
Karl den Treueid zu leisten, den sie ihm erneuern mußten,
als er die kaiserliche Würde erlangte.[1] Ganz äußerlich kommt
ferner die Oberhoheit Karls in den italischen Privaturkunden
zum Ausdruck, in denen bei der Datierung zuerst seine Regierungs=
jahre, erst dann auch die Pippins gezählt werden.[2]

Dieser führte den offiziellen Titel „rex Langobardorum".[3]
Gleichwohl aber behielt auch Karl selbst diesen Titel bei[4] und
wendet ihn sogar in einem an seinen Sohn gerichteten Brief
aus den Jahren 806/10 nur für sich an, während er jenen ganz
allgemein mit rex bezeichnet.[5]

In wie großem Umfange sich Karl die Verfügung über die
italischen Angelegenheiten vorbehielt, läßt sich vor allem darin
erkennen, daß sämtliche uns erhaltenen Privilegien, Schenkungen,
Verleihungen, Bestätigungen ꝛc., für italischen Boden von ihm
selbst ausgehen.[6] Hingegen ist uns von Pippin aus seiner

---

[1] Vgl. Capit. I, no 23 (c. 18), 25, 33 (c. 2), p. 63, 66, 92.

[2] Cod. dipl. Langob. no 59—61, 63, 64, 66—69, 75—79. Memorie di Lucca V, 2, no 182—370 (p. 106 ff.).   Regesto di Farfa II,
no 151—213 (p. 116 ff.).

[3] Vgl. Capit. I, no 91 (p. 191).   DK. I, no 202 (p. 271).   Codex
Carolinus no 72, Epp. III, p. 603.   Ficker, Forschungen zur Reichs= und
Rechtsgeschichte Italiens (Innsbruck 1868 ff.) IV, Nr. 4 (S. 4).   Etc.

[4] Vgl. seine Diplome in DK. I. — [5] Capit. I, 211.

[6] BM. 236, 238, 239, 241, 242, 257, 260, 265, 281, 283—285,

29 jährigen Regierungszeit nicht ein einziges Diplom überliefert. Allerdings hatte offenbar auch er das Recht der Erteilung von Privilegien, da Kaiser Lothar in einem seiner Diplome aus dem Jahre 833 deutlich erklärt, daß ihm eine Urkunde König Pippins zur Bestätigung vorgelegen habe.[1] Da dies jedoch, soweit ich sehe, der einzige Fall ist, wo mit Bestimmtheit von einem Diplom Pippins die Rede ist,[2] so müssen wir annehmen, daß diese Befugnis eine sehr beschränkte war und nur in vereinzelten Fällen in Anspruch genommen und ausgeübt wurde. Ebenso ergibt sich auch daraus, daß sich italische Bischöfe an Pippin wandten, um durch seine Fürsprache vom Vater Privilegien zu

291, 293, 305, 312, 313, 319, 320, 322, 338, 348, 371, 398, 400, 401, 405 2c.

[1] Muratori, Ant. Ital. I, 459 D: «Qua de re dum diligenti adhibita investigatione rei veritatem perquireremus ... (fehlt etwas, etwa obtulit) praedictus abba optutibus nostris praecepta antiquorum regum, necnon et bone memorie avi nostri domni Karoli prestantissimi imperatoris, verum etiam et avunculi nostri Pipini quondam gloriosi regis ...»

[2] Doch scheint es mir noch in einem anderen Falle sich unzweifelhaft um eine Verbriefung von Besitzungen durch König Pippin zu handeln, wenn auch nicht geradezu von einem Diplom gesprochen wird. Es heißt in einem Diplome Ludwigs II. von Italien aus dem Jahre 853 mit Beziehung auf eine vorgelegte Urkunde Karls d. Gr. (Ughelli, Italia Sacra V, col. 718): «Cuius precibus inclinati ipsa precepta legere fecimus; sed in domini Karoli augusti invenimus, qualiter Pipinus, gloriosus rex, cum Rotaldo ipsius sedis episcopo ecclesiam S. Zenonis ... renovasset, cum iam rebus debitis privata adeo fuerat ..., ideo ... quasdam res in eadem ecclesia ... delegaverunt atque confirmaverunt, id est ...» Dieselbe Urkunde hatte vorher (815) schon Kaiser Ludwig dem Frommen vorgelegen, vgl. Ughelli, I. S. V, col. 705. — Eine Schenkung Pippins wird außerdem in einer Urkunde Lothars von 832 erwähnt, ob sie aber urkundlich erfolgte, erhellt nicht, vgl. Regesto di Farfa II, 229 (no 292): «... monasterium ... sicut Pippinus avunculus noster et per eius donationem Isingarius eum habuit ...» Vgl. ferner Muratori, Ant. Ital. I, 435. — In Muratori, Ant. Ital. V, 917 handelt es sich nicht um ein Diplom.

erlangen,[1] daß er selbst zum mindesten nicht immer berechtigt war, sie zu erteilen.

Ebenso lag auch die Besetzung der Bistümer und Abteien im Langobardenreich zur Zeit König Pippins, nach den über- lieferten Zeugnissen zu schließen, allein in der Hand des frän- kischen Königs. So wurde namentlich dem Patriarchen Fortu- natus von Grado, der von den Griechen und Venetianern aus seinem Sitze vertrieben war, von Karl das Bistum Pola über- tragen, wie wir einem Briefe Papst Leos III. an ihn entnehmen,[2] in dem jener sich mit dieser Versetzung einverstanden erklärt. Ein weiterer Beweis läßt sich aus einem Schreiben Hadrians I. erbringen, wo er den König bittet, einen unschuldig der Treu- losigkeit angeklagten und abgesetzten Abt in Gnaden wieder in sein Amt einzusetzen.[3] Daß Karl die volle Kirchenhoheit in Italien für sich in Anspruch nahm, wird auch durch eine Anzahl von Urkunden bestätigt, in denen er italischen Kirchen das Privilegium der freien kanonischen Wahl ihrer Vorsteher erteilte.[4]

---

[1] Besonders deutlich DK. I, 271[19] (no 202 aus dem Jahre 803): «Igitur notum sit ..., quia dilectissimus filius noster Pipinus rex Langobardorum ad petitionem viri venerabilis Petri sanctae Comen- sium urbis ecclesiae episcopi serenitati nostrae petiit, ut ... con- firmare deberemus (es handelt sich um eine sehr umfassende Bestätigung des Besitzes der Kirche von Como, darunter Grafschaften, Zölle ꝛc.). Vgl. auch l. c. I, no 208 (p. 278). Der erfolgreichen Fürsprache Pippins wird ferner in den tironischen Noten eines Privilegs Karls d. Gr. für das Kloster Nonantula vom Jahre 797 gedacht (DK. I, no 183, p. 247: «Dom- nus Pipinus rex ambasciavit»).

[2] Epp. V, 95[5] (Jaffé, Reg. 2521, aus den Jahren 806/10): «Nos vero de hac re pertractantes praevidimus, ut, secundum qualiter vestrae imperiali clementiae complacuit, ut in Polana ecclesia per- sisteret, ita maneat ...»

[3] Migne, Patrol. Lat. 98, 360 (Jaffé, Reg. 2432, vom Jahre 781): «...iustum quippe est ... (eum) a vestris praecelsis obtutibus sospi- tem absolvi et in pristinum statum clementissimis iussis vestris nobis poscentibus restitui».

[4] DK. I, no 157 (p. 213) = BM. 284. L. c. no 164 (p. 221) =

Das italische Reich war auch der Beaufsichtigung der von Karl ausgesandten fränkischen missi nicht entzogen. Verschiedentlich ist ihre Aussendung bezeugt, so in der oben angeführten Stelle des Capitulare missorum generale von 802,[1] ganz besonders auch in dem Capitulare per missos cognita facienda, wo cap. 5 die Notiz enthält:[2] „Similiter direximus missos in Aequitania et Langobardia . . . ." Daneben sandte auch Pippin selbst eigene Königsboten aus, wie ihm überhaupt wohl für die innere Verwaltung freiere Hand gelassen war. So spricht er namentlich in seinem Capitulare Papiense von 787 in cap. 10 und 11 von der Aussendung seiner missi:[3] „Placuit nobis . . ., ut missi nostri per regnum nostrum hoc debeant inquirere" und „stetit nobis, ut missos nostros direxerimus infra regnum nostrum previdendum et inquirendum . . ." Auch ein Pfalzgraf Pippins namens Bebroard wird uns in zwei Gerichtsurkunden aus dem Jahre 800 genannt.[4]

BM. 305. L. c. no 174 (p. 233) = BM. 319. — Alle derartigen Privilegien werden vorbehaltlich der königlichen Bestätigung erteilt, die bisweilen ausdrücklich erwähnt wird (so in Karls Privileg für Aquileja von 792, DK. I, 234²: «. . . vir venerabilis Paulinus sanctae Aquileiensis ecclesiae patriarcha . . . clementiam regni nostri petiit, ut . . . ipsa sancta congregatio . . . ex permissa indulgentia nostra salva principali potestate nostra sicut et in ceteris ecclesiis secundum canonicam auctoritatem licentiam habeant super se eligendi pastorem»). Sie beweisen, daß die königliche Ernennung die Regel war. Über die Besetzung der Bistümer unter den Karolingern und das Recht des Königs am Kirchengut vgl. Hinschius, System des katholischen Kirchenrechts (Berlin 1869 ff.) II, 523 ff. Brunner, Deutsche Rechtsgeschichte II (Leipzig 1892), S. 318. Waitz, V.-G. IV, 153 ff.

[1] Capit. I, no 33, c. 1 (p. 92).

[2] Capit. I, no 67 (p. 157). Vgl. Boretius, Die Kapitularien im Langobardenreich S. 91.

[3] Capit. I, no 94 (p. 198).

[4] Ficker, Forschungen zur Reichs- und Rechtsgeschichte Italiens IV, Nr. 4 und 5 (S. 5 f.). Im ersten dieser Placita war auch König Pippin anwesend. — Als Hoferzkaplan wird an anderer Stelle (Miracula S. Ge-

Die allgemeinen Reichsgesetze, die im fränkischen Reiche erlassenen Kapitularien, hatten, wenn sie nicht etwa nur auf ganz
bestimmte Verhältnisse berechnet waren, auch in Italien Gültigkeit auf Grund seiner Zugehörigkeit zum fränkischen Reiche.
Das beweist ihre Aufnahme in die italischen Gesetzeshandschriften
und in den liber legis Langobardorum. So sind z. B. in
letzteren aufgenommen MG. Capitularia I, no 39, 41, 44,
61, 67, 103, [1] nicht in chronologischer, sondern in einer dem
praktischen gerichtlichen Zweck der Sammlung entsprechenden Anordnung. [2] Ihre Publikation im italischen Reiche genügte, um
ihnen auch hier Geltung zu verschaffen, was uns durch einen
Brief Karls an Pippin bezeugt ist. [3] Daß diese allgemeinen
Reichsgesetze, die auch für Italien gelten sollten, noch zur Genehmigung einer italischen Reichsversammlung vorgelegt wurden,
läßt sich nicht nachweisen. [4]

Außer diesen für das ganze Reich geltenden Gesetzen erließ
Karl selbst auch eine Reihe wichtiger Kapitularien, die ganz
ausschließlich für das italische Königreich bestimmt waren. Hierher
gehören die Kapitularien, die Boretius im ersten Bande seiner

---

nesii c. 2, SS. XV, 171 [39]) ein gewisser Ratolb erwähnt, der höchstwahrscheinlich mit dem gleichnamigen Bischof von Verona identisch ist, zu dem
Pippin in guten Beziehungen stand; vgl. die Urkunden Ughelli, I. S. V,
705 und 718.

[1] So finden wir z. B. Capit. I, no 39 im liber Papiensis Karoli
M. als cap. 100—107, LL. IV, 505 ff.

[2] Vgl. Boretius, Die Kapitularien im Langobardenreich S. 56.

[3] Capit. I, no 103 (p. 211). Da Karl erfahren hat, daß gewisse
Verordnungen, die nach seinem Befehle den langobardischen Gesetzen an-
gehängt werden sollten, nicht befolgt würden, weil sie nicht zur allgemeinen Kenntnis gebracht wären, schreibt er an Pippin: «Tu autem nosti,
quomodo vel qualiter tecum locuti fuimus de ipsis capitulis, et ideo
monemus tuam amabilem dilectionem, ut per universum regnum tibi
a Deo commissum ea nota facias et oboedire atque implere
praecipias ...»

[4] Vgl. Boretius l. c. S. 19 f. und Waitz, V.-G. III, 359.

Kapitularienausgabe unter Nr. 88—90, 92, 93, 97—99, 103 mitteilt.

Neben dieser italischen Gesetzgebung Karls des Großen hat auch König Pippin von sich aus seine Anzahl von Verord= nungen erlassen; es sind MG. Capitularia I, no 91, 94—96, 100, 102. Wenn er auch das Recht dazu hatte, so ging doch die Initiative wohl nur in seltenen Fällen von ihm selbst aus; sehr häufig bezieht er sich direkt˜auf die Befehle seines Vaters. So heißt es im Kapitular Nr. 91:[1] „Et hoc damus in mandatis, ut ... per praeceptione domino et genitore meo Karli regis gentis Francorum et Langobardorum ac patricius Romanorum, simul et per nostram praeceptionem unus- quisque iustitia sua accipiat", ferner im Kapitular Nr. 94[2] in der Überschrift: „Incipit capitula de diversas iustitias secundum sceda domini Karoli genitoris nostri" — in cap. 1: „ ... secundum iussionem domini nostri Karoli regis" — in cap. 2: „ ... sicut domnus rex Karolus demandavit" — in cap. 7: „ ... quomodo Karolus rex demandavit et in suo capitulare continet" — in cap. 8: „ ... sicut est iussio ipsius domni nostri Karoli regis" — in cap. 10: „ ... sicut fuit iussio domni nostri" und „sicut domnus noster demandavit". Auch das Kapitular Nr. 102 enthält in cap. 19 die Stelle:[3] „ ... sicut saepius domnus imperator commendavit".

Diese Kapitularien Pippins sind wenigstens zum Teil auf besonderen italischen Reichsversammlungen erlassen worden,[4] an benen dann auch die an seinem Hofe anwesenden und in seinem

---

[1] c. 10. Capit. I, 193.

[2] Capit. I, 198.

[3] Capit. I, 209. Vgl. auch das Capitulare cum episcopis Lango- bardicis deliberatum (l. c. p. 189), wo alle Anordnungen «secundum iussionem (ober ähnlich) dominorum nostrorum» getroffen werden.

[4] Capit. I, no 91, 94, 102 (p. 191, 198, 209).

Reiche wohnenden Franken teilnahmen,[1] wie andrerseits auch die Langobarden, besonders die Geistlichkeit, sich an fränkischen Versammlungen beteiligten,[2] ein weiterer Beweis dafür, daß die Gemeinsamkeit mit dem Reiche durchaus aufrecht erhalten wurde.

Gewinnt Karl die Überzeugung, daß die Ordnung im italischen Reiche zu wünschen läßt, so greift er selbst ein. Dazu boten ihm einmal die missi eine Handhabe, dann geschah es auch durch Briefe legislatorischen Inhalts sowohl an seinen Sohn,[3] wie an die Beamten und Großen des Langobardenreichs.[4]

Endlich hat er, um die zum Teil recht verwickelten Verhältnisse Italiens gründlich zu regeln und die neuen Zustände zu befestigen, noch nach der Einsetzung Pippins als König zweimal (786 und 800/1) selber den italischen Boden betreten.[5] Er erscheint uns hier durchaus als oberster, allein maßgebender Herrscher und hat während seiner Anwesenheit die sämtlichen Angelegenheiten des Landes, seien sie privatrechtlicher, kirchlicher oder öffentlichrechtlicher Natur, auf das eingehendste persönlich geordnet,[6] und zwar noch zu einer Zeit, als Pippin schon längst das zur Mündigkeit erforderliche Alter überschritten hatte. Von

---

[1] Capit. I, no 91 (p. 191) trägt die Überschrift: «... cum adessent nobis cum singulis episcopis, abbatibus et comitibus seu et reliqui fideles nostros Francos et Langobardos qui nobiscum sunt vel in Italia commorantur».

[2] Vgl. Synodus Franconofurtensis (794), Capit. I, no 28, c. 1 (p. 73) und Ann. regni Francor. p. 94. Auch auf der Synode von Ingelheim 788 waren Langobarden vertreten, Ann. regni Francor. p. 80.

[3] Capit. I, no 103 (p. 211); vgl. oben S. 28 Anm. 3.

[4] Capit. I, no 97 (p. 203).

[5] Ann. regni Francor. p. 72 (ad ... causas Italicas disponendi) und 114.

[6] Ann. regni Francor. a. 801, p. 114: «Ordinatis deinde Romanae urbis et apostolici totiusque Italiae non tantum publicis, sed etiam ecclesiasticis et privatis rebus — nam tota hieme non aliud fecit imperator ...»

dieser umfassenden Tätigkeit Karls im Langobardenreich legen vor allem seine italischen Kapitularien Zeugnis ab.

Wie wir bisher auf dem Gebiete der Verwaltung nur eine sehr beschränkte Selbständigkeit Pippins feststellen konnten, so gilt dies in noch höherem Maße für die äußere Politik und das Heerwesen. Hier muß dem italischen Unterkönig jedes selbständige und eigenmächtige Handeln abgesprochen werden. Unternimmt er einen Feldzug, sei er auch nur gegen Benevent gerichtet, so geschieht es stets im Auftrage Karls.[1] Wohl lediglich im Falle der Landesverteidigung (defensio), wenn es galt, den Boden des italischen Reiches von eingedrungenen Feinden zu säubern, hatte Pippin das Recht oder vielmehr die Pflicht, selbständig die nötigen Maßregeln zu ihrer Vertreibung zu ergreifen.[2] So sehen wir ihn im Jahre 806 eine Flotte nach Korsika entsenden, um die Mauren, welche die Insel verwüsteten, von dort zu verjagen.[3] Dagegen ist es sehr bezeichnend, daß, als im folgenden Jahre ein besonderer Wächter für die Insel bestellt wird, um die Mauren an einer erneuten Landung zu hindern, dieser nicht von Pippin, sondern von Karl selbst ernannt wird, der seinen Stallgrafen Burchard mit dieser Aufgabe betraute.[4]

---

[1] Vgl. Ann. regni Francor. a. 787, 796, 800, 801 (p. 78, 98, 110, 114). Ann. Guelferbytani a. 791, 792, 797 (SS. I, 45). Ann. Laureshamenses a. 791 (SS. I, 34). Ann. Alamannici a. 797 (SS. I, 48).

[2] Nur in einem Falle hören wir von einer scheinbar selbständigen aggressiven Unternehmung Pippins gegen die Venetianer (Ann. regni Francor. a. 810, p. 130), auf die jedoch den andern Zeugnissen gegenüber kein Gewicht gelegt werden darf; es mögen hier besondere Umstände vorgelegen haben (vgl.: «... perfidia ducum Veneticorum incitatus»).

[3] Ann. regni Francor. p. 122: «Eodem anno in Corsicam insulam contra Mauros, qui eam vastabant, classis de Italia a Pippino missa est ...»

[4] Ann. regni Francor. a. 807, p. 124: «Eodemque anno Bur-

Das italische Heer ist ein Teil des Reichsheeres und steht als solcher dem fränkischen Herrscher zur unmittelbaren Verfügung; es wird nicht nur auf italischem Boden gegen Griechen und Beneventaner, sondern auch in geeignet erscheinenden Fällen außer Landes, jedoch, soweit sicher nachweisbar ist, immer nur in angrenzenden Gebieten, gegen verschiedene Reichsfeinde verwandt. Im Jahre 787 läßt Karl ein italisches Heer unter Pippin gegen Tassilo von Baiern das Etschtal aufwärts marschieren,[1] und 791 werden auf seinen Befehl italische Streitkräfte gegen die Avaren ausgesandt.[2] Ebenso finden wir im Jahre 796 das italische Aufgebot unter Pippins Führung gegen die Avaren im Felde stehen,[3] während es im folgenden Jahre mit bairischen Truppen zusammen die Slaven bekämpft.[4]

Wie die Heergewalt war dem italischen Könige auch die Vertretung seines Reiches nach außen vom Vater entzogen. Dieser unterhielt den gesandtschaftlichen Verkehr mit den aus-

chardum comitem stabuli sui cum classe misit (sc. Carolus) in Corsicam, ut eam a Mauris, qui superioribus annis illuc praedatum venire consueverant, defenderet».

[1] Ann. regni Francor. p. 78.

[2] Epistolae Carolinae no 6, Jaffé, Bibl. IV, 349 und Ann. Laureshamenses, SS. I, 34.

[3] Ann. regni Francor. und Ann. Q. D. Einhardi p. 98/99. — Nach seiner Rückkehr von diesem Feldzuge in Pannonien traf Pippin eine wichtige Entscheidung, die Abgrenzung der Diözesen Salzburg und Aquileja. Diese Maßregel kann jedoch nicht eigentlich zur Charakterisierung der Stellung Pippins in seinem italischen Unterkönigreiche herangezogen werden, da es sich dabei auch um Gebiete handelte, die nicht zum Königreich Italien gehörten, über die ihm also eine Verfügung nicht zustand. Nur ein besonderer Auftrag des Vaters konnte ihn wie in diesem Falle ermächtigen, hier in dessen Vertretung und vorbehaltlich der Bestätigung durch denselben irgend welche Regierungshandlungen vorzunehmen. Conversio Bagoariorum et Carantanorum, SS. XI, 9[17] ff. (prout potestatem habuit — usque ad praesentiam genitoris sui Karoli imperatoris). Vgl. DK. I, p. 282 und 566.

[4] Ann. Alamannici, SS. I, 48. Ann. Guelferbytani, SS. I, 45.

wärtigen Mächten,[1] und in seiner Hand lag die Entscheidung über Krieg und Frieden. Wenn wir an einer Stelle hören, daß der griechische Patrizius Niceta mit König Pippin einen Frieden abgeschlossen habe, so beweist doch die Nachricht, gleich= zeitig sei auch ein Waffenstillstand zwischen ihnen vereinbart worden, daß es sich in Wirklichkeit nur um einen solchen handeln kann.[2] Im übrigen wurden die Verhandlungen mit auswärtigen Mächten über Staatsverträge lediglich von Karl geführt und abgeschlossen, wie es uns mit Bezug auf Byzanz,[3] Venedig und die Dalmatiner[4] mehrfach bezeugt ist.

Da das Herzogtum Benevent und das Gebiet der römischen Kurie nicht dem italischen Reiche Pippins angehörten, so wurde hier naturgemäß nur die Oberhoheit Karls anerkannt,[5] den wir

---

[1] Außer den mit den Grenznachbarn Italiens gepflogenen Verhand=
lungen (siehe unten Anm. 3, 4) erwähne ich den Austausch von Höflichkeits=
und Ergebenheitsbezeugungen mit orientalischen Fürsten. Ann. regni
Francor. p. 114, 116, 122, 123/4.

[2] Ann. regni Francor. a. 807, p. 124: «Niceta patricius, qui cum
classe Constantinopolitana sedebat in Venetia, pace facta cum Pippino rege et induttis usque ad mensem Augustum constitutis ... regressus est».

[3] Vgl. vor allem Ann. regni Francor. a. 802, p. 117: «Herena
imperatrix ... misit legatum ... de pace confirmanda inter Francos
et Grecos, et imperator vicissim propter ipsum absoluto illo misit
Jesse episcopum et Helmgaudum comitem Constantinopolim, ut
pacem cum ea statuerent». Ebenso l. c. a. 798, 803, 810, p. 104,
118, 132.

[4] Ann. regni Francor. a. 805, p. 120: «Statim post natalem Domini venerunt Willeri et Beatus duces Venetiae necnon et Paulus
dux Jaderae atque Donatus eiusdem civitatis episcopus legati Dal-
matarum ad praesentiam imperatoris cum magnis donis. Et facta
est ibi ordinatio ab imperatore de ducibus et populis tam
Venetiae quam Dalmatiae».

[5] Als Zeichen der Anerkennung derselben übersandte ihm Leo III.
bei Antritt seines Pontifikats (796) die Schlüssel zum Grabe des heiligen
Petrus und das Banner der Stadt Rom (Ann. regni Francor. p. 98).

die daraus entspringenden Rechte denn auch persönlich ausüben
sehen.[1] Namentlich ist zu erwähnen, daß er nach dem Tode
des Herzogs Arichis von Benevent und seines ältesten Sohnes
Romuald (787) dessen jüngeren Bruder Grimoald als Herzog
von Benevent einsetzte.[2]

So tritt überall deutlich die vollkommenste Abhängigkeit
des Unterkönigs von Italien von dem Beherrscher des fränkischen
Gesamtreiches zu Tage. In jeder Beziehung ist seine Tätigkeit
durch das Eingreifen Karls beschränkt und unterliegt der ständigen
Beaufsichtigung durch denselben. Dementsprechend sind auch die
Münzen, die aus den italischen Münzstätten, wie Lucca, Mailand, Pavia und Treviso hervorgingen, auf Karls Namen geprägt.[3]

Ein früher Tod raffte König Pippin noch vor dem Ableben des Vaters hinweg. Er starb im Alter von 33 Jahren
am 8. Juli 810[4] mit Hinterlassung eines Sohnes namens Bernhard,[5] den Karl zwei Jahre darauf zum Nachfolger Pippins
im italischen Unterkönigtum bestimmte.

Gleichzeitig gelobte er Gehorsam und Treue und forderte den König auf,
zur Entgegennahme des Treueids einen Gesandten nach Rom zu schicken
(Jaffé, Bibl. IV, 354. Ann. Q. D. Einhardi p. 99). — Der Herzog
Grimoald I. von Benevent mußte sich verpflichten, Karls Namen in seinen
Urkunden aufzunehmen und auf seinen Münzen zu führen, was jedoch
nur zeitweilig geschah (Erchemperti historia Langobardorum Benevent.
c. 4, SS. rer. Lang. et Ital. p. 236[14]).

[1] Ann. regni Franc. a. 801, p. 114: «Ordinatis deinde Romanae
urbis et apostolici ... rebus ...» Karls Verhältnis zur Kurie und
zum Herzogtum Benevent erhellt besonders aus den an ihn gerichteten
päpstlichen Briefen, vgl. Jaffé, Reg. I, 2432 ff.

[2] Erchemperti historia Langobardorum Beneventan., SS. rer.
Lang. et Ital. c. 4, p. 236[10] ff. Ann. regni Francor. a. 788, p. 82
(duce Grimaldo, quem domnus rex Carolus posuit ducem super Be-
neventanos).

[3] Vgl. Soetbeer, Geld- und Münzwesen im fränk. Reiche unter den
Karolingern, F. D. G. IV, 341/2.

[4] Ann. regni Francor. p. 132. Thegani Vita c. 5, SS. II, 591[34].

[5] Vgl. Einhardi Vita Karoli c. 19, p. 17.

2. Aquitanien unter Ludwig dem Frommen (781—814).

Zu gleicher Zeit mit Pippin erhielt auch der jüngste Sohn Karls, Ludwig, ein eigenes Reich, Aquitanien. Karl führte ihn nicht selbst dort ein, sondern ließ ihn von der ihm zugewiesenen Begleitung in der Wiege bis nach Orléans bringen. Hier wurde der junge König auf ein Pferd gesetzt und mit seinem Alter entsprechenden Waffen versehen, damit er auch so, wie es einem Könige geziemte, in seinem Reiche Einzug halte.[1]

Ludwig war im Jahre 778, während des Feldzuges Karls nach Spanien, in der königlichen Villa Cassinogilum, das ist wahrscheinlich Casseuil an der Garonne[2] geboren, wo dieser seine Gemahlin Hildegard zurückgelassen hatte.[3] Daß gerade Aquitanien das Geburtsland seines Sohnes war, mochte in Karl schon damals den Gedanken wecken,[4] diesem Sohne einmal die Verwaltung des der Verbindung mit dem Frankenreich so hartnäckig widerstrebenden Landes zu übertragen. So berichtet auch die Vita Hludowici, die uns allein nähere Mitteilungen über Ludwig den Frommen vor seiner Thronbesteigung im Jahre 814 zukommen läßt, im 3. Kapitel,[5] daß Karl das Reich Aquitanien ihm schon bei seiner Geburt bestimmt habe: „ . . . ei regnum quod sibi nascendo dicaverat contradidit".

---

[1] Vita Hludowici c. 4, SS. II, 609⁴ ff.

[2] Wohl nicht Chasseneuil am Clain in Poitou, wie Simson (Karl b. Gr. II, 90 Anm. 3), oder Casseneuil am Lot, wie andere annehmen. Die wahrscheinlichste Auflösung gibt W. Vogel, Die Normannen und das fränkische Reich bis zur Gründung der Normandie (Heidelberger Abhandlungen zur mittleren und neueren Geschichte, 1906) S. 123 Anm. 3 nach einer Stelle der Vita S. Abbonis Aimoins (Acta SS. O. S. B. VI, 1, 49).

[3] Vita Hludowici c. 2, SS. II, 607⁴⁵.

[4] Anders Abel, Karl b. Gr. I¹, 330; vgl. Simson, Karl b. Gr. I, 309.

[5] SS. II, 608²².

Das Verhältnis, in dem Ludwig durch die Geburt zu Aquitanien stand, konnte wohl geeignet erscheinen, ihn der Be-
völkerung des Landes näher zu bringen und ihm eine gewisse
Anhänglichkeit derselben zu sichern. Dies erkannte auch Karl,
suchte er sie doch noch dadurch zu erhöhen, daß er seinem Sohne
aquitanische Kleidung zu tragen befahl.[1]

Die Jugend Ludwigs machte es notwendig, eine Regentschaft für ihn einzusetzen, an deren Spitze anfänglich der Bajulus
Arnold stand, wie wir aus der Vita Hludowici im 4. Kap. erfahren:[2] «... filiumque suum Hludowicum regem regnaturum
in Aquitaniam misit, praeponens illi baiulum Arnoldum
aliosque ministros ordinabiliter decenterque constituens
tutelae congruos puerili». Über die übrigen Mitglieder sind
wir nicht weiter unterrichtet. Später scheint Meginar, den Karl
an seinen Hof gesandt hatte, einer seiner vornehmsten Ratgeber
gewesen zu sein, wenigstens nach einer Stelle der Vita Ludwigs
zu schließen, die im 7. Kap. bemerkt:[3] «Habebat autem tunc
temporis Meginarium secum, missum sibi a patre, virum
sapientem et strenuum, gnarumque utilitatis et honestatis
regiae.»[4]

Die Gründe, die Karl zur Errichtung eines besonderen
aquitanischen Reiches bewogen, waren wohl im allgemeinen dieselben, welche die Einsetzung Pippins in Italien veranlaßten.
Auch hier galt es hauptsächlich, das Land Aquitanien, das in
Sprache, Sitte, Recht und Anschauungen dem übrigen Franken-
reiche fremd gegenüberstand und innerhalb desselben eine geson-

---

[1] Vita Hludowici c. 4, SS. II, 609[15]: «Haec enim delectatio vo-
luntasque ordinaverat paterna».

[2] SS. II, 609[1]. — [3] SS. II, 611[5].

[4] Dieser Meginar erscheint auch in einer Urkunde Ludwigs vom
3. August 794, die er mit anderen aquitanischen Großen unterschrieb
(Magnario). Bouquet VI, 453 (BM. 516).

derte Stellung einnahm, durch eine straffere Organisation fester an dasselbe zu ketten und die unruhigen Aquitanier, die sich noch immer nicht recht der fränkischen Herrschaft beugen wollten, besser im Gehorsam zu erhalten. Unter dem Zugeständnis einer eigenen scheinbar selbständigen Regierung hoffte Karl die dazu nötigen Maßregeln am besten durchführen und zugleich auch engere Beziehungen zwischen Aquitaniern und Franken herstellen zu können. Dazu kam noch, daß dadurch erleichtert wurde, stets ein wachsames Auge auf die gefährlichen Nachbarn im Süden zu haben und die Grenzen des Reichs vor ihren Angriffen zu schützen, die nach dem ungünstigen Verlauf des Feldzuges von 778 mehr denn je zu erwarten waren. Zugleich mochte dieses Entgegenkommen Karls gegen die nationale Eitelkeit der Aqui=tanier dieselben gegen die fränkische Herrschaft versöhnlicher stimmen.

Vorbereitet hatte Karl die Erhebung Ludwigs zum König von Aquitanien schon im Jahre 778 nach der Rückkehr aus Spanien dadurch, daß er in ganz Aquitanien fränkische Grafen und Äbte einsetzte und Vasallen dort ansiedelte zur Verteidigung und Verwaltung des Landes und zur Bewirtschaftung der könig⸗lichen Güter.[1] Eine falsche Auffassung von der Tätigkeit dieser Grafen hat Lembke,[2] der überhaupt ebenso wie Fauriel[3] die Ereignisse der Jahre 778 und 781 zusammenwirft. Beide be=haupten, daß Ludwig bereits bei seiner Geburt zum König von Aquitanien ausgerufen, bezw. daß bei seiner Geburt Aquitanien als Königreich proklamiert worden sei, wohl irregeleitet durch die verwirrte Chronologie des Astronomus. Aber Salbung und Ernennung zum König fanden nach dem übereinstimmenden

---

[1] Vita Hludowici c. 3, SS. II, 608²⁵.

[2] Geschichte von Spanien (Hamburg 1831) I, 374.

[3] Histoire de la Gaule méridionale sous la domination des conquérants germains III, 352.

Berichte der übrigen Quellen erst Oftern 781 zu Rom statt.
Lembke nimmt ferner an, daß die erwähnten Grafen eingesetzt
seien, um während der Minderjährigkeit Ludwigs die Verwaltung
des Reiches zu besorgen. Davon ist aber keine Rede. Es
handelt sich einfach um Besetzung von Grafschaften mit Franken,
die bisher wohl von Aquitaniern verwaltet worden waren.[1]
Die Verwaltung des Reiches lag, wie wir sahen, in den Händen
einer von Karl eingesetzten Regentschaft.

Das neue aquitanische Reich umfaßte außer dem eigent=
lichen Aquitanien, das aus den Kirchenprovinzen von Bourges
und Vordeaux und der Grafschaft Toulouse bestand, noch
Septimanien und höchstwahrscheinlich Waskonien, das sich in
einer nur losen Abhängigkeit vom Frankenreich befand[2] und
wohl der besonderen Aufsicht des aquitanischen Königs unter=
stellt war.[3] Die Zugehörigkeit Septimaniens erhellt daraus,
daß Ludwig hier an einem Orte namens Mors Gothorum
(Mourgoudon heute) eine Reichsversammlung abhält, wie die
Vita Hludowici cap. 5 berichtet[4]: «Hludowicus et proceres,
quorum consilio res publica Aquitanici amministrabatur
regni, conventum generalem constituerunt in loco Septima-
niae cuius vocabulum est Mors Gothorum»; außerdem aus
einer Urkunde vom Jahre 807,[5] in der Ludwig Güter in den

---

[1] Vgl. Petrus de Marca, Marca Hispanica (Paris 1688) col. 252 f.

[2] Wegen Unbotmäßigkeit der Wasken hatte Ludwig mehrfach Kämpfe
mit ihnen zu bestehen. Vita Hludowici c. 5, 13, 18; SS. II, 609[35]—
612[22]—615[36].

[3] Das erhellt aus Kapitel 13 und 18 der Vita Ludwigs, wo wir
hören, daß dieser waskonische Empörer vor sein Gericht läßt und aburteilt.
SS. II, 612[23] und 615[42].

[4] SS. II, 609[23].

[5] Bouquet VI, 453 (BM. 517). Aus einem Diplom Karls d. Gr.
von 795 (Histoire gén. de Languedoc II, Preuves p. 59, no 12) er=
fahren wir ferner, daß Ludwig zugunsten eines Vasallen auch über eine
Villa im Gau von Narbonne verfügte.

Gauen von Béziers und Lodève zum Gegenstand einer Schen=
kung macht.

Auch die kurze Zeit darauf der fränkischen Herrschaft unter=
worfenen spanischen Gebiete, die man unter dem Namen der
spanischen Mark zusammenfaßte,[1] wurden dem neugebildeten
aquitanischen Reiche Ludwigs angeschlossen und ihre Verteidigung
dem jungen Fürsten übertragen.   In seiner Hand lag nicht
nur die Leitung der militärischen Operationen in diesen süd=
lichsten Gebieten des Reiches,[2] sondern wir erfahren auch,[3] daß
er, wahrscheinlich im Jahre 795, zu ihrem Schutze auf spanischem

---

[1] Die ersten dauernden Erwerbungen auf spanischem Boden, von
denen wir Kunde haben, fallen in das Jahr 785.   Damals ergab sich die
Stadt Gerona den Franken, ohne daß wir über die näheren Umstände
unterrichtet wären (Chronicon Moissiacense, SS. I, 297²⁹. Ann. Bar-
cinonenses, SS. XXIII, 2).   Nicht viel später muß auch Urgel in ihre
Gewalt gekommen sein, denn bereits 792 wird Bischof Felix von Urgel
vor einer fränkischen Synode zu Regensburg in Gegenwart Karls d. Gr.
wegen Häresie verurteilt (Ann. Q. D. Einhardi p. 91), während 795
bereits eine ganze Reihe spanischer Städte, darunter Ausona, in fränkischem Besitze erscheint (Ludwig ließ sie damals befestigen, Vita Hludowici c. 8, SS. II, 611¹⁷).   Die Erwerbung dieser Gebiete (seit 785), die
wohl alsbald an Grafen gegeben wurden, darf als der Anfang der spanischen Mark aufgefaßt werden, deren „Gründung“ kaum erst in der
Einsetzung eines militärischen Oberbefehlshabers durch Ludwig im Jahre
795 zu erblicken ist, wie Simson, Karl d. Gr. II, 105 und I, 511 annimmt, der übrigens l. c. II, 57 bereits zum Jahre 793 von Grafen der
Mark spricht.   Ich folge in der Beurteilung der oft behandelten Marken-
frage Ab. Hofmeister, der im allgemeinen Teile seiner Arbeit über „Markgrafen und Markgrafschaften im italischen Königreich von Karl b. Gr.
bis Otto b. Gr.“ die prinzipiellen Fragen eingehend untersucht und zu
teilweise neuen Ergebnissen gelangt (M. J. O. G. 7. Erg.-Bd., II. Heft,
S. 234 ff.).

[2] Vgl. besonders Vita Hludowici c. 10, 13, 14, 15, 16, 17, 18.

[3] Vita Hludowici c. 8, SS. II, 611¹⁷: «Ordinavit autem illo in
tempore in finibus Aquitanorum circumquaque firmissimam tutelam.
Nam civitatem Ausonam, castrum Cardonam, Castaserram, et reliqua
oppida olim deserta munivit, habitari fecit et Burrello comiti cum
congruis auxiliis tuenda commisit.»

Boden eine Reihe von Festungen anlegte und ihnen in dem Markgrafen Burrellus einen gemeinsamen obersten Befehls= haber gab.

Daß bei den Zwecken, die Karl mit der Errichtung des neuen aquitanischen Reiches verfolgte, von einer Lockerung des Verhältnisses desselben zum großen Frankenreich keine Rede sein kann, liegt auf der Hand. Im Gegenteil blieb die Verbindung mit demselben, wie wir sehen werden, ebenso wie bei Italien eine sehr enge. Die Stellung Aquitaniens im Reichsverband war sogar noch weniger selbständig als die Italiens, da es nie ein anerkanntes Reich gewesen war wie das langobardische. Davon abgesehen entsprach die staatsrechtliche Stellung Ludwigs ganz derjenigen, die Pippin in Italien einnahm. Karl der Große war mit der Errichtung eines aquitanischen Königtums keines= wegs gewillt, sich seiner Herrscherrechte über dieses Land zu be= geben. Nach wie vor sind seine Entscheidungen die allein maß= gebenden, und die Regierung wird ganz nach seinem Ermessen geführt; Ludwig war im Grunde nur ein mit dem Königstitel geschmückter Statthalter seines Vaters, der die einzelnen Re= gierungsmaßnahmen in dem ihm zugewiesenen Wirkungskreise im eigenen Namen zur Kenntnis und Durchführung brachte.

Er führte den offiziellen Titel «rex Aquitanorum»[1] und hatte seiner königlichen Würde gemäß einen eigenen Hofstaat[2] und eine eigene Kanzlei;[3] auch eine Finanzkammer wird er= wähnt.[4]

---

[1] Vgl. die Diplome Ludwigs bei Bouquet VI, 452 ff. Nur in no 3 lautet der Titel «rex serenissimus Aquitaniae».

[2] Von den Mitgliedern desselben wird uns der Hofkaplan Reginbert, Bischof von Limoges, genannt, und zwar in einer Urkunde Ludwigs vom Jahre 794. Bouquet VI, 453.

[3] Vgl. über dieselbe Sickel, Acta regum et imperatorum Karo- linor. (Wien 1867) I, 85/6.

[4] Bibliothèque de l'école des chartes 1e série II, 79 und 80 (BM. 519 von 808): camera nostra.

Was Ludwigs Befugnisse betrifft, so finden wir zunächst, daß er das Recht hatte, Privilegien zu erteilen. Es sind uns von ihm aus der Zeit seines Unterkönigtums vier Urkunden überliefert,[1] von denen zwei auch die Jahre Karls zählen und so daran erinnern, daß seine Herrschaft über Aquitanien fort= besteht. Daß dieses Recht aber ein beschränktes war, geht nicht nur aus der geringen Zahl der überlieferten Urkunden, sondern ganz besonders aus einem Diplom Karls vom Jahre 795 her= vor,[2] in dem dieser einer Schenkung Ludwigs über ein könig= liches Gut im Gau von Narbonne die Bestätigung erteilt. Die Narratio dieser Urkunde sagt deutlich, daß Ludwig die Schen= kung vorverfügte, den Empfänger dann aber zu Karl sandte, um ihn um die endgültige Bestätigung zu bitten. Im übrigen gehen sämtliche Privilegien für aquitanisches Gebiet von Karl selbst aus;[3] wir ersehen aus ihnen, daß er im Reiche des Sohnes über die verschiedensten staatlichen Hoheitsrechte ver= fügte und u. a. auch die Besetzung der geistlichen Stellen für sich in Anspruch nahm.[4]

Ludwig war ferner befugt, besondere aquitanische Reichs=

---

[1] BM. 516—519. Gedruckt bei Bouquet VI, 452 ff. und Biblio= thèque de l'école des chartes 1e série II, 78 ff.

[2] DK. I, no 179 (p. 241).

[3] BM. 250, 318, 327, 328, 349, 357, 358, 361, 419, 470.

[4] Das erhellt aus einem Diplome Karls, in dem er dem Kloster Aniane in Septimanien das Privileg der freien Abtwahl verleiht (DK. I, no 173, p. 232. BM. 318 vom Jahr 792). Ferner wird auf Karls Ver= anlassung dem Bischof Ermenbert von Bourges von Papst Hadrian I. die erzbischöfliche Würde und das Pallium verliehen, wie wir aus einem Briefe Hadrians an Karl aus den Jahren 784—791 erfahren; Migne, Patrol. Lat. 98, 392 (Jaffé, Reg. 2475). — In seiner späteren Regierungs= zeit scheint aber auch Ludwig in vereinzelten Fällen kirchenhoheitliche Rechte ausgeübt zu haben, da uns auch von ihm ein Diplom überliefert ist, in dem er das Privileg der freien Abtwahl erteilt: Biblioth. de l'école des chartes 1e série II, 78 (Urkunde von 808).

versammlungen abzuhalten,[1] um über die Fragen der Ver=
waltung und der Grenzhut des Landes zu beraten und die
dazu nötigen Maßregeln zu treffen. Auch Gesandtschaften be=
nachbarter Fürsten, besonders der sarazenischen Grenzwalis,
wurden hier empfangen und abgefertigt. Jedoch handelt es
sich dabei wohl nicht um Verhandlungen von Bedeutung,
sondern mehr um Höflichkeits= oder Ergebenheitsakte, wie sich
schon daraus ergibt, daß die Gesandten in erster Linie dem
jungen Herrscher Geschenke zu überbringen haben.[2] Die aus=
wärtigen Angelegenheiten lagen vielmehr allein in der Hand
des fränkischen Königs, wie wir gleich näher sehen werden.
Auch im übrigen war die Zuständigkeit dieser Versammlungen,
deren Ort meist die Stadt Toulouse war,[3] wohl wenig um=
fassend, und besonders von einer Teilnahme an der Gesetzgebung
findet sich keine Spur. Die fränkische Gesetzgebung war hier
auch nach dem Jahre 781 die allein gültige, wie denn über=
haupt die Lage Aquitaniens und sein Verhältnis zum Gesamt=
reich durch die Auszeichnung einen besonderen König zu haben,
im ganzen nicht verändert wurde.

---

[1] Vgl. Vita Hludowici c. 5, 8, 13, 18; SS. II, 609[24], [36]—611[10]—
612[20]—615[36].

[2] Vita Hludowici c. 5, SS. II, 609[35] (zu 790): «Rex vero Hludowicus eodem anno Tholosae placitum generale habuit, ibique con-
sistenti Abutaurus Sarracenorum dux cum reliquis regno Aquitanico
conlimitantibus ad eum nuntios misit, pacem petens et dona regia
mittens. Quae secundum voluntatem regis accepta, nuntii
ad propria sunt reversi.» Desgleichen l. c. c. 8, SS. II, 611[10] (zu 795):
«Sequente porro tempore Tholosam venit rex, et conventum generalem ibidem habuit. Adefonsi Galleciarum principis missos, quos
pro amicitia firmanda miserat cum donis suscepit et pacifice
remisit. Necnon et Bahaluc Sarracenorum ducis, qui locis montuosis
Aquitaniae proximis principabatur, missos pacem petentes et dona
ferentes suscepit et remisit.»

[3] Vita Hludowici c. 5, 8, 13; SS. II, 609[36]—611[10]—612[20].

Die Oberhoheit des fränkischen Herrschers macht sich überall
geltend, sie kommt schon durch die häufigen und langen Besuche,
die Ludwig mit oder ohne Heeresaufgebot auf Befehl seines
Vaters an dessen Hofe machte, zum Ausdruck.[1] Karl wollte
dadurch verhüten, daß sein Sohn die Sitten und Gewohnheiten
der Aquitanier, die den Franken als leichtsinniges und laster=
haftes Volk erschienen,[2] annähme.[3] Unumschränkt und bei jeder
Gelegenheit greift Karl in die Angelegenheiten des aquitanischen
Reiches ein. So zieht er den Wasken Adelrich, der vor einer
aquitanischen Reichsversammlung frei ausgegangen war, wegen
Verrates nach Worms vor sein Gericht und verhängt über ihn
die Verbannung.[4] Als er vernimmt, daß Ludwig durch Ver=
untreuung königlicher Güter seitens seiner Großen sich in un=
günstiger wirtschaftlicher Lage befindet, entsendet er sogleich
zwei Königsboten, um die Herausgabe dieser Güter zu be=
wirken.[5] Im 19. Kap. der Vita Ludwigs hören wir sodann,
daß Karl seinen Notar Archambold nach Aquitanien schickt, um
seinem Sohne seine Befehle zu überbringen,[6] während an anderer
Stelle Ludwig seinerseits den Vater um Verhaltungsmaßregeln
bittet.[7] Desgleichen schreitet Karl zu Gunsten der von den

[1] Vgl. Vita Hludowici c. 4, 5, 6, 9, 11, 14 etc. Ann. regni
Francor. p. 102 (a. 797), 120 (a. 805), 121 (a. 806). Ann. Q. D. Einhardi p. 103 (a. 797).

[2] Vgl. Vita Hludowici c. 61, SS. II, 645[37].

[3] Vita Hludowici c. 4, SS. II, 609[9].

[4] Vita Hludowici c. 5, SS. II, 609[39]: «Ubi (Wormatiae) iam dictus Adhelericus ante reges dicere causam iussus atque auditus, purgare obiecta volens sed non valens, proscriptus atque inrevocabili
est exilio deportatus».

[5] Vita Hludowici c. 6, SS. II, 610[26].

[6] Vita Hludowici c. 19, SS. II, 617[11]: «Nam quadam tempestate
misso Archamboldo commentariensi, imperia dum ei quaedam ferenda
filio referendaque commisisset . . .»

[7] Vita Hludowici c. 20, SS. II, 617[20]: «Misso enim pro quibusdam necessariis patrem consulendis Gerrico capis praelato . . .»

Grafen der Mark bedrückten Spanier ein und entsendet als
Königsboten den Erzbischof Johannes von Arles, um Ludwig
Bericht zu erstatten und die Verhältnisse zu ordnen.[1]   Auch ab=
gesehen von den genannten Fällen finden wir Sendboten Karls
in Aquitanien tätig,[2] hören jedoch daneben auch von solchen
Ludwigs.[3]

Ganz besonders tritt jedoch die abhängige Stellung Aqui=
taniens und seines Königs in Bezug auf das Heerwesen und
die äußere Politik hervor.   Unumschränkt sehen wir Karl über
die aquitanischen Streitkräfte seines Sohnes verfügen.   Im
Jahre 785 ließ er ihn mit dem gesamten Vasallenheer nach
Paderborn kommen,[4] um die Aquitanier an den ihm als ihrem
Oberherrn schuldigen Gehorsam zu erinnern und sie davor zu
warnen, sich wegen seiner langen Abwesenheit von ihrem Lande
zu unüberlegten Handlungen hinreißen zu lassen.   Dann mußte
Ludwig 792 auf Karls Befehl mit allen verfügbaren Truppen
seinem Bruder Pippin über die Alpen zu gemeinsamer Heerfahrt
gegen Benevent zu Hülfe eilen,[5] ein andermal (797) auf des

---

[1] Vgl. die Urkunde Karls vom 2. April 812, DK. I, no 217
(p. 289).

[2] Capit. I, no 24, p. 65 (Breviarium missorum Aquitanicum von
789).   L. c. no 67, c. 5 (p. 157).   Histoire gén. de Languedoc II,
Preuves no 6 (p. 47).

[3] Bouquet VI, 452 und 454 (Urkunden Nr. 1 und 3 von 794,
bezw. 808).   Biblioth. de l'école des chartes 1e série II, 79 und 80
(Urkunde von 808).

[4] Vita Hludowici c. 4, SS. II, 609[10]: «cum populo omni militari»
kann nicht bedeuten „mit den gesamten aquitanischen Streitkräften", da
der vollzählige Heerbann nur zur Landesverteidigung aufgeboten wurde;
auch konnte man die gefährdeten Grenzen im Süden nicht ohne starke
Bedeckung lassen.   Es wird sich hier um das gesamte verfügbare Vasallen=
aufgebot handeln; vgl. dazu auch Vita Hludowici c. 6, SS. II, 610[5]
(cum quantis possit copiis) und c. 9, l. c. 611[21] (cum populo quo
posset).

[5] Vita Hludowici c. 6, SS. II, 610[5]. — Ludwigs Aufenthalt in

Vaters Weisung auch einen Kriegszug gegen die spanische Stadt Huesca unternehmen,[1] während er 799 und 804 von Karl zur Teilnahme am sächsischen Kriege berufen wurde.[2] Als im Jahre 810 Ludwig im Begriffe steht, einen Feldzug nach Spanien anzutreten, zwingt ihn der Befehl des Vaters sogar zu Hause zu bleiben und das Kommando dem von diesem gesandten Königsboten Ingobert zu überlassen.[3]

Dem fränkischen Herrscher allein stand ferner die Entscheidung über alle Angelegenheiten zu, die das Verhältnis des Reichs zu auswärtigen Mächten betrafen. Demgemäß wird nicht nur der Friede mit dem Emir von Corboda im Jahre 810 durch Karl zum Abschluß gebracht,[4] sondern von ihm auch die Unterwerfung und Huldigung der dem aquitanischen Königreich angrenzenden Machthaber entgegengenommen.[5] Ebenso ist es bezeichnend, daß ihm die Schlüssel eroberter spanischer Städte übersandt werden, wie es uns von Tortosa[6] und Huesca[7] bezeugt ist.

Italien wird in einer italischen Gerichtsurkunde von 821 erwähnt, Regesto di Farfa II, no 269 (p. 208).

[1] Ann. Q. D. Einhardi a. 797, p. 101.

[2] Vita Hludowici c. 9 und 11, SS. II, 611²¹, ³⁸.

[3] Vita Hludowici c. 15, SS. II, 614¹⁹ ff.

[4] Ann. regni Francor. p. 133: «Imperator Aquasgrani veniens mense Octimbrio memoratas legationes audivit pacemque ... cum Abulaz rege Hispaniae fecit».

[5] Ann. regni Francor. a. 797, p. 100: «Barcinona civitas Hispaniae, quae iam pridem a nobis desciverat, per Zatun praefectum ipsius nobis est reddita. Nam ipse ad palatium veniens domno regi (i. e. Karolo) semetipsum cum civitate commendavit.» L. c. a. 809, p. 130: «... et Amoroz praefectus Caesaraugustae atque Oscae ... missaque ad imperatorem legatione sese cum omnibus, quae habebat, in deditionem illi venire velle promisit.» Ebenso l. c. a. 810, p. 130.

[6] Vita Hludowici c. 16, SS. II, 615¹⁷.

[7] Ann. regni Francor. a. 799, p. 108.

Dem überragenden Ansehen, das Karl im Reiche seines Sohnes genoß, entspricht es endlich auch, wenn wir im größten Teile der aquitanischen Privaturkunden allein die Regierungs= jahre des fränkischen Königs zur Datierung verwendet finden;[1] nur selten werden auch die des besonderen Herrschers hinzuge= fügt.[2] Die aus den aquitanischen Münzstätten hervorgehenden Münzen wurden, wie es scheint, teils mit dem Namen Karls,[3] teils mit dem seines Sohnes[4] geprägt.

Aus all diesen Ausführungen erhellt deutlich die Tatsache, daß auch das aquitanische Reich Ludwigs keinen Anspruch auf irgend welche Unabhängigkeit machen kann, daß wir in ihm ebenso wie in dem italischen Reiche Pippins nur große Bezirke zu sehen haben, die in der Verwaltung eine abgesonderte und einigermaßen selbständige Stellung einnahmen, und in denen für gewöhnlich die Gebote Karls nicht unmittelbar, sondern mittelbar zur Kenntnis gebracht wurden und Geltung erlangten.

3. Karl der Jüngere in Neustrien.

Es erübrigt nun noch die Frage zu beantworten, ob auch der älteste, gleichnamige Sohn Karls des Großen zu Lebzeiten des Vaters in dieser Weise an der Regierung des Reiches Anteil hatte, indem ihm ebenso wie seinen Brüdern ein besonderes Reich zur Verwaltung überwiesen wurde. Wir erfahren hinsichtlich seiner aus den Metzer Annalen zum Jahre 790, daß ihm der

---

[1] Vgl. Histoire gén. de Languedoc II, Preuves no 6, 9, 10, 15, 16 (2 ✕), 21 (2 ✕), 22, 24. Gallia Christ. II, Instrum. p. 2.

[2] Histoire gén. de Languedoc II, Preuves no 17. Allein nach Ludwigs Jahren ist Nr. 7 datiert.

[3] Vgl. Soetbeer, Geld= und Münzwesen im fränkischen Reiche unter den Karolingern, F. D. G. IV, 341/2.

[4] Neun uns überlieferte aquitanische Münzen, die den Namen Lud= wig tragen, glaubt man Ludwig dem Frommen während seiner Herrschaft in Aquitanien zuschreiben zu müssen. Gariel, Les monnaies royales de France (Straßburg 1883 f.) II, 164 ff.

Vater das Herzogtum Maine übertrug:[1] «Huius anni prin-
cipio rex Carolus primogenitum filium suum Carolum ultra
Sequanam amnem direxit, tribuens ei ducatum Cenoman-
nicum». Diese Nachricht findet Bestätigung einmal durch die
Annales S. Amandi, die zum Jahre 789 berichten:[2] «Carlus
filius eius regnum accepit ultra Segona», dann auch durch
eine Stelle der Vita Hludowici, wo im 59. Kapitel von Ludwig
dem Frommen gesagt wird:[3] «Ubi domnus imperator filium
suum Carolum armis virilibus cinxit, corona regali caput
insignivit, partemque regni, quam homonimus eius
Carolus habuit, id est Neustriam attribuit». In dem
«homonimus» Karl den Großen zu sehen und an die Reichsteilung von 768 zu denken, ist schon der schmucklosen Bezeichnung wegen nicht wohl möglich.

Angesichts dieser Stellen haben wir keinen Grund, die
Ausstattung Karls mit einem Teile Neustriens in Zweifel zu
ziehen, wie es Bonnell versucht,[4] zumal andere Quellen zum
Jahre 788 die Erhebung Karls zum Könige berichten,[5] womit
höchstwahrscheinlich, wie Simson richtig vermutet,[6] dasselbe Ereignis gemeint ist. Ob dagegen dieser Karl überwiesene Reichs-
teil als ein förmliches Reich aufzufassen ist, in dem er dieselbe
Stellung einnahm und dieselben Rechte ausübte wie seine Brüder
in Italien und Aquitanien, ist sehr zu bezweifeln.[7] Nichts

---

[1] Ann. Mettenses priores ed. Simson, SS. rer. Germ. (1905) p. 78.
— Die Bezeichnung ducatus weist darauf hin, daß es sich nicht nur um
die eigentliche Grafschaft Maine, sondern um größere Gebiete im westlichen Neustrien handelt.

[2] SS. I, 12. — [3] SS. II, 643⁴¹.

[4] Die Anfänge des karolingischen Hauses S. 163.

[5] Ann. S. Amandi breves, SS. II, 184. Ann. S. Amandi breviss.,
SS. XIII, 38. Ann. Elnonenses mai. und Blandinienses, SS. V, 11
und 22.

[6] Karl d. Gr. II, 6.

[7] Simson, Karl d. Gr. II, 6 und 238 nimmt es jedoch an.

beutet auf eine solche Ausnahmestellung der westlichen neustri=
schen Gebiete hin, und irgendwelche Zeugnisse, daß der jüngere
Karl in diesen Gegenden Regierungsrechte ausgeübt habe, liegen
nicht vor.[1] Viel wahrscheinlicher ist, daß Karl seinem ältesten
Sohne nur die Verwaltung der genannten Gebiete in seinem
Namen ohne besondere königliche Rechte übertrug.

Auch die Stellung eines Königs ist dem jüngeren Karl
vor dem Jahre 800 nicht zuzuschreiben, in welchem unmittelbar
nach Karls Kaiserkrönung auch seine Salbung und Krönung
zum König erfolgte.[2] Den sicheren Beweis dafür, daß Karl
den Königstitel vor Weihnachten 800 nicht führte, gibt uns ein
Brief Alkuins an ihn von 801, in welchem er ihn zu der neuen
Ehrung beglückwünscht[3]: «Audivi per domnum apostolicum
regium nomen, domino excellentissimo David consentiente,
cum corona regiae dignitatis vobis impositum. Unde
gaudens gaudeo de honore nominis etiam et potestatis.»
Erst von diesem Zeitpunkt an wird er auch in den Quellen als
rex bezeichnet,[4] wenn wir von denjenigen absehen, die seine
Erhebung zum König bereits zum Jahre 788 berichten, aber
damit, wie es scheint, nur die Übertragung eines Reichsteils im
Auge haben.

---

[1] Daß die von Leibniz, Annales imperii occidentis Brunsvicen-
ses (ed. Pertz, Hannover 1843 ff.) I, 11 und 16 herangezogene Münze
ihm angehört, halte ich für sehr zweifelhaft, da die Buchstaben der Rück-
seite NRBO wohl nur die Münzstätte Narbonne bezeichnen und nicht als
«Neustriae rex — Bononia oppidum» zu interpretieren find.

[2] Vita Leonis III. c. 24, Lib. pontif. II, 7[27].

[3] Epp. IV (Carolini aevi II), 360 (no 217).

[4] Chronicon Moissiacense a. 805, 806, 808, 810, 811; SS. II, 258/9.
Ann. Laurissenses min., cod. Rem., SS. I, 120[27]. Ann. Mettenses
prior. a. 805, SS. rer. Germ. p. 94. Vita Alchuini c. 10, Jaffé, Bibl.
VI, 23. — Andere Stellen, die ihm den Königstitel beilegen, kommen
nicht in Betracht, da sie keiner bestimmten Zeit angehören, so Ermoldus
Nigellus, Elegia II, v. 168 (Poet. II, 90) und Hibernici exulis carmina
IV, v. 13 (Poet. I, 400).

Die Gründe, weshalb Karl kein förmliches Reich über=
tragen erhielt und so scheinbar hinter seinen jüngeren Brüdern
zurückstehen mußte, sind deutlich ersichtlich. Da die Verhältnisse
aus Gründen der Staatsklugheit die Bildung besonderer Reiche
in Italien und Aquitanien rätlich erscheinen ließen, wurden zu
Beherrschern derselben ganz naturgemäß nicht der älteste, sondern
die beiden jüngeren Söhne Karls bestimmt, da die genannten
Länder doch nur als Nebenreiche gelten konnten, während der
erstere, wie namentlich die divisio imperii von 806 zeigt,[1] als
Hauptnachfolger Karls in den germanischen Gebieten vorgesehen
war, wenn ihm auch eine oberherrliche Stellung über seine
Brüder nicht zugewiesen wird. Auch im Volke wurde er als
solcher und als künftiger Kaiser betrachtet.[2]

4. Italien unter Bernhard (813—817).

Nach dem im Juli des Jahres 810 erfolgten Tode König
Pippins sandte Kaiser Karl zur vorläufigen Verwaltung des
Landes Königsboten nach Italien,[3] unter denen, wie die über=
lieferten Zeugnisse beweisen, sein Vetter, der Abt Adalhard von
Corbie, eine hervorragende Stelle einnahm. Eine völlig neue
Verfügung über Italien aber wurde erforderlich, als im fol=
genden Jahre auch der älteste, gleichnamige Sohn des Kaisers

---

[1] Capit. I, no 45, c. 3 (p. 127).

[2] Vgl. Ermoldus Nigellus, Elegia II, v. 167 ff.; Poet. II, 90 und
Carmina I, v. 37; Poet. II, 6.

[3] Dies erfahren wir namentlich aus einer Gerichtsurkunde Adalhards
vom 4. Juni 813, Tiraboschi, Nonantola II, no 20 (p. 36): «Cum post
obitum piae memoriae domni Pippini regis domnus imperator Carolus missos suos ad procurandam Italiam dirigeret, . . . contigit
inter cetera, ut Adalhardus abbas, qui unus ex ipsis erat . . .» —
Eine Gerichtsurkunde Adalhards aus dem Jahre 811 wird erwähnt in
einer Urkunde von 898 (Tiraboschi, Nonantola II, no 56 (p. 75), eine
zweite aus dem Jahre 812 ist uns überliefert bei Muratori, Ant. Ital.
V, 953. Vgl. unten S. 52, Anm. 3.

ins Grab sank[1] und sein Tod die ganze sorgsam bedachte
Teilungsordnung von 806 hinfällig machte. Während das
Hauptreich dem Aquitanierkönig Ludwig zufallen mußte, ent=
schloß sich Karl, das langobardische Reich als Unterkönigtum
fortbestehen zu lassen und es dem jungen Bernhard, dem ein=
zigen Sohne König Pippins,[2] zu übertragen.

Über die Zeit seiner Einsetzung liegen uns verschiedene
Nachrichten vor. Nach der zuverlässigsten Quelle dieser Jahre,
den Annales regni Francorum,[3] erfolgte die förmliche Ernen=
nung Bernhards zum König im Herbst des Jahres 813 auf
dem Reichstag zu Aachen, wo gleichzeitig Ludwig vom Vater
zum Mitkaiser ernannt und gekrönt wurde. Wenn wir aber
aus denselben Annalen erfahren,[4] daß Bernhard bereits im
Jahre 812 in Begleitung Walas, des Bruders des erwähnten
Königsboten Adalhard, von Karl nach Italien gesandt wurde,
so war er unzweifelhaft schon damals zum Beherrscher des
italischen Unterkönigreichs ausersehen, ohne jedoch förmlich zum
König erhoben zu sein. In diesem Sinne sind auch die Annales Xantenses[5] aufzufassen, wenn sie zu 812 die Nachricht
verzeichnen: «Dedit Carolus imperator filio filii sui Bern-

---

[1] Ann. regni Francor. a. 811, p. 135.

[2] Einhardi vita Caroli c. 19, p. 17: «Quorum Pippinus unum
filium suum Bernhardum, filias autem quinque ... reliquit». Daß
dieser ein illegitimer Sohn gewesen sei, wie Thegan (Vita c. 22, SS. II,
596⁶) berichtet, findet sich sonst nirgends bestätigt.

[3] p. 138: «Bernhardumque nepotem suum, filium Pippini filii
sui, Italiae praefecit et regem appellari iussit».

[4] p. 136: «Imperator generali conventu Aquis sollemniter habito
Bernhardum filium Pippini, nepotem suum, in Italiam misit; et
propter famam classis, quae et de Africa et de Hispania ad vastan-
dam Italiam ventura dicebatur, Walanem filium Bernhardi patruelis
sui cum illo esse iussit, quoadusque rerum eventus securitatem
nostris adferret».

[5] SS. II, 224¹¹.

hardo, filio Pippini regis, regnum Langobardorum». Im Gegensatz zu der Stelle der Reichsannalen finden wir zudem in den italischen Privaturkunden[1] Bernhard bereits seit April 813 als König bezeichnet und seine Regierungsjahre zur Datierung verwandt. Mit einiger Wahrscheinlichkeit vermutet deshalb Mühlbacher,[2] daß er schon im Anfang des Jahres 813 zum König bestellt wurde und in Italien als solcher galt, und daß jener Akt in Aachen im September des Jahres nur als Sanktionierung einer vollendeten Tatsache zu betrachten ist. Diesen Zeugnissen gegenüber sind die Angaben des Poeta Saxo[3] und des Chronicon Moissiacense,[4] welche die Erhebung Bernhards in das Jahr 811, bezw. 810 setzen, abzulehnen.

Der Umfang des italischen Unterkönigreichs[5] erfuhr unter Bernhard ebensowenig eine Veränderung gegen früher wie seine Abhängigkeit vom Frankenreich. Zunächst konnte an eine selbständige Regierung des jungen und unerfahrenen Fürsten, der eben die Großjährigkeit erreicht hatte,[6] kaum gedacht werden. Da gerade damals Italien von einer sarazenischen Flotte be=

---

[1] Zuerst Memorie di Lucca V, 2, no 385 ff. Cod. dipl. Langob. no 88, 89. Als Epoche wird überall die Ankunft Bernhards in Italien verwandt (September-Oktober 812, vgl. Memorie di Lucca IV, 2, no 12 und V, 2, no 410: IV, 2, Append. no 15).

[2] Zur Geschichte König Bernhards von Italien, M. J. Ö. G. II, 296 ff.

[3] SS. I, 264[11].

[4] SS. I, 309[5].

[5] Es sei bemerkt, daß unter Pippin das Gebiet von Chieti den Beneventanern entrissen und dem italischen Reiche einverleibt worden war, höchstwahrscheinlich im Jahre 801 nach Ann. regni Francor. p. 116. Erchempert, der Ende des 9. Jahrhunderts schrieb, bemerkt in Kapitel 5 (SS. rer. Lang. et Ital. p. 236[26]): «Nam tellures Teatensium et urbes a dominio Beneventanorum tunc subtractae sunt usque in praesens».

[6] Er scheint um das Jahr 797 geboren zu sein, vgl. Simson, Karl d. Gr. II, 485.

droht war, so sandte Karl, wie schon berührt, in der Begleitung Bernhards seinen Vetter Wala ab, um durch ihn die dem Reiche des Enkels drohende Gefahr abzuwenden.[1] Im übrigen aber blieb die Leitung der Verwaltung nach wie vor in den Händen Abalhards,[2] den wir in seiner Tätigkeit als Missus auch in den Jahren 813 und 814 dort nachweisen können.[3] Ebenso berichtet die etwas spätere Translatio S. Viti,[4] daß er während Bernhards Minderjährigkeit die Regierung Italiens geführt habe. Seinem Wirken ist vor allem der Abschluß jenes wichtigen Friedens zu verdanken, der Benevent von neuem der fränkischen Oberherrschaft unterwarf und es zu einer Zahlung von 25000 Goldsolidi verpflichtete.[5] Dagegen findet sich von einer eigenen Regierungstätigkeit König Bernhards bis zum Tode Karls des Großen noch keine Spur; das einzige Merkmal seiner Herrschaft besteht für uns in dieser Zeit darin, daß die Privaturkunden seit Anfang 813 seine Regierungsjahre nach denen seines kaiserlichen Lehnsherrn zählen.[6]

Erst als auf die Nachricht von Karls Tode Abalhard Italien verließ und in das fränkische Reich zurückkehrte,[7] übernahm

---

[1] Siehe oben S. 50, Anm. 4.

[2] Himly, Wala et Louis le Débonnaire (Paris 1849) p. 26 ff. sieht fälschlich Wala als den Regenten an, weil er die urkundlichen Zeugnisse übersieht.

[3] Vgl. das Dekret vom 4. Juni 813 bei Tiraboschi, Nonantola II, no 20 und das Placitum vom Februar 814 bei Muratori, Rer. Ital. SS. IIb, 361, Anm. 33.

[4] Jaffé, Bibl. I, 7: «Sed iam dicto abbati illo in tempore commissa erat cura maxima, videlicet ut regnum Langobardorum gubernare deberet, donec filius Pippini Bernhardus nomine cresceret».

[5] Vita S. Adalhardi c. 29, SS. II, 527[2] ff. Ann. regni Francor. p. 137.

[6] Memorie di Lucca V, 2, no 385 ff.; IV, 2, Append. no 13 f. Cod. dipl. Langob. no 88, 89. Regesto di Farfa II, no 224. — Diplome Karls für Italien sind seit Einsetzung Bernhards ebenfalls nicht erhalten.

[7] Translatio S. Viti c. 6, SS. II, 578[20]. Abalhards Verbannung,

Bernhard die Regierung des Langobardenreiches selbst. Es hat den Anschein, daß er von dem Regierungswechsel im Hauptreiche eine Verbesserung seiner Stellung, die Lösung des fränkischen Lehnsverhältnisses, erhoffte, denn er zögerte zunächst, dem neuen Herrscher des Gesamtreiches seine Huldigung darzubringen.[1] Auch der Umstand, daß die italischen Privaturkunden aus den ersten Monaten nach Karls Tode lediglich nach den Jahren Bernhards datieren,[2] scheint dafür zu sprechen, daß man in Italien derartige Erwartungen hegte. Ihre Aussichtslosigkeit erwies indessen eine Bernhard zugehende Aufforderung des Kaisers,[3] am 1. August 814 auf dem Reichstage zu Aachen zur Huldigung zu erscheinen, die zu verweigern er natürlich nicht wagen konnte. Nach Ablegung des Treueides erlangte er hier die Bestätigung Ludwigs und wurde mit reichen Geschenken wieder nach Italien entlassen, um es fortan wie sein Vater als Unterkönig und Vasall des Kaisers zu regieren.[4] Dieser Ent-

---

die alsbald erfolgte, wird mit der abwartenden Haltung Bernhards bei diesem Thronwechsel in Verbindung gebracht, als ob man am kaiserlichen Hofe in ihm den Anstifter gesehen hätte. Vgl. Simson, Ludwig b. Fr. I, 20.

[1] Es wird ausdrücklich berichtet, daß er sie erst auf Ludwigs Aufforderung hin leistete, vgl. unten Anm. 3.

[2] Cod. dipl. Langob. no 90 vom 3. März 814 und Memorie di Lucca IV, 1, no 8 vom 20. April 814.

[3] Ann. regni Francor. p. 141: «Habitoque Aquisgrani generali populi sui conventu ... Bernhardum regem Italiae nepotem suum, ad se evocatum muneribus donatum in regnum remisit». Vita Hludowici c. 23, SS. II, 619[20] (ad se evocatum et obœdienter parentem).

[4] Thegani Vita c. 12, SS. II, 593[18]: «Eodem tempore venit Bernhardus ... et tradidit semet ipsum ei ad procerem et fidelitatem cum iuramento promisit. Suscepit eum libenter domnus Hludowicus, et magnis donis ac honorificis honoravit cum, permisit eum iterum ire incolumem in Italiam. Vgl. Chronicon Moissiacense SS. I, 311[19]. Auf eine Bestätigung Bernhards durch Ludwig weist dessen Urkunde für Aming hin, Formulae imperiales no 8 (MG. Formulae p. 293): «..quem

wicklung der Dinge tragen auch die italischen Privaturkunden[1] Rechnung, indem sie nun in der Datumzeile Ludwigs Namen an erster Stelle aufnehmen und — wenigstens die sehr beträchtliche Zahl der Lucchefer Urkunden — zu Bernhards Namen zur Bezeichnung der erlangten Bestätigung die Worte hinzusetzen: «postquam in Italia reversus est».

Die Abhängigkeit Bernhards von seinem kaiserlichen Oheim war gleich der Pippins in jeder Hinsicht eine vollkommene. Deutlich erkennen wir aus den uns überlieferten Nachrichten, daß er im Grunde nur ein mit dem Königstitel ausgezeichneter Statthalter Ludwigs in diesen vom Mittelpunkt des Frankenreichs entlegeneren Gebieten war. Vor allem stand es nicht in seiner Macht, eine selbständige Politik nach außen zu führen, vielmehr waren alle auswärtigen Angelegenheiten seiner Einwirkung entzogen. Das tritt namentlich in den Beziehungen des Frankenreichs zum byzantinischen Hofe hervor, der über Frieden, Bündnisse und Grenzregulierungen (in Dalmatien an der italischen Grenze!) nur unmittelbar mit dem fränkischen König unterhandelte.[2] Auch der der fränkischen Herrschaft unterworfene Herzog von Benevent stand nicht unter seiner Gewalt, sondern erkannte lediglich die Oberhoheit Ludwigs an, in dessen Kasse der jährlich zu entrichtende Tribut von 7000 Solidi floß.[3] Ebensowenig standen dem Langobardenkönig Eingriffe in die Angele-

---

Italiae genitor noster Carolus imperator sive nos regem praeposuimus».

[1] Memorie di Lucca IV, 2, no 12 und Append. no 15 f., V, 2, no 393 ff.   Regesto di Farfa II, no 227 mit Unterbrechung bis no 253. Allein Cod. dipl. Langob. no 92 macht eine Ausnahme.

[2] Vgl. Ann. regni Francor. p. 140/1 und besonders p. 145 (a. 817).

[3] Ann. regni Francor. a. 814, p. 141: «(Hludowicus) cum Grimoaldo Beneventanorum duce pactum fecit atque firmavit, eo modo quo et pater, scilicet ut Beneventani tributum annis singulis VII milia solidos darent».

genheiten der römischen Kurie zu; auch ihr Gebiet gehörte nicht zum italischen Reiche,[1] und sie erkannte als Schutzherrn allein den fränkischen König und römischen Kaiser an. Nur auf besonderen Befehl Ludwigs, gewissermaßen als Missus, begab sich Bernhard im Jahr 815 nach Rom,[2] um im Namen des Kaisers eine Untersuchung gegen den Papst wegen Hinrichtung einiger vornehmen Römer einzuleiten. Aber selbst in diesem Falle hatte er ein selbständiges Urteil nicht zu fällen, sondern war beauftragt, den ermittelten Sachverhalt durch einen eigens dazu bestellten Sendboten dem Kaiser anzuzeigen, der also die Entscheidung persönlich zu treffen beabsichtigte. In ähnlicher Weise kommt das Verhältnis Bernhards zu Papst und Kaiser in seinem Verhalten bei einem Ende 815 ausbrechenden Aufstand der Römer gegen Leo III. zum Ausdruck. Zwar sendet er zur Herstellung der Ruhe den Herzog Winigisus von Spoleto mit Heeresmacht nach Rom, läßt aber im Bewußtsein seiner eigenen Inkompetenz sogleich dem Kaiser von den Vorgängen Mitteilung machen.[3]

Selbst in der inneren Verwaltung sind jedoch die Befugnisse Bernhards augenscheinlich nur von untergeordneter Bedeutung gewesen. Ob er das Recht der Urkundenausfertigung besaß, vermögen wir nicht festzustellen; Diplome von ihm sind nicht überliefert und werden auch in Urkunden späterer Herrscher nicht

---

[1] Vgl. oben S. 19.

[2] Ann. regni Francor. p. 142: «Bernardum regem Italiae, nepotem suum, ... ad cognoscendum, quod nuntiebatur, Romam mittit. Is, cum Romam venisset, aegritudine decubuit, res tamen, quas compererat, per Geroldum comitem, qui ad hoc ei legatus fuerat datus, imperatori mandavit».

[3] Ann. regni Francor. p. 143: «Quo comperto Bernardus rex missa manu per Winigisum ducem Spoletinum et seditionem illam sedavit et eos ab incepto desistere fecit, quaeque gesta erant, per legatos suos imperatori nuntiavit.»

erwähnt. Jedenfalls wandte man sich zur Erlangung von Privilegien nicht an ihn, sondern an die höhere Autorität, den Beherrscher der Franken, der sich die Ausübung der wesentlichsten Hoheitsrechte in Italien vorbehielt. So gehen sämtliche Privilegien und Schenkungen im italischen Reiche, soweit sie erhalten sind,[1] von Ludwig dem Frommen aus. Namentlich verfügte er über die Abteien, wie wir aus einer Anzahl von Urkunden schließen können, durch die einzelnen Klöstern das Recht der freien Abtwahl als besondere Gunst des Herrschers verliehen wird.[2] Nur in einem einzigen Falle wird die Zustimmung Bernhards zu einem Privileg des Kaisers erwähnt, in der Urkunde Ludwigs für das Kloster Montamiata[3] vom 17. November 816.

Ebensowenig wie Diplome besitzen wir Kapitularien, die unter dem Namen des italischen Königs gehen. Auch Ludwig selbst hat wohl in den wenigen Jahren der Herrschaft Bernhards keine Gelegenheit genommen, besondere nur für Italien berechnete gesetzliche Verordnungen zu erlassen — wenigstens sind keine erhalten —, doch hörte die Geltung der von ihm auf den fränkischen Reichsversammlungen erlassenen Gesetze für Italien auch während der Regierung Bernhards nicht auf, falls sie nicht ganz spezielle Bestimmung hatten. So finden sich in den im Langobardenreich gebrauchten Gesetzeshandschriften[4] ebenso wie in dem praktischen Zwecken dienenden sogenannten Liber legis Langobardorum[5] auch Kapitularien Ludwigs des Frommen aus dieser Zeit aufgenommen.

---

[1] BM. 529, 559, 590—592, 597, 616, 619, 622, 639, 640, 643.

[2] BM. 592, 597, 639. Das große Privileg für die Provinz Istrien (BM. 732) läßt sich leider nicht genauer datieren, als daß es vor 821 erlassen ist.

[3] Ughelli, I. S. III, 591 (BM. 639): «..per huiusmodi nostram auctoritatem et consensum vel dilecti filii nostri Bernardi regis ...»

[4] Vgl. Boretius, Die Kapitularien im Langobardenreich S. 140 ff.

[5] Capit. I, no 134 und 135 (a. 816) sind im Liber legis Lango-

Vor allem aber machte der Kaiser seinem Neffen die Ab=
hängigkeit dadurch fühlbar und drückend, daß er ihn jedes Jahr
zu den großen fränkischen Reichsversammlungen über die Alpen
kommen ließ und ihm hier seine Weisungen erteilte.[1] So mußte
Bernhard, nachdem er erst im August 814 bem Oheim zu Aachen
die Huldigung geleistet hatte, schon im Juli bes folgenden Jahres
wieder auf bem Reichstag zu Paderborn erscheinen, bieses Mal,
wie ausdrücklich berichtet wird, sogar mit einem Vasallenheere.[2]
Bei seiner Rückkehr nach Italien wurde er bann mit jener
Untersuchung gegen Papst Leo III. beauftragt, von der wir oben
hörten.[3] Im nächsten Sommer (816) zwang ihn der Befehl
Ludwigs abermals, sich am fränkischen Hofe einzufinden,[4] unb
zwar als Begleiter bes neuen Papstes Stephan IV., der bem
Kaiser damals einen Besuch abstattete.

Von Beamten der Hof= und Staatsverwaltung König
Bernhards begegnet uns in den Quellen als Pfalzgraf ein ge=
wisser Suppo,[5] der sicherlich mit bem gleichnamigen Grafen von

---

bardorum aufgenommen als Kapitel 1, 2, 3, 15 ber Gesetze Ludwigs
bes Frommen, LL. IV, 522[7], 524[7], [25], 527[46].

[1] Vgl. Malfatti, Bernardo re d'Italia (Florenz 1876) p. 11/12.
Nach ihm suchte Ludwig die Provinzen bes Reichs unb ihre Kräfte noch
mehr, als bisher geschehen war, zu konzentrieren.

[2] Chronicon Moissiacense, SS. I, 311[37]: «Et ibi venit ad eum
Bernardus rex Langobardorum cum exercitu et habuit imperator ibi
placitum magnum». Vgl. Ann. regni Francor. p. 142 unb Thegani
Vita c. 14, SS. II, 593[16].

[3] S. 55, Anm. 2.

[4] Vita Hludowici imp. c. 26, SS. II, 620[36]: «Imperator autem
eius (sc. papae) adventu praecognito, Bernardo quidem nepoti eum
comitari iussit». Chronicon Moissiacense, SS. I, 312[6]: «... aestatis
tempore venit ad eum Bernardus, rex Langobardorum».

[5] Regesto di Farfa II, no 224, p. 169/70: «Signum manus Sup-
ponis comitis palatii». In berselben Urkunde erscheinen ferner ein gewisser Leo unb ein gewisser Ursinianus als «iudex, bezw. notarius
domni regis».

Brescia und späteren Herzog von Spoleto identisch ist.[1] Das wichtige Amt des Kämmerers versah am italischen Hofe Reginharb,[2] während uns als nächster Freund und Berater des jungen Königs ein Graf Eggideo genannt wird.[3] Von Einfluß scheint sodann der frühere Pfalzgraf Ludwigs in Aquitanien, Graf Reginar, gewesen zu sein, der bei der Verschwörung Bernharbs eine Hauptrolle spielte.[4]

Andere Zeugnisse über die Regierungstätigkeit Bernharbs als die angeführten liegen uns nicht vor. Sie genügen jedoch durchaus, um erkennen zu lassen, daß Italien unter ihm blieb, was es unter Pippin gewesen war, eine Provinz des Frankenreichs, der die fränkische Staatsklugheit aus politischen und verwaltungstechnischen Gründen die Stellung eines besonderen Reiches mit einer scheinbar selbständigen, in Wirklichkeit völlig abhängigen Regierung gewährte.

---

[1] Vgl. Ann. regni Francor. a. 822, p. 158.

[2] Ann. regni Francor. a. 817, p. 148: «Reginhardus camerarius eius». Vita Hludowici c. 29, SS. II, 623[16]: «R. praepositus camerae regalis».

[3] Ann. regni Francor. a. 817, p. 148: «Eggideo inter amicos regis primus». Vgl. Thegani Vita c. 22, SS. II, 596[19] und Vita Hludowici c. 29, SS. II, 623[14]. Das Chronicon Moissiacense (SS. I, 312[42]) hat die Namensform Achiteus überliefert, die sich auch in zwei Urkunden findet, wo der genannte Graf als Zeuge auftritt (Regesto di Farfa II, no 224 und 284). Die Grundform ist vielleicht Ägibius.

[4] Vita Hludowici c. 29, SS. II, 623[15] und die in der vorigen Anmerkung zitierten Quellen. — Malfatti, Bernardo re d'Italia p. 13 vermutet deshalb, er sei von Ludwig dem Neffen beigeordnet worden.

B. Das Unterkönigtum unter Ludwig dem Frommen.

1. Baiern unter Lothar (814—817).

Das italische Unterkönigtum war das einzige, das bestand, als Ludwig der Fromme 814 im Gesamtreiche zur Regierung gelangte, da das aquitanische durch seinen Regierungsantritt erledigt war. Wie sehr jedoch die Einrichtung sich eingebürgert hatte, zeigt sich darin, daß Ludwig alsbald nach seiner Thron= besteigung auf dem Aachener Reichstag im August 814 nicht nur das aquitanische Unterkönigtum mit seinem Sohn Pippin neu besetzte, sondern auch in Baiern für seinen ältesten Sohn Lothar eine weitere derartige Stellung schuf.[1] Für diesen Ent= schluß war abgesehen von Gründen der Staatsklugheit wohl auch die Erwägung maßgebend, daß es ihm dadurch besser möglich sein werde, den großen Aufgaben gerecht zu werden, welche die Leitung des Gesamtstaates vor allem nach außen an ihn stellten.

Die bairischen Lande eigneten sich in ähnlicher Weise wie Italien und Aquitanien zur Bildung eines besonderen Reiches, weil sie von einem Volke mit lebhaft ausgeprägtem Stammes= gefühl bewohnt wurden und noch bis vor kurzem unter einem eigenen Stammesherzoge eine selbständige Stellung im Franken= reich behauptet hatten. Dazu kam, daß sie sich schon durch ihre geographische Lage von dem übrigen Reiche als ein Ganzes schieden und auch in kirchlicher Hinsicht eine Einheit darstellten.[2]

---

[1] Ann. regni Francor. a. 814, p. 141. Ann. Lauriss. min., cod. Remensis, SS. I, 122⁹. Chronicon Moissiacense, SS. I, 311⁴⁰. Vita Hludowici c. 24, SS. II, 619²⁵. Ann. Juvavenses mai., SS. I, 88.

[2] Vgl. Hauck, Kirchengeschichte Deutschlands (2. Aufl., Leipzig 1898 ff.) II, 207.

Außerdem ließen die gefährlichen Nachbarn im Osten eine be=
sondere Landesregierung wohl am Platze erscheinen, die der
Bewachung der Grenzen ein sorgsameres Augenmerk widmen
konnte, als es dem meist weit entfernten fränkischen Herrscher
möglich war.[1]

Lothar wurde der Titel eines rex Baioariorum beigelegt.
Als solcher wird er ausdrücklich nicht nur in einer großen
Anzahl Freisinger Urkunden,[2] sondern auch in anderen Quellen[3]
bezeichnet. Demgegenüber sind Simsons Gründe, der die An=
sicht vertritt,[4] daß sowohl Pippin, wie Lothar, im Jahre 814
noch nicht die förmliche Königsherrschaft übertragen erhielten,
nicht stichhaltig. Sie stützen sich bezüglich Lothars hauptsächlich
darauf, daß die Annales regni Francorum[5] zu 814 nur ver=
zeichnen: «Tunc duos ex filiis suis, Hlotharium in Baioariam, Pippinum in Aquitaniam misit» und die Erhebung
Pippins zum König erst 817 berichten;[6] es sei deshalb wahr=
scheinlich, daß auch Lothar damals noch nicht den Königstitel
geführt habe. Das Zeugnis der übrigen oben genannten Quellen
läßt er zu Unrecht als weniger authentisch nicht gelten. Wenn

---

[1] Vgl. Dümmler, O. R. I, 19.

[2] Meichelbeck, Historia Frisingensis Ia, p. 103: «anno imperante
Hludowico augusto secundo et Hlodhario dominante rege Baioariorum I». Ähnlich l. c. Ib, no 316 ff. (p. 168). Daß die Datierung dieser
Urkunden ungenau ist, wie Simson einwendet, ändert an der Tat=
sache nichts.

[3] Chronicon Moissiacense, SS. I, 311 40: «Et III. Kalend. Augusti
habuit consilium magnum in Aquis et constituit duos filios suos
reges Pippinum et Clotarium, Pippinum super Aquitaniam et Wasconiam, Clotarium super Baioariam.» Ann. Lauriss. min., cod. Fuldensis, SS. I, 122 19 ff.: «... illuc venit filius eius Hludharius rex
Baiororum». Ebenso Ann. Altahenses mai., SS. XX, 784 9 und Auctarium Cremifanense, SS. IX, 552 1.

[4] Ludwig d. Fr. I, 29.

[5] p. 141.

[6] p. 146.

er ferner darauf hinweist, daß auch in italischen Urkunden Bern=
hards Regierung von seiner Ankunft im Lande an gerechnet
würde, obwohl er damals noch nicht zum König erhoben war,
so ist darauf zu entgegnen, daß die italischen Urkunden erst
dann Bernhards Ankunft in Italien als Epoche rechnen, nach=
dem er den Königstitel erhalten hatte und sie ihn selbst schon
als rex Langobardorum bezeichnen.[1] Der Vergleich ist also
nicht zutreffend.

Lothar scheint sich jedoch erst im Anfang des nächsten
Jahres in sein neues Reich begeben zu haben, wenigstens er=
scheint er in den Freisinger Urkunden als Regent zuerst am
15. März 815,[2] während zwei Urkunden mit Februardaten ihn
noch nicht nennen.[3] Seine Abhängigkeit kommt in diesen Ur=
kunden dadurch zum Ausdruck, daß sein Name und seine Jahre
erst an zweiter Stelle nach denen des Vaters stehen.[4]

Von Lothars Tätigkeit als König von Baiern besitzen wir
bei der geringen Dauer seiner dortigen Herrschaft keine Zeug=
nisse.[5] Die oberste Regierungsgewalt und eigentliche Leitung
des bairischen Reiches lag jedoch jedenfalls in seines Vaters
Hand, denn alle uns überlieferten auf Baiern sich beziehenden
Urkunden und Privilegien gehen nach wie vor von diesem aus.[6]
Auch eine Änderung der bisherigen Verwaltung, an der schon
unter Karl dem Großen der Graf der böhmischen Mark, Audulf

---

[1] Vgl. oben S. 50/1.

[2] Meichelbeck, H. F. Ib, no 322 (p. 171). Seine Ankunft in Bayern
setzen in das Jahr 815 auch Ann. Altahenses mai. (SS. XX, 784[6]), Auc=
tarium Cremifanense (SS. IX, 552[1]).

[3] Meichelbeck, H. F. Ib, no 326 und 327 (p. 173/4).

[4] Nur Meichelbeck Ib, no 347 (p. 184) zählt allein die Jahre
Lothars.

[5] Wir hören nur, daß er mit Bernhard von Italien und seinem
Bruder Pippin als Vasall des Vaters im Juli 815 auf dem Reichstag
zu Paderborn erschien. Ann. Lauriss. min., cod. Fuldensis, SS. I, 122[19].

[6] BM. 598, 606, 607, 625.

mit Namen, einen hervorragenden Anteil hatte, wird nicht eingetreten sein, da wir erfahren, daß der genannte Graf Aubulf
in seiner Stellung als praefectus Baioariae[1] von Ludwig bestätigt wurde.[2]

Nur etwa drei Jahre währte die Herrschaft Lothars als
Unterkönig von Baiern, dann eröffneten sich ihm glänzendere
Aussichten: Im Juli 817 wurde er zu Aachen zum Kaiser gekrönt und zum eigentlichen Nachfolger seines Vaters im gesamten Reiche eingesetzt. Ob er sich bis zu dieser Zeit in Baiern
aufgehalten hat, läßt sich bei der ungenauen Datierung der
Freisinger Urkunden zwar nicht mit Sicherheit feststellen, doch
ist es nicht unwahrscheinlich. Die letzten sicher datierbaren Stücke,
die seine Jahre zählen,[3] fallen auf den 20. Dezember 816.

2. Die ordinatio imperii Ludwigs des Frommen von 817.

Eine völlig veränderte Gestalt gewannen die Dinge durch
die ordinatio imperii, die neue Thronfolgeordnung Ludwigs des
Frommen, die auf dem Aachener Reichstag im Juli des Jahres
817 zum Gesetz erhoben wurde.[4] Sie bezweckte, die Reichs-

---

[1] So wird Aubulfs Vorgänger Graf Gerold bezeichnet. Ann. regni
Francor. p. 108.

[2] Meichelbeck, H. F. I b, no 373 (p. 198, Urkunde vom Dezember
819): «Tertia vice adnotandum est, quomodo Audulfus super provincia Bajowariorum tam potenter et honorabiliter a pio imperatore
Carolo, deinde etiam a Hludowico eandem potestatem accepit hanc provinciam providere, regere et gubernare».
Aubulf starb nach Ann. St. Emmerammi Ratisponenses (SS. I, 93) im
Jahre 819. Vgl. Dümmler, De Bohemiae condicione Carolis imperantibus (Habilitationsschrift. Halle 1854) p. 23 f.

[3] Meichelbeck, H. F. I b, no 340 (p. 181) und 350 (p. 185).

[4] Über sie handeln namentlich: Simson, Ludwig der Fromme I,
100—110. Dümmler, O. R. I, 21 ff. Dahn, Könige der Germanen VIII,

einheit, welche Karl der Große durch seine divisio imperii von
806 wieder preisgegeben hatte, und deren Wiederherstellung
unter Ludwig dem Frommen lediglich dem Zufall zu verdanken
war, nach dem Tode dieses Kaisers aufrecht zu erhalten und
das Reich in Zukunft vor den Schäden des überlieferten Tei=
lungsverfahrens, das so oft die Ursache der verderblichsten Wirren
gebildet hatte, zu bewahren. So wird hier im Gegensatz zu der
alten germanischen privatrechtlichen Auffassung des Königtums,
die ihren Ausdruck in der gleichen Erbteilung aller Söhne fand,
zum ersten Male die staatliche Einheit als oberster Grundsatz
aufgestellt. Darin besteht auch der fundamentale Unterschied,
der dieses Hausgesetz Kaiser Ludwigs vor jener mit Recht als
divisio imperii bezeichneten Erbfolgeordnung auszeichnet, die
Karl der Große im Jahre 806 für seine drei Söhne Karl,
Pippin und Ludwig erließ.[1] Wurde auch der Kern des Reiches,
die alten fränkischen Stammlande, dem Erstgeborenen als Haupt=
nachfolger zugesprochen, so war Karl doch viel zu sehr von den
alten germanischen Rechtsanschauungen durchdrungen, als daß
er die Ansprüche der jüngeren Söhne dem Staatsgedanken unter=
geordnet und ihrer Selbständigkeit in irgendeiner Weise Ein=
trag getan hätte. Dementsprechend geschieht in der divisio
imperii von 806 der Kaiserwürde, die eine Überordnung eines
der Söhne begründet hätte,[2] keine Erwähnung, und der Schutz
der römischen Kirche wird allen drei Brüdern gemeinsam auf=
getragen.[3] Erst dann, als von ihnen nur noch Ludwig (der

6, 87. Häbicke, Die Landesteilungen der fränkischen Könige und deutschen
Fürsten im Mittelalter nach ihrem Prinzipe (Programm der Landesschule
zu Pforta 1896). C. Fr. Meyer, Die Teilungen im Reiche der Karo=
linger I. (Programm der Friedrich=Wilhelm=Schule zu Stettin 1877).

[1] Capit. I, no 45, p. 126 ff.

[2] Dümmler (O. R. I, 21) hat daher kein Recht, den jüngeren Karl
als künftigen Kaiser zu bezeichnen.

[3] Divisio imperii c. 15, Capit. I, 129 [26] ff.

Fromme) am Leben war, trug Karl kein Bedenken mehr, diesem die Kaiserkrone zu vererben.[1]

Die mit dem Kaisertum verbundenen universalen Ideen gelangten erst unter Ludwig dem Frommen zur vollen Geltung, und zwar durch den Einfluß der Geistlichkeit. Die Vertreter des hohen fränkischen Klerus, die unter den Ratgebern Ludwigs namentlich in der ersten Regierungszeit den hervorragendsten Rang einnahmen, waren offenbar auch die geistigen Urheber der neuen Thronfolgeordnung; gesteht doch der Kaiser in der Ein= leitung[2] selbst ein, daß die Einheit des Reiches gewahrt werden solle, um der heiligen Kirche kein Ärgernis zu bereiten. Auch sonst steht das Interesse der Kirche im Vordergrunde des Ge= setzes.[3] Diese hatte in der Tat das größte Interesse daran, die staatliche Einheit bewahrt zu sehen, denn gerade letztere bil= dete eine wesentliche Bedingung für die Macht der Kirche und ihren Einfluß, während Teilungen schon durch die Zerreißung der kirchlichen Verbände und Besitzungen zu schweren Schäden und Unzuträglichkeiten führen mußten.[4]

Doch war es unmöglich, die angestrebte Reichseinheit in so schroffer Weise zur Durchführung zu bringen, daß man die An=

---

[1] Es geschah auf dem Aachener Reichstag des Jahres 813. Ann. regni Francor. p. 138.

[2] Ordinatio imperii, Capit. I, 270[38]: «. . . nequaquam nobis nec his, qui sanum sapiunt, visum fuit, ut amore filiorum aut gratia unitas imperii a deo nobis conservati divisione humana scinderetur, ne forte hac occasione scandalum in sancta ecclesia oriretur».

[3] l. c. p. 271[13]: «. . . propter totius ecclesiae tutamen» und be= sonders c. 10, l. c. p. 272[20].

[4] Damit soll jedoch nicht behauptet werden, daß es allein diese Ten= denzen waren, welche die Führer der geistlichen Einheitspartei beseelten. Männer wie der Erzbischof Agobard von Lyon und Ludwigs Vetter Wala hatten höhere staatsmännische Ideale. Vgl. auch Lilienfein, Die An= schauungen von Staat und Kirche im Reich der Karolinger S. 47, der darauf hinweist, daß auch das Ideal des Gottesstaates die Einheit des Reiches forderte.

sprüche der jüngeren Söhne ganz unberücksichtigt ließ, weil ein solches Vorgehen die tief eingewurzelten Rechtsanschauungen des Volkes zu sehr verletzt hätte und auf zu starken Widerstand gestoßen wäre. So nahm man denn seine Zuflucht zu einem Kompromiß. Das Mittel, die Ansprüche der jüngeren Söhne mit dem Prinzipe der Einheit zu vereinigen, bot sich dar in der Institution des Unterkönigtums, dem man zu diesem Zwecke eine von seiner überlieferten Form abweichende Gestalt gab. Man schloß also in der neuen Ordnung der Thronfolge die jüngeren Söhne des Kaisers nicht völlig vom Erbe aus, sondern fand sie mit Reichsteilen ab, die man so bemaß, daß ihre Machtmittel selbst vereint dem Haupterben in keinem Falle gefährlich werden konnten, und unterwarf sie seiner Oberherrschaft in dem Maße, daß sie lediglich als seine Vasallen erschienen und die Einheit des Reiches durchaus gewahrt blieb.

Als Unterreiche wurden Aquitanien und Baiern ausersehen,[1] die beide in gleicher Eigenschaft schon bestanden. Das gesamte übrige Reich fiel dem ältesten Sohne zu, der zum Zeichen seiner oberherrlichen Stellung durch den Kaisertitel ausgezeichnet wurde.[2] Sodann regelte man in eingehender Weise das künftige staatsrechtliche Verhältnis zwischen den Brüdern. Die Unterkönige erlangten in ihren Reichen für die innere Verwaltung eine ganze Reihe wichtiger Befugnisse, vor allem das Recht, sämtliche geistlichen und weltlichen Ämter und Würden, darunter auch die Bistümer, Grafschaften und Abteien, zu vergeben.[3] Sicherlich war mit dem Besitz der vollkommenen Amtshoheit auch der der Gerichtshoheit verbunden, deren keine ausdrückliche Erwähnung geschieht. Ebenso werden ihnen innerhalb ihrer Reiche die Erträge der Steuern und Bergwerke, sowie die Tribute der ihrem Machtbereiche angehörenden Völker, also die

---

[1] Ordinatio imperii c. 1, 2; Capit. I, 271.
[2] Ordin. Einleitung. — [3] Ordin. c. 3.

volle Finanzhoheit zugesprochen.[1] Demgegenüber erscheinen jedoch ihre Rechte in allen Dingen, welche die äußere Politik betreffen, als äußerst beschränkt. In erster Linie ist ihnen jede Entscheidung über Krieg und Frieden genommen. Nur mit Zustimmung des ältesten Bruders ist ihnen gestattet, einen Feldzug gegen fremde Völkerschaften zu unternehmen oder einen Frieden abzuschließen. Allein im Falle eines plötzlichen feindlichen Einfalles (defensio) dürfen sie eigenmächtig die erforderlichen Maßregeln zur Abwehr treffen.[2] Auch fremde Gesandtschaften, die zu ihnen kommen, um über Krieg und Frieden oder über Sachen von größerer Bedeutung zu verhandeln, sollen sie nur nach Befragung des kaiserlichen Oberherrn abfertigen, während sie angewiesen werden, Gesandte, die sich durch ihr Land an den Hof des Kaisers begeben, in ehrenvoller Weise dorthin geleiten zu lassen. Überhaupt wird es ihnen zur Pflicht gemacht, den Kaiser ständig über die Lage der Dinge an den Grenzen ihrer Reiche unterrichtet zu halten, um es ihm möglich zu machen, allen Gefahren gerüstet entgegenzutreten.[3] Dazu sollen sie sich alljährlich mit Geschenken, wie die Vasallen sie ihrem Lehnsherrn darbrachten, am Hofe des ältesten Bruders einfinden und mit ihm über das Wohl und Wehe des Reiches und die Erhaltung des Friedens in Beratung treten. Wird einer von ihnen durch Ereignisse von unaufschiebbarer Wichtigkeit am rechtzeitigen Erscheinen verhindert, so hat er dies dem Kaiser durch Gesandte unter Darbringung der üblichen Geschenke anzuzeigen und die Versäumnis baldigst nachzuholen.[4] Als Gegenleistung soll dieser als der reichere die Gaben der Brüder auch reichlicher vergelten[5] und ihnen auf ihre Bitte gegen auswärtige Feinde Beistand gewähren.[6] Für den Fall, daß bei Ludwigs Tode einer der jüngeren Söhne noch minderjährig und also nicht thronfähig ist,

---

[1] Ordin. c. 12. — [2] Ordin. c. 7. — [3] Ordin. c. 8.
[4] Ordin. c. 4. — [5] Ordin. c. 5. — [6] Ordin. c. 6.

steht die Vormundschaft und die Verwesung seines Reiches dem ältesten Bruder zu[1], an dessen Zustimmung die Brüder auch bei ihrer Heirat gebunden sind.[2]   Endlich wird dem Kaiser über seine Unterkönige eine Aufsichts= und Strafgewalt eingeräumt, wenn sie die Kirche und die Armen bedrücken oder sonst sich Ungerechtigkeiten zuschulden kommen lassen.   Hat eine drei= malige vertrauliche Ermahnung durch getreue Gesandte in einem derartigen Falle keine Besserung bewirkt, so hat der Kaiser das Recht, den Schuldigen vorzuladen und in Gegenwart des anderen Bruders zur Rede zu stellen und zu bestrafen.   Fruchtet auch dies nichts, so soll der Kaiser in Gemeinschaft mit der Reichs= versammlung die Entscheidung treffen.[3]   Durch weitere Be= stimmungen suchte man diesen Status eines Reiches mit zwei Unterkönigreichen auch für die Zukunft zu erhalten[4] und be= reitete, bei fehlender Nachkommenschaft, ihren Anfall an das Hauptreich vor.[5]

   Das Unterkönigtum, das uns hier entgegentritt, weist gegen= über seiner bisherigen Gestalt wesentliche Veränderungen auf, die resultieren aus der Tendenz der neuen Thronfolgeordnung, die beiden sich kreuzenden Prinzipien der Einheit und der Tei= lung miteinander zu vereinigen.   Der Unterschied liegt vor allem darin, daß das Unterkönigtum sich in der ordinatio als eine dauernde, verfassungsmäßig begründete Institution, in der frü= heren Form hingegen nur als der Ausdruck einer freien, rein persönlichen Entschließung des Herrschers darstellt.   Daraus er= gibt sich von selbst eine andere wichtige Wesensverschiedenheit. Während unter Karl dem Großen von eigentlichen Rechten der Unterkönige im Sinne gesetzlich fixierter Normen überhaupt keine Rede sein kann und ihre Befugnisse, wie ihre ganze Stellung in jedem Augenblicke Maß und Ziel in dem persönlichen Willen

---

[1] Ordin. c. 16. — [2] Ordin. c. 13.
[3] Ordin. c. 10. — [4] Ordin. c. 14. — [5] Ordin. c. 15.

des Herrschers finden, handelt es sich im Hausgesetze Ludwigs um staatsrechtlich geregelte Verhältnisse.

Diese Regelung erfolgt in der Weise, daß das Unterkönig= tum dadurch eine erheblich größere Bedeutung gewinnt, daß ihm völlige Selbständigkeit in allen Angelegenheiten der inneren Verwaltung zuteil wird, die dem Einfluß des kaiserlichen Ober= herrn nun gänzlich entzogen ist. Außerdem wird, wohl um die Härte, welche die Durchführung des Prinzipes der Einheit für die jüngeren Söhne mit sich brachte, zu mildern, alle Willkür des Gesamtherrschers nach Möglichkeit ausgeschaltet und alle Fälle möglichst erschöpfend geregelt. Dies zeigt sich namentlich in den Bestimmungen für den Fall einer „Tyrannei" eines der Unterkönige.[1]

Dagegen bleibt die äußere Politik, wie unter Karl, so auch hier, so gut wie allein dem Kaiser vorbehalten, denn in diesem Punkte, auf dem vor allem der einheitliche Bestand des Reiches nach außen hin beruhte, werden den Unterkönigen grundsätzlich alle Rechte von Bedeutung genommen.

So hat also das Unterkönigtum durch die Thronfolgeordnung von 817, die sein hervorragendstes urkundliches Denkmal in der Zeit des frühen Mittelalters bildet, zwar eine wesentlich größere Selbständigkeit gewonnen, doch kommt diese noch keineswegs der= jenigen der späteren karolingischen Teilreiche gleich, die in jeder Beziehung, auch nach außen, völlig selbständige Staatswesen darstellen.

Die Verfügungen des Hausgesetzes, das erst mit Ludwigs Tode in Kraft treten sollte,[2] gelangten zum Teil bereits 817 insofern zur Verwirklichung, als Lothar schon damals die Rang= erhöhung über seine Brüder zuteil wurde, indem man ihn zum

---

[1] Vgl. Ordin. c. 10.
[2] «post decessum nostrum», Capit. I, 271[10].

Kaiser krönte und zum Mitregenten ernannte,[1] was augenscheinlich deshalb geschah, um Pippin und Ludwig von vornherein daran zu gewöhnen, ihn als ihren künftigen Oberherrn zu respektieren. Auch sie selbst wurden schon jetzt förmlich zu Königen erhoben und mit der Herrschaft über die ihnen zugedachten Unterkönigreiche betraut,[2] eine Verfügung, die jedoch im Augenblicke eine wesentliche Veränderung ihrer Verhältnisse nicht zur Folge hatte. Denn Pippin war die Verwaltung Aquitaniens schon im Jahre 814 provisorisch übertragen worden, während Ludwig infolge seines jugendlichen Alters noch nicht fähig war, die Regierung Baierns zu übernehmen, und am väterlichen Hofe verblieb.[3]

Eine weitere unmittelbare, aber nicht vorhergesehene Wirkung übte das neue Hausgesetz auf den jungen König Bernhard von Italien aus. Denn die hier von Ludwig festgesetzte, allem herkömmlichen Recht widersprechende Neuordnung der Nachfolge im Reiche war es in erster Linie — weniger wohl der Druck der fränkischen Oberherrschaft auf Italien —, die Bernhards Empörung gegen den Oheim im Jahre 817 aufflammen ließ.[4] Die für ihn so verhängnisvolle Bestimmung des Gesetzes besagte,[5] daß

---

[1] Ordinatio imperii, Capit. I, 271[6]: «...placuit et nobis et omni populo nostro, more solemni imperiali diademate coronatum nobis et consortem et successorem imperii ... communi voto constitui».

[2] Ordinatio imperii, Einleitung, Capit. I, 271. Ann. regni Francor. a. 817, p. 146: «... caeteros reges appellatos unum Aquitaniae alterum Baioariae praefecit». Pippin war jedoch schon 814 zum König erhoben worden; es handelte sich hinsichtlich seiner wohl um eine gesetzliche Sanktifikation, vgl. unten S. 96—98.

[3] Vgl. unten S. 115.

[4] Diesen offenbar richtigen Zusammenhang zwischen der Empörung Bernhards und der ordinatio imperii bringt das Chronicon Moissiacense, SS. I, 312[34]: «Audiens autem Bernardus, rex Italiae, quod factum erat, cogitavit consilium pessimum voluitque in imperatorem et in filios eius insurgere ...»

[5] Ordinatio imperii c. 17, Capit. I, 273[11]: «Regnum vero Italiae eo modo praedicto filio nostro, si deus voluerit, ut successor noster

das italische Königreich nach dem Tode Ludwigs in derselben
Weise von dem neuernannten Kaiser Lothar abhängig bleiben
sollte wie bisher von Karl dem Großen und Ludwig selber.
Damit war jede Hoffnung des Königs auf eine zukünftige un=
abhängige Herrschaft in Italien, auf die er dem fränkischen
Rechte gemäß nach seines Oheims Tode begründeten Anspruch
hatte, vernichtet. Zudem bot die neue Thronfolgeordnung nicht
die geringste Garantie für das Erbrecht seiner Nachkommen, die
mit keinem Worte erwähnt waren, vielmehr mußte die hinsichtlich
Italiens unverhältnismäßig kurz und allgemein gehaltene Urkunde
ebenso großes Mißtrauen bei Bernhard hervorrufen wie der
Umstand, daß man ihn zu einem Akte von solcher Tragweite,
der ihn so nahe berührte, nicht einmal hinzugezogen hatte.

Auf Anstiften einiger Vertrauter, wie es heißt[1], entschloß
er sich zur Erhebung, die wohl kaum mehr als die Abschüttelung
der kaiserlichen Lehnshoheit und den unabhängigen Besitz seines
Reiches bezweckte.[2] Doch war die Stimmung in Italien keines=

existat, per omnia subiectum sit, sicut et patri nostro fuit et nobis
deo volente praesenti tempore subiectum manet».

[1] Als Urheber werden genannt der Graf Eggideo oder Achiteus,
der Kämmerer Reginhard und der frühere Pfalzgraf Ludwigs, Reginar.
Den ausführlichsten Bericht bringt die Vita Hludowici imp. c. 29, SS.
II, 623. Vgl. ferner Ann. regni Francor. a. 817, p. 147/8. Thegani
Vita Hludowici c. 22, SS. II, 596. Chronicon Moissiacense SS. I, 312.
— Über die Ursachen dieser Empörung und ihre eigentlichen Ziele urteilt
Malfatti, Bernardo re d'Italia p. 30 ff., wohl etwas zu einseitig.

[2] So heißt es Ann. Xantenses, SS. II, 224[41]: «Bernhardus ...
molitur Italiae tirannidem» und Ann. regni Francor. p. 147: «Bernhardum ... tyrannidem meditatum». Demgegenüber erscheint mir
Funcks Ansicht (Ludwig der Fromme, Frankfurt a. M. 1832, S. 63),
Bernhard habe danach gestrebt, an die Spitze des Gesamtreichs zu gelangen, sehr unwahrscheinlich; eine solche Hoffnung mußte aussichtslos
sein. Wenn Thegan wirklich sagt (SS. II, 596[6]): «... voluit eum a regno
expellere», so übertreibt er wohl absichtlich, um Ludwig wegen seines harten
Vorgehens gegen den Neffen zu entschuldigen. Vgl. jedoch Simson, Ludwig b. Fr. I, 115.

wegs so allgemein für ihn[1], wie die ersten ins Frankenreich
gelangenden Nachrichten hatten glauben lassen[2]; Bernhards
eigener Pfalzgraf, Graf Suppo von Brescia, und Bischof Ratold
von Verona, der sich auch später stets als ein treuer Anhänger
Ludwigs erwies, waren es, die die erste sichere Kunde von der
Empörung dem Kaiser überbrachten[3]. Mit großer Schnelligkeit
und Energie, die ihm im Augenblicke der Gefahr nicht fehlten,
erließ dieser die erforderlichen Befehle und zog aus allen Teilen
des Reichs ein zahlreiches Heer zusammen, um an seiner Spitze
persönlich nach Italien zu eilen und eine weitere Ausdehnung
der Bewegung zu verhindern[4]. Vorausgesandten Scharen gelang
es, die wichtigen Alpenpässe noch rechtzeitig zu besetzen[5], was
von den Gegnern verabsäumt worden war, wie sich denn das
ganze Unternehmen als schlecht vorbereitet erwies. Bernhard,
überrascht und durch starken Abfall in seinen Reihen geschwächt,
gab seine Sache verloren; er lieferte sich mit seinen Großen
aus[6] und wurde vor den Kaiser nach Châlons-sur-Saône geführt,
wo er ein offenes Geständnis seiner Schuld ablegte.[7] Die Ab=

---

[1] So haben sich die beiden mächtigsten Großen des Reichs, der
Herzog Kadolah von Friaul und Winigis von Spoleto der Empörung
sicherlich nicht angeschlossen, denn wir finden sie auch nach derselben im
Amte, was im Falle einer Teilnahme wohl ausgeschlossen gewesen wäre.
Vgl. über Kadolah Ann. regni Francor. a. 817, 818, 819, p. 145, 149,
151; über Winigis l. c. p. 143, 157.

[2] Ann. regni Francor. p. 147 (quod ex parte verum, ex parte
falsum erat).

[3] Diese Namen gibt nur die Vita Hludowici c. 29, SS. II, 623[5].

[4] Ann. regni Francor. p. 147.

[5] Chronicon Moissiacense, SS. I, 312[34]. Vgl. über den Feldzug
die eingehende, aber vielfach unbegründete Darstellung Malfattis (S. 34 f.).

[6] So nach Ann. regni Francor. p. 147 (se tradidit); Vita Hludo=
wici c. 29, SS. II, 623[9] ff.; Thegani Vita c. 22, SS. II, 596[10] (sese re=
praesentabant). Nur das Chronicon Moissiacense (SS. I, 312[40]) spricht
von Ergreifung (et comprehensi sunt ab exercitu).

[7] Eine ziemlich sagenhafte Darstellung der Ereignisse gibt Andreas

urteilung der Verschworenen erfolgte im März des nächsten
Jahres (818) auf dem Reichstag zu Aachen[1]. König Bernhard
und die Urheber der Verschwörung wurden durch den Spruch
der Reichsversammlung zur Todesstrafe verurteilt, die Ludwig
jedoch in Blendung verwandelte. Der junge Fürst erlag ihr
nach zwei Tagen, da er sich der Ausführung widersetzte und sie
gewaltsam an ihm vollzogen werden mußte. Die beteiligten
Bischöfe schützte ihr Stand vor gleicher Strafe, sie kamen mit
Amtsentsetzung und Verbannung davon. —

Obwohl das neue Hausgesetz das Verhältnis des alten
Kaisers zu seinen Söhnen gänzlich unberührt ließ und einen
Wechsel in der Leitung des Reiches nicht hervorrief, da Ludwig
für seine Lebenszeit vollkommene Unterordnung und steten Ge=
horsam aller drei Söhne wie bisher beanspruchte[2], so bildete
es doch bald den Mittelpunkt aller Verwicklungen, die seine
fernere Regierung erfüllten. Es trat der nicht vorbebachte Fall
ein[3], daß dem Kaiser von seiner zweiten Gemahlin Judith, mit
der er sich nach dem frühen Tode Irmengards im Jahre 819
vermählt hatte, ein vierter Sohn geboren wurde, dem zwar nach
altem fränkischen Rechte ein Erbteil zustand, den aber die Be=

---

von Bergamo (SS. rer. Lang. et Ital. p. 255), wonach die Kaiserin Irmen=
gard aus Haß gegen Bernhard ihn hinterlistig in ihre Gewalt gebracht
habe. Malfatti schließt sich ihm so weit an, daß auch er annimmt, Bern=
hard sei durch falsche Versprechungen gelockt. Vgl. Simson, Ludwig d.
Fr. I, 125.

[1] Ann. regni Francor. p. 148 und die übrigen oben zitierten
Quellen.

[2] Ordinatio imperii, Capit. I, 271[17]: «... salva in omnibus nostra
imperiali potestate super filios et populum nostrum, cum omni
subiectione, quae patri a filiis et imperatori ac regi a suis populis
exhibetur».

[3] Es erwies sich als ein schwerer Fehler, daß man versäumt hatte,
sich Änderungen vorzubehalten, wie es einst Karl d. Gr. in seiner divisio
imperii von 806 vorsorglich getan hatte (Capit. I, no 45, c. 19, p. 130).

stimmungen der ordinatio rechtlos machten. Die fortgesetzten Bemühungen der ehrgeizigen Mutter und des von ihr völlig beherrschten Kaisers, diesem Lieblingssohne trotzdem um jeden Preis einen Anteil am väterlichen Erbe zu sichern und zu seinen Gunsten das feierlich beschworene Hausgesetz umzustoßen, führten zu den unheilvollsten Verwirrungen, da die Maßlosigkeit dieser Ausstattungspläne für den jungen Karl und die wechselvolle Haltung des Kaisers in der Verfolgung derselben alle übrigen Söhne in ihrem Besitze bedrohte und zahlreiche Empörungen hervorrief. Zweimal sah sich Ludwig durch ihre gemeinschaftliche Auflehnung jeder Macht beraubt, und vor endgültiger Absetzung rettete ihn im wesentlichen nur die Zwietracht unter den Söhnen selbst. Alle diese Kämpfe, die bis in Ludwigs letzte Tage reichten, blieben nicht ohne starke Einwirkung auf die Machtstellung der einzelnen Söhne in ihren Reichen und ihr Abhängigkeitsverhältnis zum Vater, wenngleich die meisten der vielen dieser Zeit ent= stammenden Reichsteilungen und Gebietszuweisungen die tat= sächliche Lage der Dinge nicht veränderten, da sie entweder nicht zu dauernder Geltung gelangten oder auf die Zukunft berechnet waren. Die neue Ordnung der Thronfolge aber kam unter diesen Verhältnissen nicht zur Durchführung; weniger entgegen= stehende Prinzipien also als zufällige Ereignisse verhinderten ihren Erfolg.

3. Italien unter Lothar (822—825 und 829—840).

Die Ernennung Lothars zum Kaiser und Mitregenten im Jahre 817 hatte zunächst durchaus keine praktische Bedeutung für ihn, denn Ludwig führte die Regierung des Reiches nach wie vor ganz allein; von einer Beteiligung Lothars ist in den nächsten fünf Jahren keine Spur vorhanden. Erst im Herbst des Jahres 822 wurde er von der Reichsversammlung zu Attigny

aus mit seiner jungen Gemahlin Irmengard nach Italien ge=
sandt[1], um hier, wo die gesetzlichen Zustände sehr der Besserung
bedürftig gewesen zu sein scheinen[2], die Verwaltung zu übernehmen
und für Recht und Ordnung zu sorgen. Als vornehmste Ratgeber begleiteten ihn Wala, der zehn Jahre zuvor bereits den
jungen Bernhard in sein Reich eingeführt hatte, und der Ober=
türmwart Gerung.[3] Nicht ununterbrochen hat der junge Fürst
seitdem bis zum Jahre 825, das den Beginn einer neuen Periode
für ihn bezeichnet, in Italien geweilt, doch nahm er zweimal
einen längeren Aufenthalt im Lande, zuerst vom Ende des Jahres
822 bis etwa Mai 823, dann vom August 824 bis zum Juli
825.[4] Während dieser ganzen Zeit jedoch lag die Regierung
Italiens wesentlich in seiner Hand. Das geht schon daraus
hervor, daß wir seit dem Anfang des Jahres 823 nur eine
einzige Urkunde besitzen, die sein Vater für Italien ausgestellt
hat.[5] Alle anderen Diplome gehen aus der besonderen italischen

---

[1] Thegani Vita c. 29, SS. II, 597[8]: «Sequenti anno habuit generale placitum suum Attiniaco palatio. Inde direxit filium suum
Hlutharium cum coniuge Irmingarda in Italiam». Ann. regni Francor. p. 159.

[2] Vgl. die Schilderung der italischen Verhältnisse in der Vita Walae
des Paschasius Radbertus I, c. 26, SS. II, 543.

[3] Ann. regni Francor. p. 159: «... cum quo Walahum mo-
nachum propinquum suum, fratrem videlicet Adalhardi abbatis, et
Gerungum ostiariorum magistrum una direxit, quorum consilio et in
re familiari et in negotiis ad regni commoda pertinentibus uteretur».
Vita Hludowici c. 35, SS. II, 626[37] ff. Vita Walae I, c. 25, SS. II, 543[11]:
«Quapropter cum (sc. Wala) paedagogus esset Augusti caesaris ultra
Penninos Alpes . . .».

[4] Vgl. Ann. regni Francor. p. 159, 161, 165, 168.

[5] BM. 785 aus dem Jahre 824. Allerdings sind, wie schon Sickel
(Beiträge zur Diplomatik III, Wiener Sitz.=Ber. 47, 239 Anm. 2) hervorhebt, nicht alle von ihm ausgegangenen Verfügungen für italische
Empfänger auf uns gekommen. Andrerseits haben sich jedoch auch nicht
alle Diplome Lothars für Italien erhalten, z. B. erwähnt er in seiner

Kanzlei Lothars hervor[1]; sie lassen erkennen, daß er befugt war,
Privilegien im weitesten Umfange zu erteilen und über alle
Staatsrechte zu verfügen. Daß man den jungen Kaiser als
den eigentlichen Regenten im Lande betrachtete, beweist sodann
die Tatsache, daß man sich schon von Anfang an Privilegien
Ludwigs des Frommen von ihm bestätigen ließ.[2] Auch eine
umfangreiche gesetzgeberische Tätigkeit hat Lothar bereits in dieser
Zeit in Italien entfaltet. Davon geben eine Anzahl von Kapitularien Kunde, die er im eigenen Namen zur Besserung der
kirchlichen und weltlichen Verhältnisse des Reiches erließ[3], und
die ihre Entstehung zum Teil besonderen italischen Reichsversammlungen verdanken.[4] Für die Durchführung der Gesetze und
die Aufrechterhaltung von Recht und Ordnung im einzelnen
sorgten Sendboten, die wir im Auftrage Lothars verschiedentlich
tätig finden.[5] Die abgesonderte Administration Italiens, die
es seit 822 wieder besaß, erhellt endlich daraus, daß es durch
jenes Kapitular Ludwigs des Frommen[6], welches das Frankenreich in Missatsprengel zerlegt, nicht berührt wird.

Urkunde für Farfa vom Dezember 840 ein im Jahre 823 von ihm er-
teiltes, heute verlorenes Privileg für dasselbe Kloster; Muratori, Rer.
Ital. SS. II b, col. 389.

[1] BM. 1015, 1019, 1020, 1022, 1027. An der Spitze der Kanzlei
Lothars stand damals ein gewisser Witgar, vgl. Breßlau, Handbuch der
Urkundenlehre für Deutschland und Italien (Leipzig 1889) I, 288ff.

[2] Cod. dipl. Langob. no 104.

[3] Capit. I, no 157—166.

[4] Capit. I, no 159, 163—165 (ad generale placitum curte Olonna).

[5] Regesto di Farfa II, no 273 (a. 823), p. 212: «Dum in Dei
nomine civitate Spoletana in palatio, per iussionem domni Hlotharii
piissimi imperatoris, in iudicio resedissemus nos Leo vassus pre-
dictae potestatis ...». Muratori, Rer. Ital. SS. II b, col. 388: «... misso
nostro, Leutherio nomine», dessen Aussendung ebenfalls in das Jahr
823 fällt.

[6] Capit. I, no 151 (p. 308) aus der Zeit zwischen 822 und 825.

Aus alledem ergibt sich deutlich, daß man die beiden Sendungen Lothars nach Italien nicht bloß als vorübergehende Kommissorien betrachten darf, wie es Simson tut[1]. Davon kann um so weniger die Rede sein, als Lothar in seinen Urkunden schon von Anfang an auch nach den Jahren seiner eigenen Regierung (teilweise sogar mit dem Zusatz «in Italia») datiert[2] und vor allem selbst nach der zeitweiligen Rückkehr in das Frankenreich hier weiter für Italien urkundet[3]. Es ist vielmehr anzunehmen, daß Ludwig ihm im Jahre 822 die Verwaltung des Landes speziell überließ[4], wenn er ihm auch die eigentliche Königsherrschaft über das Langobardenreich nicht übertrug. Denn den mit dem Kaisertitel geschmückten Lothar zum König der Langobarden zu ernennen[5], lag keine Veranlassung vor und widersprach dem Geiste des Hausgesetzes von 817. Hier handelte es sich darum, dem bereits zum Mitregenten ernannten Sohne nun auch tatsächlich eine Beteiligung an den Geschäften zu gewähren, und dazu bot das nach der Katastrophe Bernhards verwaiste italische Reich eine günstige Gelegenheit.

Der erste italische Aufenthalt erlangte für Lothar dadurch eine besondere Wichtigkeit, daß der junge Fürst, schon auf der Rückreise ins Frankenreich begriffen, eine Einladung des Papstes Paschalis I. nach Rom erhielt, und von diesem am Ostertage

---

[1] Ludwig d. Fr. I, 184.

[2] Z. B. Cod., dipl. Langob. no 101: «Datum ... anno imperii domni Ludovici serenissimi imperatoris decimo, regnique Lothari[i] gloriosissimi augusti in Italia primo ...» Vgl. Mühlbacher, Wiener Sitz.-Ber. 85, 473.

[3] Die Urkunden BM. 1019 und 1020 sind auf fränkischem Boden ausgestellt, jene in Rankweil bei Feldkirch, diese in Compiègne.

[4] Diese Ansicht wird außerdem durch die Ann. Xantenses gestützt, die zu 822 bemerken (SS. II, 224[52]): «Ludewicus imperator dedit filio suo Lothario regnum Langobardorum». Ähnlich berichten die Ann. Elnonenses mai. zu 822, SS. V, 11[40]: «Lotharius fit imperator Italie».

[5] Dieser Titel findet sich nirgends für Lothar angewandt.

(5. April) des Jahres 823 in St. Peter feierlich zum Kaiser
gekrönt wurde[1]. Sicherlich wird dieser Schritt des Papstes nicht
ohne Genehmigung des alten Kaisers geschehen sein, wenn es
nach den Quellen auch den Anschein hat, als ob es eine eigen=
mächtige Handlung des ersteren war[2]. Jedenfalls konnte sie
beiden Teilen nur erwünscht sein, der Kurie, weil ihr damit
wiederum eine Gelegenheit sich bot, die Anschauung zu befestigen,
daß Rom die Quelle des Kaisertums sei, dem Kaiser, weil auf
diese Weise dem neuen Hausgesetz die höchste geistliche Weihe
und Anerkennung zuteil wurde[3]. Für Lothar hatte diese
Krönung außerdem die Bedeutung, daß der Papst ihm damit
die Rechte der Kaiser übertrug und ihn ebenfalls als Schutzherrn
der Kurie und ihres Gebietes anerkannte[4]. Als solcher erscheint
er denn auch sowohl in der constitutio Romana[5], die er während
seines zweiten römischen Aufenthaltes im November 824 erließ,
wie in der neuen Schwurformel für die Römer, die fortan
beiden Kaisern Treue gelobten[6].

---

[1] Ann. regni Francor. p. 160: «Hlotharius vero, cum secundum
patris iussionem in Italia iustitias faceret et iam se ad revertendum
de Italia praepararet, rogante Paschale papa Romam venit et honorifice ab illo susceptus in sancto paschali die apud sanctum Petrum
et regni coronam et imperatoris atque augusti nomen accepit». Vita
Hludowici c. 36, SS. II, 627 [19].

[2] Luden, Geschichte des teutschen Volkes V, 288 nimmt hier ebenso
wie bei der Krönung der Söhne Karls d. Gr. 781 eine päpstliche In-
trigue an.

[3] Vgl. Simson, Ludwig d. Fr. I, 192.

[4] Vgl. Pauli Diaconi contin. historiae Langobardorum Romana,
SS. rer. Lang. et Ital. p. 203[6]: «Pascalis quoque apostolicus potestatem, quam prisci imperatores habuerunt, ei super populum Romanum
concessit».

[5] Capit. I, no 161 (p. 322).

[6] Pauli Diaconi contin. historiae Langobardorum Romana, SS.
rer., Lang. et Ital. p. 203[9]: «Promitto ... quod ab hac die in futu-
rum fidelis ero dominis nostris imperatoribus Illudowico et Illo-
thario ...»

Die päpstliche Krönung war allem Anschein nach auch
dasjenige Ereignis, das den Anlaß gab, in den italischen Privat=
urkunden neben Ludwig nun auch Lothar als Regenten zu nennen
und nach seinen Regierungsjahren zu rechnen[1], wenigstens tragen
die vor derselben ausgestellten Urkunden diese Merkmale noch
nicht, sondern datieren nur nach den Jahren des Vaters.   Als
Epoche wird jedoch die Kaiserkrönung in den Privaturkunden
nirgends behandelt, als solche galt entweder Lothars Ankunft
in Italien (Herbst 822) oder in noch größerem Umfange eine
konventionelle, offizielle Epoche von 820, die auch in den Diplomen
Lothars von 840 ab erscheint und für die Datierung seiner
Kapitularien maßgebend war.[2]   Hieraus aber zu schließen[3], daß
Lothar bereits 820 zum Herrscher Italiens ernannt sei, ist mit
Recht von Simson[4] und Mühlbacher[5] abgelehnt worden.

Nach alledem hat Lothar schon in dieser ersten Periode
seiner Herrschaft über Italien eine ganz hervorragende Stellung
eingenommen und Befugnisse ausgeübt, die diejenigen der Söhne
Karls des Großen in ihren Reichen weit übertrafen, eine Erschei=
nung, deren tieferer Grund in der schwächeren Handhabung des Re=
giments durch Ludwig den Frommen liegt, die eine weit größere
Bewegungsfreiheit gestattete als die unermüdliche Tatkraft Karls.
Gleichwohl ist auch die Regierung Lothars keineswegs eine unab=
hängige und völlig selbständige zu nennen[6], denn die von ihm ge=

---

[1] Cod. dipl. Langob. no 100, 102, 105 und so fort.   Memorie di
Lucca V, 2, no 453, 454 ff.

[2] Vgl. Mühlbacher, Die Datierung der Urkunden Lothars I., Wiener
Sitz.=Ber. 85, 467—470.

[3] So Funck, Ludwig der Fromme S. 72, 250 n. 3.

[4] Ludwig d. Fr. I, 184/5.

[5] Wiener Sitz.=Ber. 85, 478.

[6] Von einer Trennung Italiens vom Frankenreich kann hier um
so weniger die Rede sein, als man es dem jungen Kaiser nicht als eigenes
abgesondertes Reich verlieh, sondern ihm nur, wie oben dargelegt, die
Verwaltung überließ.

troffenen Anordnungen gingen in der Hauptsache wohl auf Wei=
sungen des Vaters zurück[1], und besonders bei der zweiten Sendung
stand ein ganz bestimmter Auftrag desselben im Vordergrunde,
die Auseinandersetzung mit dem Papsttum.[2] Lothar hatte für
die Ordnung der italischen Angelegenheiten im einzelnen offenbar
beträchtliche Freiheit[3], war aber verpflichtet, über seine Tätigkeit
Rechenschaft abzulegen.[4] Es lag nicht in Ludwigs Absicht, die
Regierungsgewalt über Italien so weit aus der Hand zu geben,
daß er auf jede unmittelbare Einwirkung verzichtet hätte. So
schickte er nach der Rückkehr Lothars von seiner ersten Sendung
den Pfalzgrafen Abalhard als Missus nach Italien, um in
Gemeinschaft mit dem Grafen Mauring von Brescia die noch
nicht erledigten Geschäfte zum Abschluß zu bringen.[5] Etwas
später gingen in Ludwigs Auftrage auch Abt Abalung von
St. Vaast und Graf Hunfried von Kurrätien nach Italien,
um in Rom wegen der Hinrichtung einiger Anhänger der kaiser=

---

[1] Ann. regni Francor. a. 823, p. 160: «Hlotharius vero, cum
secundum patris iussionem in Italia iustitias faceret . . .».

[2] Ann. regni Francor. a. 824, p. 164: «Hlotharium filium imperii
socium Romam mittere decrevit, ut vice sua functus ea, quae rerum
necessitas flagitare videbatur, cum novo pontifice populoque Romano
statueret atque firmaret». Vgl. l. c. p. 166: «Hlotharius vero iuxta
patris mandatum Romam profectus . . .».

[3] Vgl. u. a. auch vorige Anm.

[4] Vita Hludowici c. 36, SS. II, 627: «Et sic ad patrem mense
pervenit Junio, perfecta nuntians, de inchoatis interrogans». Ann.
regni Francor. p. 161: «Qui cum imperatori de iustitiis in Italia a se
partim factis partim inchoatis fecisset indicium . . .».

[5] Ann. regni Francor. a. 823, p. 161: «Missus est in Italiam
Adalhardus comes palatii, iussumque est, ut Mauringum Brixiae
comitem secum adsumeret et inchoatas iustitias perficere curaret».
Vita Hludowici c. 36, SS. II, 627[27]. Die missatische Wirksamkeit des
Pfalzgrafen Abalhard ist uns weiter dadurch bezeugt, daß wir von einem
durch ihn abgehaltenen Placitum in einer Gerichtsurkunde eines gewissen
Wibo erfahren, der ebenfalls als Missus Ludwigs anzusehen ist (Tira-
boschi, Nonantola II, no 25 [p. 41] von 824).

lichen Partei eine Untersuchung einzuleiten[1]. In anderen Fällen ist es nicht möglich zu entscheiden, ob es sich um Königsboten des alten oder des jungen Kaisers handelt, indem sie nur allgemein als missi domni imperatoris bezeichnet werden. Ludwigs Oberhoheit kommt auch darin zum Ausdruck, daß sowohl in den italischen Privaturkunden[2] wie in den Diplomen seines Sohnes[3] sein Name und seine Jahre stets an erster Stelle zur Datierung verwandt werden. Endlich läßt auch der Inhalt einiger Diplome Lothars seine Abhängigkeit vom alten Kaiser erkennen[4].

Dieses Verhältnis der Unterordnung Lothars unter die väterliche Gewalt erfuhr keine Veränderung, als er, wahrscheinlich auf dem Reichstag zu Aachen im August des Jahres 825, wirklich in die Rechte eines Mitregenten für die gesamte Reichs

---

[1] Ann. regni Francor. a. 823, p. 161: «Ad quod explorandum ac diligenter investigandum missi sunt Adalungus abbas monasterii sancti Vedasti et Hunfridus comes Curiensis». Vita Hludowici c. 37, SS. II, 627⁴³.

[2] Cod. dipl. Langob. no 100, 102, 105. Memorie di Lucca V, 2, no 453 ff. Regesto di Farfa II, no 273, 275, 276, 289.

[3] Z. B. Cod. dipl. Langob. no 101 und 104. Auch in dem Titel Lothars «Hlotharius augustus invictissimi domni imperatoris Hludowici filius» scheint sich in jenem Zusatz eine Unterordnung auszudrücken, die jedoch Stumpf (Die Reichskanzler, Innsbruck 1865 ff. I, 80) darin nicht anerkennen will, weil er dann auch in den Urkunden der jüngeren Söhne Ludwigs vorhanden sein müsse, was nicht der Fall ist. Er findet sich jedoch auch in den Diplomen Ludwigs II. von Italien vor dem Tode des Vaters und wird als ein der italischen Kanzlei eigentümlicher Brauch zu betrachten sein (vgl. unten zu Ludwig II.).

[4] Die Urkunde Lothars für Farfa vom Dezember 840 erwähnt eine heute verlorene Besitzbestätigung Lothars, die er auf Befehl des Vaters 823 ausstellte, Muratori, Rer. Ital. SS. IIb, col. 389: «Quamvis nos eandem genitoris nostri auctoritatem suo consensu ac iussione confirmassemus». Derselbe Fall liegt vor bei der Urkunde Lothars für das Kloster Novalese vom Februar 825, Muratori, Ant. III, 577: «Sed cum eundem locum ... vellet honorare, volente domino et genitore nostro Ludovico gloriosissimo imperatore ... regalia confirmavimus».

verwaltung eingesetzt wurde. Alle kaiserlichen Erlasse wurden
fortan in beider Namen ausgefertigt, mit den Unterschriften
beider Kaiser versehen und nach beider Jahren datiert, aber so,
daß der alte Kaiser im Range vorging.¹ Wahrscheinlich seit dieser
Zeit wird Lothar auch Münzen auf den eigenen Namen haben
schlagen lassen. Daß er dies Recht schon zu Lebzeiten Ludwigs be=
saß, geht aus einer Stelle der Vita Walae² klar hervor, die
neuerdings durch Münzfunde Bestätigung erlangte.³ Man fand
Denare des jungen Kaisers, die als Prägeorte die Städte Bordeaux
und Tours aufweisen, also vor 840 geschlagen sein müssen. Die
neue Verfügung bedeutete jedoch mehr eine nominelle Ehrung
Lothars, als daß ihm nun tatsächlich ein so hervorragender
Anteil an der gesamten Reichsregierung zugefallen wäre, wie
man nach den äußeren Anzeichen glauben möchte. Mag er
immerhin an der Führung der Geschäfte stark beteiligt gewesen
sein, die ausschlaggebende Entscheidung und die eigentliche Leitung
des Staatswesens blieben nach wie vor in der Hand Ludwigs
und seiner vertrauten Umgebung, unter der die Kaiserin steigende
Bedeutung gewann. Der Einfluß Lothars auf die Ausstellung
von Urkunden ist wohl nur gering gewesen⁴; in einigen der
gemeinschaftlich erteilten Diplome erscheint er als Petent oder

---

¹ Die erste Urkunde, die diese Merkmale trägt, ist vom 1. Dezember
825 datiert (BM. 816), während die vorhergehende vom 4. Juni 825 (BM.
797) noch von Ludwig allein ausgestellt ist. Da nun die Epoche für die
Jahre Lothars etwa der 1. September ist, so kann es als wahrscheinlich
gelten, daß die Neuerung auf dem Reichstag zu Aachen im August 825
beschlossen wurde. Vgl. die folgende Anm.

² Vita Walae II, c. 17, SS. II, 563⁵⁷. Radpert legt hier dem
Lothar folgende Worte in den Mund: «Quando me consortem totius
imperii celsitudo vestra una cum voluntate populi constituit in omni
potestate et honore, in omni conscriptione et nomismate, in
omni dispositione ...».

³ Soetbeer in F. D. G. VI, 46.

⁴ Vgl. Sickel, Acta regum et imperatorum Karolinorum I, 269 f.

Referent, während im Kontext fast nur auf Ludwig als urkundende Person Bezug genommen wird. Ebenso werden später Urkunden beider Kaiser sowohl von Lothar als von seinen Brüdern als Urkunden des Vaters bezeichnet und als solche auch von Lothar von neuem bestätigt. Wenn dagegen in einzelnen Fällen Äbte sich früher erteilte Immunitäten Ludwigs von beiden Kaisern neu ausstellen ließen[1], so war das wohl nur eine Vorsichts= maßregel, um sich das Privileg auch für später zu sichern. Daß Lothars Erhebung zum Mitregenten nicht als irgendwie bedeutsam empfunden wurde, lassen sodann die Privaturkunden der nächsten Jahre erkennen, die lediglich nach den Regierungs= jahren des alten Kaisers datieren.[2] Vor allem aber liefern uns die Reichsannalen den Beweis, daß eine Änderung in der Leitung der Regierung zugunsten Lothars nicht stattfand; wie vorher erscheint überall Ludwig als der alleinige Herrscher. Er ist es, welcher die Reichstage beruft und leitet, Gesandte empfängt und abfertigt und für die Sicherheit des Reiches nach außen Sorge trägt, während Lothar nirgends hervortritt. Wir erfahren nur, daß er auf Befehl des Vaters im Jahre 828 einen Feldzug nach der spanischen Mark unternimmt.[3]

So wenig nun auch die Erteilung der Mitregentschaft an Lothar für die politischen Verhältnisse im engeren Frankenreich Bedeutung erlangte, sie hatte doch die Folge, daß er fortan

---

[1] Vgl. Sickel, Beiträge zur Diplomatik III, Wiener Sitz.=Ber. 47, 223.

[2] Hinzufügung der Jahre Lothars habe ich nur gefunden in Wart= mann, U.=B. von St. Gallen I, Nr. 326 (S. 300) von 829. Die Urkunde bei Beyer, U.=B. der mittelrhein. Territorien I, 65 (Nr. 58) gehört nicht in das Jahr 826, sondern 844; l. c. I, 73 (Nr. 65) nicht zu 838, son= dern zu 856.

[3] Ann. regni Francor., p. 175: «De quo loco Hlotharium filium suum cum magnis Francorum copiis ad Hispanicam marcam direxit». Vgl. l. c. p. 174.

seinen ständigen Aufenthalt in der Umgebung des Vaters nahm,
und daß die gesonderte Verwaltung des italischen Reiches durch
ihn jetzt aufhörte. Dem entspricht es, daß wir seit dieser Zeit
keine besonderen Verfügungen Lothars für Italien mehr besitzen,
sondern daß die Urkunden und Schreiben für italische Empfänger
fortan wie alle übrigen im Namen beider Kaiser ausgestellt sind.[1]
Immerhin ist es nicht unwahrscheinlich, daß Lothar als Kenner
der Verhältnisse auf die Entscheidung der italischen Dinge auch
jetzt noch starken Einfluß ausübte. In den italischen Privat=
urkunden fuhr man fort, auch seine Jahre zu zählen.[2]

Vom Sommer 825 ab gehörten also die italischen Angelegen=
heiten ordnungsgemäß wieder vor das Forum der allgemeinen
fränkischen Reichsversammlung. So erscheint beispielsweise Herzog
Balbrich von Friaul 826 zur Besprechung von Grenzangelegen=
heiten auf dem Reichstag zu Ingelheim.[3] Derselbe Herzog wird
auf dem Aachener Reichstage von 828 wegen lässiger Amtsführung
zur Verantwortung gezogen und abgesetzt, seine Mark unter
vier Grafen geteilt.[4] Die Oberaufsicht über das Land lag nun
wieder ausschließlich in der Hand von Königsboten, von deren
Tätigkeit wir in einzelnen Urkunden Zeugnisse besitzen.[5] Erwähnung
verdient namentlich eine Gerichtsurkunde[6] über einen Gerichtstag

---

[1] BM. 816, 831, 838, 840, 865, 877.

[2] Cod. dipl. Langob. no 107—109, 111. Memorie di Lucca V, 2.
Regesto di Farfa II, no 279 u. a.

[3] Ann. regni Francor., p. 170: «Baldricus vero et Geroldus
comites ac Pannonici limitis praefecti in eodem conventu ad-
fuerunt ...».

[4] Ann. regni Francor., p. 174: «Similiter et Baldricus dux Fo-
roiuliensis, cum propter eius ignaviam Bulgarorum exercitus terminos Pannoniae superioris inpune vastasset, honoribus, quos habebat,
privatus et marca, quam solus tenebat, inter quattuor comites divisa
est». Vita Hludowici c. 42, SS. II, 631[17].

[5] Tiraboschi, Nonantola II, no 28 von 827 (p. 46): «In presencia
Ragimundi comitis et Adelgis comes palacii missi domni imperatoris».

[6] Cod. dipl. Langob. no 110 (p. 198): «Dum a pietate domini et

zweier Sendboten Ludwigs im Lateran, die einen Streit der
Kurie mit dem im Sabinischen gelegenen Kloster Farfa zu=
gunsten des letzteren entscheiden; der Papst will jedoch an den
Kaiser appellieren.

Eine Wandlung in der Stellung Lothars vollzog sich infolge
seines Bruches mit dem väterlichen Hofe. Die Veranlassung
dazu gaben seine Versuche, die eingegangenen Verpflichtungen
gegen seinen jungen Stiefbruder Karl rückgängig zu machen und
eine Ausstattung desselben auf seine Kosten zu hintertreiben[1].
Ludwig und seine Gemahlin erhielten jedoch von diesen Intrigen
Kenntnis und suchten Lothar unschädlich zu machen, indem sie
ihn vom Hofe entfernten. Ende September oder Anfang Oktober
829, nach dem Schluß des Wormser Reichstags, auf welchem
dem jungen Karl Alemannien zuteil geworden war, sandte
Ludwig den ihm unbequem werdenden ältesten Sohn nach Italien,
um hier abermals persönlich die Regierung zu übernehmen.[2]
Gleichzeitig wurden ihm die Rechte eines Mitregenten, die ihm
825 zugestanden waren, wieder entzogen[3], so daß es den Anschein
hat, als ob man schon damals mit dem Gedanken umging, ihn
seiner bevorzugten Stellung unter den Söhnen zu entkleiden und
überhaupt auf Italien zu beschränken, um Karl ein noch größeres
Erbteil zuwenden zu können. Vielleicht war es auch nur die

a Deo coronati Hludowici magni imperatoris a finibus Spoletanis
seu Romania directi fuissemus nos Joseph episcopus et Leo comes
missi ipsius augusti ... et coniunxissemus Romae, residentibus nobis
ibidem in iudicio in palatio Lateranensi in praesentia domni Gregorii
papae ...»

[1] Nithardi histor. I, c. 3, p. 3.

[2] Ann. regni Francor. p. 177: «Hlotharium quoque filium suum
finito illo conventu in Italiam direxit ...». Vita Hludowici c. 43,
SS. II, 632[26].

[3] Die letzte in beider Namen ausgestellte Urkunde ist vom 11. Sep=
tember 829 datiert, die nächste vom 14. Oktober nennt Ludwigs Namen
allein (BM. 871, 872).

natürliche Folge davon, daß mit der Entsendung Lothars nach
Italien seine Mitregierung im Frankenreich notwendigerweise
aufhören mußte. Zur Ausführung gelangte jene Absicht erst
nach dem Mißlingen der ersten Empörung der Söhne[1], die
Lothar auf kurze Zeit in den Besitz der gesamten Regierungs=
gewalt gebracht hatte.[2] Auf dem Reichstag zu Aachen im Februar
831, wo der Kaiser über die Verschwörer zu Gericht saß, wurde
Lothar zur Strafe auf das Langobardenreich beschränkt und nur
unter der Bedingung dorthin entlassen, daß er versprach, sich
künftig ohne Zustimmung des Vaters in die Angelegenheiten
des Frankenreiches nicht einmischen zu wollen.[3] Erst diese Ver=
fügung, die Lothar an Italien fesselte, kam einer Überweisung
des Landes im Sinne eines Unterkönigreichs gleich, von der
bislang nicht eigentlich die Rede sein konnte.[4] Sie bedeutete
ferner die völlige Umstoßung der Thronfolgeordnung von 817[5],
die schon 829 durch die Vergabung des Herzogtums Alemannien
an Karl erschüttert worden war. Denn mit der Beschränkung
Lothars auf Italien fiel auch seine Oberherrschaft über die Brüder
fort, wenn man ihm auch den kaiserlichen Titel, den er nun
einmal besaß, nicht mehr entreißen konnte. Die veränderte Lage

---

[1] Vgl. Simson, Ludwig b. Fr. I, 356 ff.

[2] Die Urkunden wurden während dieser Zeit wieder im Namen
beider Kaiser ausgestellt (BM. 875—879). In BM. 880 und 881 vom
7. und 18. Januar 831 sind nur noch Lothars Regierungsjahre mitgezählt,
während als Aussteller wieder Ludwig allein erscheint.

[3] Nithardi histor. I, c. 3, p. 4: «Lotharium quoque sola Italia
contentum ea pactione abire permisit, ut extra patris voluntatem
nihil deinceps moliri in regno temptaret». Ann. Bertiniani p. 3. Vita
Hludowici c. 46, SS. II, 634²³.

[4] Vgl. oben S. 76.

[5] Vgl. Agobardi flebilis epistola (no 15), Epp. V, 225¹⁰: «Postea
vero mutata voluntate convulsa sunt statuta et de litteris nomen
omissum est, et in omnibus contraria attempta sunt». Vita Walae
II, c. 10, SS. II, 556 f.

der Dinge spricht sich in der neuen Reichsteilung aus dem
Anfange des Jahres 831 aus[1], durch welche der Kaiser sein
Versprechen einlöste, die Reiche der jüngeren Söhne zur Belohnung
für ihre Beteiligung an seiner Restituierung zu vergrößern.[2]
Die Reichseinheit wird in dieser Urkunde ganz aufgegeben, an
ihre Stelle tritt wieder das Teilungsprinzip. Indem sämtliche
Länder diesseits der Alpen unter die drei jüngeren Brüder zur
Verteilung gelangten, ließ man Lothar stillschweigend — sein
Name wird nicht genannt — im Besitze des italischen Reiches.
Diese Beschränkung des jungen Kaisers wurde dann endgültig
besiegelt durch seine Unterwerfung nach der großen Empörung
von 833/4 im Lager bei Blois. Er behielt nur Italien, „wie
es einst des Kaisers Bruder Pippin besessen hatte"[3], also als
Unterkönigreich, und mußte sich eidlich verpflichten, ohne Ein=
willigung des Vaters sein Reich nicht zu verlassen und sich jeder
Einmischung in die Angelegenheiten des Frankenreiches zu ent=
halten.[4] Außerdem schwor er dem Vater Treue und Gehor=

---

[1] Capit. II, no 194 (p. 20 ff.). — Simson (Ludwig d. Fr. I, 387
und Exf. VI, ferner II, 93 ff.) setzt diese divisio regni in den Winter
833 auf 834, Wedekind (Noten zu einigen Geschichtschreibern des deutschen
Mittelalters. Hamburg 1821 ff. II, 441), Dümmler (O. R. I, 62), Sickel
(Acta II, 338) u. a. mit größerer Wahrscheinlichkeit in den Anfang des
Jahres 831. Gegen Simsons Ansicht scheint mir vor allem der Umstand
zu sprechen, daß in der genannten Urkunde Alemannien als Kernland des
jungen Karl erscheint, welches seit 833 im Besitz Ludwigs des Deutschen
war und diesem auch nach der Restitution des Vaters verblieb. Vgl.
unten S. 124 f. Ferner erklärt Nithard ausdrücklich, daß im Jahre 831
die Reiche der jüngeren Brüder vergrößert wurden (histor. I, c. 3, p. 5:
«... quamquam eis regna, sicut promissum fuerat, aucta fuissent»),
und daß sich Lothar mit Italien begnügen mußte (cf. oben S. 85 Anm. 3).

[2] Nithardi histor. I, c. 3, p. 4 und 5.

[3] Ann. Bertin., p. 9: «Et Hlothario quidem Italiam, sicut tempore domni Karoli Pippinus, germanus domni imperatoris, habuerat,
concessit».

[4] Nithardi hist. I, c. 5, p. 8: «(Lotharius) ea pactione novissime

sam.[1] Seinen Anhängern wurde es freigestellt, mit ihm nach Ita=
lien zu ziehen[2], und eine große Anzahl machte von dieser Freiheit
Gebrauch, darunter die hervorragendsten Männer des Reichs.[3]
Nach dem Abzuge des Sohnes in sein Reich ließ Ludwig hinter
ihm die Alpenpässe sperren[4], um vor unliebsamen Überraschungen
von seiner Seite sicher zu sein.

So hat Lothar seit Ende 829 und endgültig seit seiner
Unterwerfung im Jahre 834 die Regierung des Langobarden=
reiches ununterbrochen bis zum Tode des Vaters geführt. In
den seiner Sendung von 829 zunächst folgenden Jahren (bis 833)
hat er trotz der 830 eingetretenen Spannung im ganzen im
Einvernehmen mit Ludwig und in Unterordnung unter den
väterlichen Willen regiert. Das lassen schon äußerlich die Diplome
Lothars[5] erkennen, deren Formeln keine Abweichungen von den
während seiner ersten Regentschaft über Italien angewandten
zeigen[6], vielmehr bleibt im Titel Ludwigs Name bewahrt, und
in der Datumzeile werden seine Jahre wie bisher an erster

---

proelium diremit, ut infra dies statutos Alpibus excederet, ac deinceps sine patris iussione fines Franciae ingredi non praesumeret, et
extra patris voluntatem in eius imperio deinceps nihil moliri temptaret. Quod et ita se et suos servaturos, tam isquam et sui sacramento firmaverunt».

[1] Thegani Vita c. 55, SS. II, 602[29]: «Post haec iuravit Hlotharius
patri suo fidelitatem, ut omnibus imperiis suis oboedire debuisset
et ut iret in Italiam et ibi maneret, et inde non exiret nisi per
iussionem patris». Vgl. Ann. Bertin. p. 9/10 und Vita Hludowici
c. 53, SS. II, 639[25].

[2] Ann. Bertin., p. 10: «Eum in Italiam regredi fecit cum his
qui eum sequi maluerunt». Ann. Fuld. a. 834, p. 27.

[3] Sie werden vor allem genannt Vita Hludowici c. 56, SS. II,
642[5] ff. Vgl. Simson, Ludwig b. Fr. II, 115 f.

[4] Vita Hludowici c. 53, SS. II, 639[27].

[5] BM. 1028—1036.

[6] Vgl. Mühlbacher, Datierung der Urkunden Lothars I., Wiener
Sitz.-Ber. 85, 471 ff.

Stelle geführt. Im übrigen wird die Anerkennung der väter=
lichen Obergewalt durch Lothar am besten dadurch erwiesen, daß
er, zweifellos auf Befehl Ludwigs[1], 831 und 832 im Franken=
reich erschien[2], um als Vasall[3] des Vaters an den Reichstagen
dieser Jahre teilzunehmen. Doch wird man deshalb den direkten
bestimmenden Einfluß des alten Kaisers auf Italien nicht zu
hoch einschätzen dürfen; Lothar zeigte sich wohl im allgemeinen
dem Vater fügsam, weil er dadurch seine Aussichten für die
Zukunft wieder zu verbessern hoffte. Als ein deutlicher Beweis
für die immer selbständiger sich gestaltende Herrschaft Lothars
darf es gelten, daß die Regierung Italiens jetzt, soweit wir
sehen, ganz ausschließlich in seiner Hand lag. Gerade damals
suchte eine Reihe italischer Stifter um Bestätigung ihrer früher
von Ludwig erlangten Privilegien bei ihm nach.[4] Von irgend=
welchen Eingriffen des Vaters vermögen wir nichts nachzuweisen,
abgesehen von einer Urkunde vom 1. April 831 für das Kloster
S. Vincenzo am Volturno in Benevent[5], die sich aber durch
verzögerte Ausfertigung erklären läßt oder einen Versuch des
alten Kaisers darstellen kann, seine Autorität über Italien zu

[1] Denn nur mit Genehmigung Ludwigs durfte er fränkischen Boden
betreten. Vgl. oben.

[2] Ann. Bertin. a. 831, p. 3: «Ipse autem circa Kalendas Mai ad
Ingulehem veniens, Hlotharium illic ad se venientem honorifice
suscepit». L. c. a. 832, p. 4: «Statutum est, ut generale placitum in
Aurelianis civitate ... habendum denunciaretur, illucque Hlotharium
... de Italia ... ad Aquis venire pariterque cum patre ad condictum
placitum pergere». L. c. p. 5: «Mogantiam venerunt; ubi et Hlotharius
patri occurrit».

[3] So wurde das Verhältnis Lothars und seiner Brüder zum Vater
aufgefaßt, wie eine Stelle der Vita Walae (II, c. 17) deutlich zeigt, wo
Ludwig den Söhnen vorhält (SS. II, 563³⁵): «Mementote etiam quod
mei vasalli estis, mihique cum iuramento fidem firmastis».

[4] BM. 1029, 1032, 1033, 1035.

[5] BM. 887.

bewahren.[1] Die gesamte urkundliche Überlieferung für das Langobardenreich knüpft vielmehr seit dieser Zeit an den Namen Lothars an.[2] Er erscheint im Besitz aller Hoheitsrechte, auch der wichtigsten, denn er verleiht Immunitäten[3] und verfügt sowohl über die Klöster und Abteien[4] als vor allem über die Besetzung der Bistümer seines Reiches, wie daraus hervorgeht, daß er der Kirche von Aquileja die kanonische Wahl ihres Patriarchen urkundlich gewährleistet.[5] Ebenso lag die Gesetz=gebung für das italische Reich nun allein in der Hand seines besonderen Herrschers. Während die legislatorische Tätigkeit Ludwigs des Frommen im Hauptreich nach 829 gänzlich zum Stillstand kam[6], besitzen wir von Lothar noch aus dem Jahre 832 zwei Kapitularien[7], von denen das eine Bestimmungen Karls des Großen und Ludwigs von neuem einschärft, das andere eine Anweisung für die Königsboten enthält.

Den völligen Bruch zwischen beiden Kaisern rief jedoch dann die zweite Empörung der Söhne von 833/4 hervor, die Ludwig den tiefsten Demütigungen aussetzte und den Erstgeborenen für immer seinem Herzen entfremden mußte. Lothar, durch die neuerliche Beschränkung schwer verletzt, zog sich grollend in sein Reich zurück

---

[1] Vgl. BM. 1027a.

[2] In diese Periode (829—833) gehören BM. 1028—1036.

[3] Z. B. BM. 1028.

[4] BM. 1028, 1032, 1036 (Privilegien über freie Wahl des Abts, bezw. der Äbtissin).

[5] Muratori, Ant. Ital. V, 977 (BM. 1033): «Per quod constituimus atque perenniter firmum fore volumus, ut memoratae civitatis clerus et populus licentiam habeant secundum institutionem canonicam eligendi sibi pontificem».

[6] Die drei Wormser Kapitularien Ludwigs vom August 829 (Capit. II, no 191—193) sind die letzten geblieben. Sie galten auch für Italien, wie ihre Aufnahme in die italischen Gesetzeshandschriften beweist. Vgl. Boretius, Die Kapitularien im Langobardenreich, S. 148.

[7] Capit. II, no 201, 202 (p. 59 ff.).

und nahm hier eine trotzige Haltung ein, obwohl er dem Vater
Treue und Gehorsam eidlich hatte geloben müssen. Sein Hof war
in der Folgezeit der Sammelplatz der Gegner des alten Kaisers,
welche sich ihm bei seinem Abzuge nach Italien zum großen Teile
angeschlossen hatten.[1]   Selbst Bischöfe, die sich Ludwig gegen=
über stark kompromittiert hatten, ließen ihre Sitze im Stich und
folgten dem Sohne.[2] Dieser stattete seine Anhänger in Italien
reichlich mit Kirchengut aus und zog zu diesem Zwecke zum hohen
Verbruß des Vaters namentlich auch die Besitzungen der fränkischen
Kirchen im Langobardenreich ein[3], während er diejenigen Bischöfe
und Grafen, die 833 Ludwigs Partei ergriffen hatten[4], des
Landes verwies.[5] Bei ihm suchte auch der jüngere Ludwig,
als er sich durch die maßlose Bevorzugung Karls bedroht fühlte
(838), Rat und Unterstützung.[6] Der alte Kaiser war zu schwach,
diesen Trotz zu brechen, zumal er bei der Begünstigung des
jüngsten Sohnes und seiner schwankenden Haltung auch der
beiden andern Söhne keineswegs sicher war, die in ihren Stammes=
königtümern eine ziemlich konsolidierte Macht besaßen. Diese
Verhältnisse ermöglichten eine völlig unabhängige Herrschaft
Lothars in Italien und erklären es, wenn wir seine Stellung,

---

[1] Vgl. oben S. 87 Anm. 3.

[2] Flodoardi hist. eccles. Remensis II, 20, SS. XIII, 471/2. Vgl.
Simson, Ludwig d. Fr. II, 116.

[3] Vgl. unten S. 93 Anm. 5 und S. 94 Anm. 1.

[4] Ann. Bertin. a. 834, p. 8/9.

[5] So gelangte Bischof Ratold von Verona nicht wieder in den Be=
sitz seines Bistums, denn wir finden ihn noch im Juni 838 zu Nimwegen
anwesend (Dronke, Codex diplom. Fuldensis p. 226, no 513). Ebenso
erhielt auch Markgraf Bonifazius von Tuscien die Grafschaft Lucca nicht
zurück, da er 838 von Kaiser Ludwig als Missus nach Septimanien ent=
sandt wurde (Vita Hludowici c. 59, SS. II, 644[12]). Pippin, der Sohn
König Bernhards von Italien, begegnet uns 840 unter den neustrischen
Großen (Nithardi histor. II, c. 3, p. 15).

[6] Ann. Bertin., p. 15: «Imperatori sermo innotuit, Hlodowicum
fratris Hlotharii intra Alpium septa colloquium expetisse».

die rechtlich nur eine unterkönigliche und vasallitische war[1], in Wirklichkeit in eine souveräne Gewalt sich verwandeln sehen, die jedem Eingriff Ludwigs entwuchs.

Lothars Regierungstätigkeit dieser letzten Periode liegt uns zunächst in zahlreichen Urkunden vor[2], in denen er wie bereits seit 830 über sämtliche staatlichen Rechte verfügt. In ihnen kommt die Wandlung der Verhältnisse dadurch zum Ausdruck, daß seit der Empörung von 833 in den Formeln jede Beziehung auf den Vater und damit das hauptsächlichste Zeichen der väterlichen Oberherrschaft schwindet.[3] Lothar datiert fortan lediglich nach den eigenen Regierungsjahren und vertauscht den alten Titel mit einem neuen, der ihm eine höhere Majestät verleiht: Hlotharius divina ordinante providentia imperator augustus. Es ist derselbe, den bislang Ludwig selbst geführt hatte. Auch in der Leitung der Kanzlei tritt ein Wechsel ein[4], was wohl mit den Ereignissen von 833/4 in Verbindung gebracht werden muß. Nur die italischen Privaturkunden halten an der einmal angenommenen Weise der Datierung nach beider Jahren fest[5], mehr der rechtlichen als der tatsächlichen Lage der Dinge entsprechend.

Zur Aufrechterhaltung von Recht und Ordnung im Lande hat sich Lothar in großem Umfange des Instituts der Missi bedient, denen gleichzeitig auch die Aufsicht über die verschiedenen

---

[1] Vgl. oben S. 72 Anm. 2, 87 Anm. 1, 88 Anm. 3.

[2] Hierher gehören BM. 1037—1067.

[3] Beispielsweise Cod. dipl. Langob. no 121, 123—125, 128, 130 etc. Vgl. Mühlbacher, Die Datierung der Urkunden Lothars I., Wiener Sitz.-Ber. 85, 480 ff.

[4] Ebenso wie bei dem jüngeren Ludwig.

[5] Cod. dipl. Langob. no 117, 118, 120, 122, 127, 129, 131 etc. Memorie di Lucca V, 2, no 524—573. Auch in Gerichtsurkunden von Königsboten werden beider Jahre gezählt, z. B. Muratori, Ant. Ital. II, 979 und V, 923.

Beamten der Bezirks= und Domänenverwaltung oblag. Wir
lernen eine ganze Reihe von Königsboten teils aus ihren Gerichts=
urkunden, teils aus Diplomen Lothars wesentlich bei Ausübung
ihres richterlichen Amtes kennen.[1] Auch die Umgebung des
jungen Kaisers und die Beamten der Hof= und Staatsverwaltung
treten jetzt schärfer hervor.   Unter seinen Beratern nehmen
naturgemäß seine Anhänger unter den fränkischen Großen, die
ihm nach Italien folgten, die erste Stelle ein. Der bedeutendste
von ihnen war zweifellos Abt Wala, der auch mit der Führung
der wichtigen Gesandtschaft betraut wurde, die Lothar 836 zum
Vater sandte, aber bald darauf aus dem Leben schied.[2] Neben den
Grafen Hugo von Tours, dem Schwiegervater Lothars, und
Lambert von Nantes[3] wird als besonders einflußreich ein gewisser
Graf Leo bezeichnet[4], der uns auch als Königsbote begegnet.[5]
Als Pfalzgraf erscheint im Langobardenreich Graf Maurin[6],
als Pfalzkaplan wird Ruktalb[7] genannt, während die Kanzlei

---

[1] Ich hebe hervor: Muratori, Ant. Ital. V, 923 (Bischof Agiprand
von Florenz u. a.), l. c. I, 459 und II, 979 (Graf Aghanus u. a.); Cod.
dipl. Langob. no 123 und 126; Memorie di Lucca V, 2, no 564
(Bischof Robing und Pfalzgraf Maurin); M. J. Ö. G. II, 450 (Nr. 2:
Grafen Leo und Johannes).

[2] Vita Hludowici c. 55, SS. II, 641[1]: «(Adfuere missi a filio . . .)
inter quos etiam Wala primus adfuit». Thegani Vitae contin., SS. II,
603[18]. Vgl. Ann. Bertin. a. 836, p. 13: «Tunc etiam Walo abba, cuius
consiliis Hlotharius plurimum utebatur, in Italia obiit».

[3] Ann. Bertin. a. 837, p. 14: «Et Landbertus, fautorum Hlotharii
maximus, et Hugo, socer illius, defunctus».

[4] Vita Hludowici c. 56, SS. II, 641[43]: «Hlotharius . . . misit Leonem, qui tum apud illum loci magni habebatur».

[5] M. J. Ö. G. II, 450.

[6] Memorie di Lucca V, 2, no 564 (p. 337): «Maurinus comes
palacii». Cod. dipl. Langob. no 123 (p. 219): «Maurinus, comes
palatii nostri».

[7] Cod. dipl. Langob. no 123 (p. 219): «Ructaldus, sacri palatii
capellanus noster».

von Agilmar[1] geleitet wurde, dem späteren Erzbischof von Vienne. Endlich geschieht in einem Diplom auch der italischen Hofkammer Erwähnung.[2]

In den auswärtigen Angelegenheiten sehen wir Lothar nunmehr ebenfalls ganz unabhängig schalten. So schließt er im Anfange des Jahres 840 aus eigener Machtvollkommenheit einen Staatsvertrag mit der Republik Venedig[3], der neben Bestimmungen über den gegenseitigen Handelsverkehr ein Bündnis gegen feindliche Slavenstämme vereinbart und dem jungen Kaiser die Hülfe einer venetianischen Flotte sichert. Ferner erkannten die benachbarten, unter fränkischer Oberhoheit stehenden slavischen Völkerschaften jetzt nicht mehr wie ehedem das Oberhaupt des Hauptreiches, sondern den Herrscher Italiens als ihren Oberherrn an, wie aus einer Urkunde des Herzogs Tirpimir von Kroatien hervorgeht, die nach der Herrschaft Lothars datiert ist.[4] Der Papst war völlig in seiner Gewalt. Zur Befriedigung seiner fränkischen Anhänger zog Lothar außer Gütern anderer Kirchen auch die der römischen in großem Umfange ein[5], ohne daß es dem Papst möglich gewesen wäre, es etwa durch Ludwigs Vermittlung zu verhindern. Sogar den gesandtschaftlichen Verkehr zwischen der Kurie und seinem Vater suchte Lothar abzuschneiden, indem er päpstliche Gesandte durch Drohungen zur Umkehr zwang.[6]

---

[1] Cod. dipl. Langob. no 121, 123—125, 128 etc.

[2] Cod. dipl. Langob. no 123 (p. 219): «ad cameram nostram deportandam».

[3] Capit. II, no 233, p. 130 ff.

[4] BM. 1056a. Die Urkunde trägt die Datierung: «Regnante in Italia piissimus Lothario, Francorum rege».

[5] Vita Hludowici c. 55, SS. II, 641[13]: «Nuntiatum est imperatori, eo quod ... maximeque ecclesiam sancti Petri ... homines eius crudelissima clade vexarent». Vgl. Ann. Bertin. a. 837, p. 13: «Iter suum Romam defensionis sanctae Romanae ecclesiae atque orationis gratia indixit».

[6] Vita Hludowici c. 56, SS. II, 641[42]: «Hlotharius porro ut audi-

Daß überhaupt der Einfluß des alten Kaisers auf Italien seit dem Jahre 833 völlig auszuscheiden ist, indem seinen Anordnungen und Befehlen nicht nur Gehör versagt, sondern auch ihrer Durch=führung mit offener Gewalt Widerstand entgegengesetzt wurde, wird uns am besten aus den Verhandlungen deutlich, die zwischen beiden Kaisern in den Jahren 836/7 geführt wurden. Ludwig richtete damals an seinen Sohn das Verlangen, die eingezogenen Besitzungen der fränkischen Kirchen in Italien ihren rechtmäßigen Eigentümern zurückzugeben und seine aus Italien vertriebenen Anhänger wieder in ihre Sitze einzusetzen[1], vermochte aber diese Forderungen nicht durchzusetzen, denn Lothar stellte Be=dingungen und erklärte überdies, sie nur zum Teil erfüllen zu können.[2] Als nun der alte Kaiser bald darauf erfuhr, daß auch die römische Kirche unter den Eingriffen Lothars und seiner Großen stark zu leiden habe[3], entschloß er sich, auf das höchste empört, an der Spitze eines Heeres[4] nach Italien zu ziehen, um die in Frage stehenden Angelegenheiten persönlich zu ordnen, vor allem der Kurie zu ihrem Rechte zu verhelfen. Er setzte den Sohn von seiner Absicht in Kenntnis und forderte ihn auf,

---

vit memoratorum episcoporum ad domnum imperatorem adventum, misit Leonem — qui tum apud illum loci magni habebatur — Bononiam, qui magno intentato terrore ultra progredi episcopos prohibuit».

[1] Ann. Bertin. a. 836, p. 12: «Quaesitum est de restitutione rerum ecclesiis Dei in Francia constitutis, quae in Italia sitae a suis pro libitu fuerant usurpatae; verum et de episcopis atque comitibus, qui dudum cum augusta fideli devotione de Italia venerant, ut eis et sedes propriae redderentur».

[2] Ann. Bertin., p. 12: «Ad haec Hlotharius per missos suos, oppositis quibusdam conditionibus, non in omnibus se assentiri posse, mandavit». Vgl. oben S. 90 Anm. 5.

[3] Vita Hludowici c. 55, SS. II, 641[13]; vgl. S. 93 Anm. 5.

[4] Thegani Vitae contin., SS. II, 604[1]: «Anno vero 24. praenunciavit imperator, ut cum omni exercitu voluisset ire Romam cum filiis suis Pippino et Hludowico ...».

ihn mit der schuldigen Ehrfurcht zu empfangen und für seine und seines Heeres Aufnahme und Verpflegung die nötigen Vor= kehrungen zu treffen.[1] Lothar versprach sich von diesem Romzuge des Vaters nichts Gutes; er wußte, daß er lediglich gegen ihn selbst gerichtet war, und beantwortete die väterlichen Befehle da= mit, daß er die Alpenpässe durch starke Befestigungsanlagen sperren ließ, um Ludwig den Übergang zu verwehren.[2] Doch hätte es dieser Maßregel nicht bedurft, denn die Absicht des alten Kaisers gelangte infolge eines Normanneneinfalles in das fränkische Reich überhaupt nicht zur Ausführung.[3]

Mit voller Klarheit lassen unsere Darlegungen erkennen, daß Lothars Herrschaft in Italien während dieser letzten Periode (ab 833) in jeder Hinsicht, selbst nominell, durchaus selbständig und unabhängig war, daß Ludwig dem Sohne so gut wie machtlos gegenüberstand. Der Zusammenhang des italischen Reiches mit dem fränkischen war damals tatsächlich aufgehoben. Für die wirkliche Lage der Dinge blieb sicherlich auch die äußer= liche Versöhnung, die 839, ein Jahr vor dem Tode Ludwigs, endlich zustande kam, und das heuchlerische Bekenntnis der Reue[4], das Lothar bei dieser Gelegenheit ablegte, ohne Bedeutung, da es lediglich aus eigennützigen Absichten geschah, und Lothar an Aufgabe irgendwelcher Rechte nicht dachte. Aus dem Unter= königtum hatte sich ein der Sache nach selbständiger Staat entwickelt.

---

[1] Ann. Bertin. a. 837, p. 13: «Imperator ... mense Maio ad Theodonis villam veniens et dona annualia recipiens, iter suum Ro= mam defensionis sanctae Romanae ecclesiae atque orationis gratia indixit, directis interim ad Hlotharium legatis, monentibus, ut eum paterna reverentia susciperet atque itineris apparatum decenter opor= tuneque procuraret». Vgl. Vita Hludowici c. 55, SS. II, 641.

[2] Ann. Bertin. p. 14: «Hlotharius autem clusas in Alpibus muris firmissimis arceri praecepit».

[3] Vita Hludowici c. 55, SS. II, 641[26]. Ann. Bertin., p. 13.

[4] Ann. Bertin. a. 839, p. 20.

4. Aquitanien unter Pippin I. (814—838).

Gleichzeitig mit Lothar wurde auf dem Aachener Reichstage des Jahres 814 der zweite Sohn des Kaisers, Pippin, gleichsam als Nachfolger seines Vaters mit Aquitanien ausgestattet. Wahr=scheinlich hat auch Pippin schon damals, nicht erst 817, die förmliche Königsherrschaft mit dem Königstitel. übertragen er=halten, wie es im Gegensatz zu Simson von Lothar bereits nachgewiesen werden konnte.[1] Bezüglich Pippins stützt sich Simson[2] vor allem auf den Wortlaut der ordinatio imperii[3], sowie auf den Bericht der Reichsannalen[4] über die Ereignisse des Reichstages zu Aachen im Jahr 817, wonach es allerdings den Anschein hat, als ob die Übertragung der Königswürde an Pippin erst hier erfolgt wäre. Doch wird Pippin in anderen gleichzeitigen Quellen bereits vor 817 als König bezeichnet[5], und wir haben Grund, ihren Angaben Glauben zu schenken, weil sie durch ein Diplom Pippins aus dem Jahre 816 bestätigt werden. In diesem Diplom[6], das leider nicht im Original

---

[1] Vgl. oben S. 60 f.

[2] Ludwig d. Fr. I, 28.

[3] Capit. I, 271[8]: «Ceteros vero fratres eius, Pippinum videlicet et Hludowicum aequivocum nostrum, communi consilio placuit regiis insigniri nominibus et loca inferius denominata constituere ...».

[4] Ann. regni Francor. a. 817, p. 146: «... caeteros reges appel-latos unum Aquitaniae, alterum Baioariae praefecit».

[5] Vor allem Ann. Xantenses zu 814, SS. II, 224[32]: «Tunc demum ille imperator constituit filium suum regem super Equitaniam Pip-pinum». Chronicon Moissiacense, SS. I, 311[40]: «Et III. Kalend. Augusti habuit consilium magnum in Aquis, et constituit duos filios suos reges Pippinum et Clotarium, Pippinum super Aquitaniam et Wasconiam, Clotarium super Baioariam». Ann. Laurissenses min., cod. Fuld., SS. I, 122[19]: «... et illuc venit ... alius filius eius, id est Pippinus, rex Aequitaniorum».

[6] Abgedruckt bei Baluze, Capitularia regum Francorum (Paris 1677) II, col. 1391 (App. no 13), danach Histoire gén. de Languedoc II, Preuves col. 111 und Gallia Christ. XIII, Instrumenta col. 263.

erhalten ist, dessen Echtheit inhaltlich und formell aber kaum
bezweifelt werden kann, beurkundet ein König Pippin die durch
ihn geschehene Wiederherstellung des zugrunde gegangenen
Klosters Sorèze im Gau von Toulouse und stattet es aufs neue
mit Gütern aus. Daß es sich hier nicht um den Vater Karls
des Großen handeln kann, wie man angenommen hat[1], geht
deutlich aus der Sprache und den Formeln der Urkunde hervor
und wird in der Gründungsgeschichte des Klosters in der Gallia
Christiana ausführlich dargetan.[2] Andrerseits kann auch
Pippin II. nicht in Frage kommen, denn erstens findet sich in
einer anderen alten Kopie im Cartulaire de Sorèze dem
Regierungsjahr Pippins dasjenige seines Vaters Ludwig vor=
gesetzt[3], zweitens war das Kloster bereits im Jahre 817 wieder
aufgebaut, da ihm am 27. April 817 auch Kaiser Ludwig eine
Schenkung zuwendet.[4] Folglich muß die Urkunde in der Zeit
zwischen 814, wo die Überweisung Aquitaniens an Pippin I.
erfolgte, und 817, wo das Kloster wieder bestand, ausgestellt
sein, und dazu paßt die Datierung nach dem zweiten Jahr
Pippins (= 816) vortrefflich.[5] Damit wäre aber der Beweis
erbracht, daß Pippin die förmliche Königsherrschaft nicht erst
817, sondern schon 814 übertragen wurde. Die Verfügung des
Hausgesetzes von 817 würde demnach hinsichtlich Pippins als

---

[1] Baluze l. c.

[2] Gallia Christ. XIII, col. 356.

[3] Vgl. Gallia Christ. XIII, 356. Damit fällt auch ein Grund, die
Urkunde formell zu beanstanden, fort; die übrigen Diplome Pippins
haben beide Zeitangaben.

[4] BM. 644. Das Kloster findet sich auch in der sogenannten Notitia de servitio monasteriorum (Capit. I, 350) aufgeführt, die aber
neuerdings für eine Fälschung gehalten wird (Pückert in Sitz.-Ber. d. Kgl.
Sächs. Ges. d. Wiss. phil.-histor. Klasse Bd. 42, 46).

[5] Die fehlerhafte Indiktion wird auf Rechnung des Kopisten zu
setzen sein.

eine gesetzliche Sanktionierung des Aktes von 814 aufzufassen
sein und nur für den jüngeren Ludwig genau zutreffen, dem
ja tatsächlich erst damals ein Reich überwiesen und der Königstitel beigelegt wurde.

Der Umfang des aquitanischen Reiches erfuhr durch die neue
Thronfolgeordnung eine Veränderung gegen früher. Es wurden
einerseits die drei burgundischen Grafschaften Autun, Nevers
und Avallon hinzugefügt, andrerseits aber Septimanien oder
Gotien bis auf die Grafschaft Carcassonne davon losgelöst.[1]
Mit der Trennung Septimaniens von Aquitanien war schon
infolge ihrer Lage notwendig auch die der spanischen Mark
verbunden, die im Norden nur von Septimanien her bequemen
Zugang bot, während sie vom eigentlichen Aquitanien durch
hohe und schwer passierbare Gebirgsketten geschieden war. Wir
sehen denn auch in den Quellen, daß die Angelegenheiten dieser
Mark den Kaiser in hervorragendem Maße beschäftigen und
ein Hauptstück der Verhandlungen der fränkischen Reichstage
bilden.[2]   Sicherlich war es Ludwigs Absicht, für den Schutz
der Reichsgrenzen gegen die Sarazenen selbst Sorge zu tragen,
die ihn veranlaßte, diese Gebiete unter die eigene Verwaltung
zu nehmen. An den Besitz Septimaniens aber war vor allen
Dingen die Möglichkeit einer Kriegführung größeren Stils
geknüpft, da die westlichen Pyrenäenübergänge für kriegerische
Unternehmungen nur wenig in Betracht kamen.

---

[1] Ordinatio imperii cap. 1, Capitularia I, 271[20]: «Volumus ut
Pippinus habeat Aequitaniam et Wasconiam et marcam Tolosanam
totam et insuper comitatos quatuor, id est in Septimania Carcassen-
sem et in Burgundia Augustudunensem et Avalensem et Niver-
nensem».

[2] Vgl. Ann. regni Francor. p. 152, 154, 172, 173, 174, vor allem
p. 169: «Interea Pippinus rex . . . ut iussus erat, cum suis optimatibus et Hispanici limitis custodibus . . . Aquisgrani venit». Ann.
Bertin. p. 11. Capit. I, no 132 und 133 (p. 261 ff.).

In späterer Zeit wurde auch die Grafschaft Anjou an
Pippin übertragen [1]; sicher befand sie sich seit dem Jahre 835
in seinem Besitz, wie uns verschiedene Urkunden Pippins zeigen [2],
in denen er über Güter und Rechte im Anjou verfügt. Es
darf als sehr wahrscheinlich gelten, daß er die genannte neustrische
Grafschaft und mit ihr vielleicht noch einige andere Gebiete im
Jahre 834 zur Belohnung seiner Bemühungen für die Wieder=
einsetzung des Vaters erhielt. Ob ihm aber bei dieser Gelegen=
heit ganz Neustrien, d. h. alle Lande zwischen Seine und Loire
zufielen, wie Dümmler annehmen will [3], muß bezweifelt werden.
Die von ihm herangezogene Stelle der Reichsannalen [4] drückt
keineswegs ein Besitzrecht Pippins auf die fraglichen Gebiete aus,
sondern besagt nur, daß die Vergabung eines Teiles von Neustrien
an den jungen Karl mit Zustimmung seines Bruders geschah.
Diese schien wohl deshalb vor allem nötig, weil Pippin damals
zum künftigen Beschützer Karls ausersehen war [5] und naturgemäß

---

[1] Translatio S. Mauri c. 15, A. SS. O. S. Ben. IV b, 173: «Augustis-
simae recordationis Ludowicus Pippino filio suo cum reliquis quae
magnitudini celsitudinis illius visa sunt, etiam Andecavensem contulit comitatum, cum abbatiis et fiscis in eodem pago sitis ...» Ob
hier unter «reliquis» noch andere Gebiete zu verstehen sind, die Pippin
erhielt, und welche es waren, oder ob es sich um andere Dinge handelt,
entzieht sich unserer Kenntnis, doch vgl. gleich unten, was über die Grafschaft Béziers gesagt ist.

[2] Tardif, Monuments historiques (Paris 1866) no 128 vom 26. Ok-
tober 835, ferner Bouquet VI, 674 f. (no 16 und 17); Gallia Christ. XIV,
Instrumenta col. 144; Champollion-Figeac, Documents hist. inédits
(Paris 1841 ff.) III, no 12.

[3] O. R. I, S. 82 (Anm. 2) und 101.

[4] Ann. Bertin. a. 838, p. 15: «Imperator ad placitum suum generale ... in Carisiaco venit. Quo Pippino paternis obsequiis assistente atque favente, fratri Karolo, tunc cingulo insignito, pars
Niustriae ad praesens data est».

[5] Vgl. Vita Hludowici c. 59, SS. II, 644 [2] (Itaque domnus imperator inter filios quantum sibi posse fuit, coagulo benivolentiae fir-

7*

in einer so wichtigen Sache keine Zwietracht zwischen ihnen
herrschen durfte. Unter diesen Umständen muß es an sich schon
unmöglich erscheinen, daß man den jungen Karl auf Kosten
seines Beschützers ausstattete, wie es die Ansicht Dümmlers als
Voraussetzung verlangt. Dagegen hat Pippin damals vielleicht
noch die Grafschaft Béziers in Septimanien erhalten, die im
Jahre 838 augenscheinlich in seinem Besitz war, da er hier
Hoheitsrechte ausübte, indem er der Abtei Joncels mehrere
Besitzungen schenkte und ihr das Recht der freien Abtwahl mit
Königsschutz verlieh.[1]

Gegen Ende des Jahres 814, in dem die Zuweisung
Aquitaniens an ihn erfolgte, hat Pippin sich in sein Reich begeben, denn er datiert in seinen Urkunden seine Herrschaft nach
einem Epochentage, der in den November oder Dezember 814
fällt.[2] Die Stellung des jungen Königs war jedoch im Anfange
offenbar nur von geringer Bedeutung. Seine Jugend und
Unerfahrenheit machten es notwendig, daß der Vater ihm eine
Anzahl von Männern fränkischer Herkunft beiordnete, um ihn
in sein Herrscheramt einzuführen und ihm als Berater bei der
Erledigung der Regierungsgeschäfte zur Seite zu stehen.[3] Unter

---

mato ...). Auch hatte Pippin selbst eventuell hier eine Erweiterung
seines Reiches erwarten können.

[1] Bouquet VI, 676 (no 18): «Et per nostram etiam auctoritatem
monachi ibi Deo servientes liberam semper habeant potestatem ex
se ipsis abbates eligere ...». Hingegen gehörte beispielsweise der pagus
Narbonensis nicht zu Pippins Reich, wie aus Bouquet VI, 678 (no 21)
hervorgeht.

[2] Vgl. BM. 528a. Noch nicht umgesetzt sind die Jahre Pippins am
1. November, 25. November und 25. Dezember, umgesetzt dagegen am
24. November, 22. Dezember und 13. Januar. Das Hauptgewicht ist
hier auf die Urkunde vom 22. Dezember 825 (Bouquet VI, 664) zu legen
mit der Datierung: «Data XI. Kal. Januarii, anno XII. imperii domni
Ludowici serenissimi augusti et eodem regni nostri».

[3] Vita Hludowici cap. 61, SS. II, 645[38]: «Et ut talem Pippinum

dieſen Umſtänden iſt es ſehr erklärlich, wenn der Kaiſer die
Leitung des aquitaniſchen Reiches zunächſt noch im weiteſten
Umfange in der eigenen Hand behielt, wie es vor allem die
urkundliche Überlieferung beweiſt. Während uns aus den erſten
zehn Regierungsjahren Pippins nur zwei Diplome desſelben
vorliegen[1], beſitzen wir von Ludwig deren 25, in denen er über
Güter und Hoheitsrechte aller Art im Bereiche des aquitaniſchen
Reiches verfügt.[2] Er urkundet .alſo noch faſt ausſchließlich für
das Reich ſeines Sohnes, von deſſen Regierung auch ſonſt aus
dieſer Zeit nur ſehr geringe Spuren vorhanden ſind. Wir er=
fahren von ihm lediglich, daß er 819 auf Befehl des Kaiſers
die Wasken mit Erfolg bekämpfte[3], und daß er 822 von ihm
vermählt und aufs neue nach Aquitanien entlaſſen wurde.[4]

Abgeſehen davon, daß Pippin nunmehr ein reiferes Alter
erlangt hatte, mag es mit dieſer Vermählung und der damit
gegebenen Einrichtung einer geordneten Hofhaltung[5] in Zu=
ſammenhang ſtehen, daß wir ungefähr ſeit dieſer Zeit eine ent=
ſchiedene Wandlung bezüglich der Ausübung der Regierungs=
rechte im aquitaniſchen Reiche eintreten ſehen. Denn während
fortan Ludwig nur noch vereinzelt urkundet[6], gehen die aquita=
niſchen Privilegien nun im weſentlichen, ſeit 833 ſo gut wie

---

patrem eius (sc. Pippini II.) facere possent, pene omnes qui ob custo-
delam illius missi erant, sicut sibi olim a patre Carolo dati fuerant…».

[1] Gallia Christ. XIII, Instrumenta col. 263 und Bouquet VI,
663 (no 1). Ein vollſtändiges Verzeichnis der Urkunden Pippins mit Angabe des Abdrucks gibt René Giard, Bibl. de l'école des chartes
t. 62, 510 ff.

[2] BM. 547 beginnend, bis 797.

[3] Ann. regni Francor. p. 151/2.

[4] Ann. regni Francor. p. 159.

[5] Vgl. Hellmann, Die Heiraten der Karolinger (Feſtgabe für Heigel,
München 1903), S. 86 f.

[6] BM. 843, 875, 907, 913, 967 (855 nicht genau datierbar).

ausschließlich, vom Aquitanierkönig selbst aus[1], der auch im übrigen seitdem in den Quellen stärker hervortritt. Wir werden demnach annehmen dürfen, daß etwa seit der Vermählung Pippins, sicher seit dem Jahre 825, der Kaiser sich von der Verwaltung Aquitaniens zurückzog und sie nunmehr seinem Sohne überließ. Nur noch in besonderen Fällen traf er hier aus eigener Machtvollkommenheit Entscheidungen und brachte so die Oberhoheit zum Ausdruck, die er über seine Söhne beanspruchte[2], und die Pippin in Aquitanien abgesehen von den Zeiten der Empörungen von 830 und 833 bis zu seinem Tode hat anerkennen müssen.

Wenngleich Pippin in den ersten Jahren seines Königtums das Recht der Urkundenausstellung nur in sehr geringem Umfange ausübte, wohl weil man sich wegen seiner Jugend zur Erlangung von Privilegien zunächst noch meist an die höhere Autorität des Kaisers wandte, so geht doch aus den uns von ihm überlieferten Diplomen hervor, daß er schon von Anfang an im Besitze aller königlichen Rechte war. Bereits in den ersten Jahren war er befugt, Immunitäten und Privilegien über freie Abtwahl zu erteilen[3], wenn man auch vielleicht annehmen muß, daß es mit Genehmigung des Vaters geschah und er diese Rechte damals nur nominell ausübte. Jedenfalls hat er in seinen späteren Diplomen (ab 825) über sämtliche Hoheitsrechte, auch die wichtigsten, verfügt, wie vor allem seine Urkunde für das Kloster St. Maixent bei Poitiers beweist, dem nach Befreiung von der gräflichen Gewalt und Zuspruch der Neunten und Zehnten von den zu Lehen vergebenen Besitzungen alle

---

[1] Die große Menge der Urkunden Pippins setzt Anfang 825 ein, vgl. René Giard, Bibl. de l'école des chartes t. 62, no 3—32.

[2] Ordinatio imperii, Capit. I, 271[17]. Vgl. Divisio regnorum a. 831, l. c. II, 23[26].

[3] Giard no 1 und 2. Vgl. S. 101, Anm. 1.

öffentlichen Leistungen erlassen werden, namentlich aber das
äußerst selten verliehene Privileg der Befreiung von jedem
Heerdienst erteilt wird.[1] Nachweislich lag unter anderem auch
die Vergabung der Abteien in seiner Gewalt.[2] Ebenso konnte
er in seinen aquitanischen Münzstätten Münzen unter eigenem
Namen schlagen lassen[3], während gleichzeitig hier auch für
Ludwig weiter gemünzt wurde.[4]

Die Länder des aquitanischen Unterkönigreichs unterstanden
der fränkischen Reichsverwaltung im allgemeinen nicht, sondern
bildeten für die Verwaltung unter der Leitung ihres besonderen
Königs eine Einheit für sich. Wir erschließen dies aus einem
Kapitular, in dem Kaiser Ludwig eine Einteilung des Reiches
in Missatsprengel vornimmt, dabei jedoch die den Söhnen zuge=
wiesenen Reichsteile Aquitanien, Baiern und Italien unberück=
sichtigt läßt.[5] Auch ein anderer Erlaß des Kaisers erweist es,
in dem Pippin angewiesen wird, für die Vollendung der Deich=

---

[1] Bouquet VI, 665 (no 5 vom 13. Januar 827): «Ideo eum (lies
id, sc. monasterium) cum portione rerum, quas nunc possidet, ab
omnibus saecularium impeditionibus, id est ab expeditione exercitali,
et bannis atque heribannis, et operibus publicis sive paratis abso-
lutum et quietum esse omnimodis praecipimus».

[2] Das ergibt die Narratio derselben Urkunde: «Cognitum esse non
ambigimus, qualiter ... nos nostro tempore ... idem monasterium
... ad statum pristinum revocasse et abbatem regularem constituisse».
Vgl. ferner die Privilegien Pippins über freie Abtwahl, Bouquet no 8,
9, 18, 21 (VI, 668 ff.). Doch hat auch Ludwig ein solches Privileg noch
824 an ein aquitanisches Kloster erteilt (BM. 786).

[3] Gariel, Les monnaies royales de France II, 189 ff. verzeichnet
13 Münzen Pippins I. mit den Münzorten Aquitania, Limoges, Poitiers
und Dax (Aquae Vasconum).

[4] Ludwigs Münzen weisen folgende aquitanische Münzorte auf
Aquitania, Bordeaux, Bourges, Dax, Metallum, Toulouse (Gariel
II, 164 ff.).

[5] Commemoratio missis data, wahrscheinlich von 825, Capit. I,
no 151, p. 308.

bauten an der Loire auch seinerseits durch Entsendung eines
Königsboten Sorge zu tragen[1], was sich zweifellos auf die am
südlichen, aquitanischen Ufer des Flusses vorzunehmenden Ar-
beiten bezieht, deren Ausführung den Kaiser nicht unmittelbar
anging. Der Landesverwaltung dienten besondere aquitanische
Reichs- und Hoftage, wo der König mit einem weiteren oder
engeren Kreise seiner Großen über die Angelegenheiten des
Reiches beriet und zugleich Rechtsstreitigkeiten im Königsgericht
zur Entscheidung gelangten. Wie die Translatio S. Filiberti[2]
uns berichtet, war es eine allgemeine Reichsversammlung
(«generale regni sui placitum»), auf der Abt Hilbod von
St. Filibert (auf der Insel Heri) den König um Schutz gegen
die Raubzüge der Normannen anflehte, unter denen sein Kloster
schwer zu leiden hatte. Dagegen darf wohl der «conventus
nobilium», von dem wir in der Translatio S. Genulfi[3]
Kunde erhalten, als ein Hoftag angesehen werden, den der
König im engeren Kreise seiner Vertrauten abhielt. An einer
anderen Stelle sehen wir Pippin im Königsgericht auch des
obersten Richteramts walten.[4] Als Organe der aquitanischen

---

[1] Capitulare missorum von 821, Capit. I, no 148, c. 10 (p. 301):
«De aggeribus iuxta Ligerim faciendis, ut bonus missus eidem operi
praeponatur, et hoc Pippino per nostrum missum mandetur, ut et
ille ad hoc missum ordinet, quatenus praedictum opus perficiatur».

[2] Acta SS. O. S. Ben. IV a, 540: «Hilbodus ... una cum consilio fratrum suorum regem adiit Pippinum, suggerens eius celsitu-
dini, quid super hoc decernere vellet. Tunc vero gloriosus rex suique
optimates (generale siquidem regni sui placitum exsistebat) istius
modi rem sollerti cura pertractantes ...».

[3] Acta SS. O. S. Ben. IV b, 227: «(Pippinus) ... anulo proprio
scriptum iussit insigniri in conventu nobilium, in Joguntiaco palatio ...».

[4] B. Guérard, Polyptyque de l'abbé Irminon (Paris 1844), p. 344
(App. no 9 von 828): «Cum nos in Dei nomine, die Martis Casano-
gilo villa, palatio nostro, in pago Pictavo, secus alveum Clinno, ad

Zentralverwaltung waren wie im Hauptreiche Königsboten
tätig, die uns in den Quellen vielfach begegnen[1], aber nur
selten namentlich bezeichnet werden. Ebenso wie Lothar in
Italien hatte auch Pippin eine eigene Hofhaltung und einen
eigenen Hofstaat. Im Jahre 822 hatte ihm der Vater die
Tochter des Grafen Theotbert von Madrie namens Ingeltrud
zur Ehe gegeben[2], der neben zwei Töchtern auch zwei Söhne
entsprossen, Pippin (II.) und Karl, der spätere Erzbischof von
Mainz.[3] Der Bruder seiner Gemahlin, Rotbert, wird als der
einflußreichste Mann am aquitanischen Hofe bezeichnet.[4] Die
Stelle des Erzkaplans nahm Fridebest, Bischof von Poitiers,
ein[5], während das Amt des Pfalzgrafen ein gewisser Johannes
bekleidete.[6] An der Spitze der aquitanischen Kanzlei standen

multorum causas audiendum rectaque iudicia terminandas resideremus ...».

[1] Besly, Histoire des comtes de Poitou et ducs de Guyenne
(Paris 1647) B, p. 23 (cum Agnario misso de iussione Pippini regis);
Capitulare de monast. S. Crucis Pictavensi, Capit. I, no 149, c. 8
(Ramnulfum missum); Champollion-Figeac, Documents inédits III, 417
(no 8); Bouquet VI, 667 (no 7) usw. Vgl. oben S. 104.

[2] Ann. regni Francor. p. 159: «Pippinum autem in Aquitaniam
ire praecepit, quem tamen prius filiam Theotberti comitis Matricensis in coniugium fecit accipere ...». Vita Hludowici c. 35, SS.
II. 626 40.

[3] Translatio S. Genulfi c. 1, Acta SS. O. S. Ben. IV b, 226: «Quam
isdem domnus Pippinus uxorem duxit, de qua Pippinum et Carolum
liberos totidemque filias habuit».

[4] Translatio S. Genulfi l. c.: «Quae videlicet illorum filia nomine Agana Rotberto cuidam insignis honestaeque potentiae viro,
primoque palatii Pippini regis, nupta fuit».

[5] Bouquet VI, 672 (no 13): «Fridebestus episcopus, archicapellanus noster, et abbas ...».

[6] Guérard, Polyptyque de l'abbé Irminon p. 344 (no 9). Dieses
Königsplacitum trägt die Rekognition: «Deotimius ad vicem Johanni
comiti palatii». Ein Pfalzgraf Pippins wird außerdem genannt Capit.
I, no 149, cap. 3 (p. 302), sodann Bouquet VI, 674 und 679 (no 15 und 21).

nacheinander Dagnus[1], Albrich, Ebroin, Dodo, Ermold und Jsaak, der uns vorher schon als Notar entgegentritt.[2] In einem Diplom des Königs wird auch eine aquitanische Hof= kammer erwähnt.[3]

In diesem Wirkungskreise schaltete Pippin jedoch keines= wegs in völliger Unabhängigkeit. Es wurde schon darauf hin= gewiesen, daß namentlich in den ersten Jahren seiner Herrschaft über Aquitanien die Regierung fast ganz in der Hand des Kaisers lag und eine Wandlung in der Leitung des Reichs erst im Jahre 825 für uns erkennbar wird. Sie hatte jedoch nicht die Bedeutung, daß Ludwig hier fortan auf alle Rechte verzichtete, vielmehr hat er auch fernerhin in manchen Fällen in die Verwaltung des Landes eingegriffen und seine Ober= hoheit geltend gemacht. Das geschah zunächst dadurch, daß er fortfuhr, für das Reich seines Sohnes zu urkunden[4], wenn er es auch nur in weit geringerem Umfange tat als früher und seine Privilegien jetzt an Zahl denen Pippins gegenüber verschwinden.[5] Außerdem läßt sich die Einwirkung des Kaisers aus dem In= halt einiger Diplome seines Sohnes erkennen, indem wir erfahren, daß sie auf ausdrücklichen Befehl des Vaters ausge= stellt wurden. Namentlich gehört hierher die Urkunde Pippins für das Kloster des heiligen Martin in Tours[6], in der er dem

---

[1] Histoire gén. de Languedoc II, Preuves col. 112.

[2] Vgl. die Urkunden bei Bouquet VI, 663 ff. Über den hier ge= nannten Ermold vgl. Simson, Ludwig b. Fr. I, 217, Anm. 8 und II, 122.

[3] Champollion-Figeac, Documents inédits III, 417 (no 8).

[4] BM. 843, 875, 907, 913, 967 (855 nicht genau datierbar). Davon dürfen BM. 907 und 913 kaum mitgerechnet werden, da sie in die Zeit der Absetzung Pippins fallen (832). — [5] Giard no 3–32.

[6] Bouquet VI, 666 (no 7 von 828): «Genitor noster ... praece- pit nobis, ut iam dictae res post decessum memorati Erlaldi per illius et nostram auctoritatem, secundum praescriptam conditionem in potestatem S. Martini reducerentur».

Abt ein bisher als Benefizium verliehenes Gut des Klosters zurückgibt. Auf Weisung Ludwigs verleiht er ein andermal[1] dem Bischof Fridebest von Poitiers Königsschutz und Immunität für das Kloster St. Hilaire bei Poitiers und restituiert ebenfalls auf väterlichen Befehl dem Kloster Jumièges Güter, die er ihm einst entzogen hatte.[2] Die dem Kaiser gewahrte Oberhoheit tritt sodann in den Diplomen Pippins in der Weise in Erscheinung, daß in erster Linie nach den kaiserlichen Regierungsjahren datiert wird und erst an zweiter Stelle die Jahre des Aquitanierkönigs folgen.[3] Sie kommt auch dadurch zum Ausdruck, daß dem Kaiser Diplome Pippins zur Bestätigung vorgelegt wurden, offenbar deshalb, weil man dessen Autorität nicht für völlig ausreichend erachtete. Ein Beispiel dafür bietet die Urkunde Ludwigs und Lothars für das Kloster St. Maixent bei Poitiers[4] vom Oktober 827, die das im Januar des Jahres ausgefertigte Diplom Pippins für dasselbe Kloster[5] wörtlich wiederholt, ohne aber die Vorlage zu erwähnen. Eine Bestätigung einer Urkunde Pippins durch den Vater wird auch an einer Stelle der Translatio S. Mauri[6] berichtet. Andererseits ist es ganz erklärlich, daß man sich früher erteilte Privilegien Ludwigs durch den Aquitanierkönig bestätigen ließ, schon deshalb, um sie sich für die Zukunft zu sichern. Solche von

---

[1] Bouquet VI, 672 (no 13 von 834): «Fridebestus episcopus ... ex verbis senioris nostri gloriosissimi augusti praeceptionem atque consensum petiit, ut omnes res ... monasterii supradicti ... sub nostro mundeburdo vel immunitatis tuitione reciperemus».

[2] Bouquet VI, 675 (no 17 von 837): «... quatinus et Dei auxilio ubique protegeremur et ammonitio magni Caesaris, nostri equidem genitoris Hludowici, adimpleretur».

[3] Bouquet VI, 663 ff.

[4] BM. 843.

[5] Bouquet VI, 665 (no 5).

[6] Cap. 15, Acta SS. O. S. Ben. IV b, 173.

Pippin erwirkten Bestätigungen liegen uns in verhältnismäßig
beträchtlicher Zahl vor.[1]

Abgesehen von diesen aus dem urkunblichen Material ge-
wonnenen Zeugnissen wird auch durch die von Zeitgenossen
überlieferten sonstigen Nachrichten durchaus bestätigt, daß die
Stellung Pippins in Aquitanien nicht als eine unabhängige
zu betrachten ist, sondern ganz den Charakter der Vasallität
trug. In erster Linie verdient hier hervorgehoben zu werden,
daß der Aquitanierkönig verpflichtet war, auf Befehl des Kaisers
entweder in Begleitung eines Vasallenheeres[2] oder auch ohne
größeres Gefolge[3] sich am väterlichen Hofe einzufinden, hauptsächlich um an den Verhandlungen der fränkischen Reichstage
teilzunehmen, deren Beschlüsse auch für sein eigenes Reich
Gültigkeit besaßen. Wie die übrigen Vasallen des Vaters
durfte auch er nicht eigenmächtig den Hof desselben wieder verlassen und in sein Reich zurückkehren, sondern es war dazu die
ausdrückliche Genehmigung des Kaisers erforderlich.[4] Diese

---

[1] Giard no 2, 11, 14, 15, 18, 19, 30, 32.

[2] Ann. regni Francor. a. 826, p. 169: «Interea Pippinus rex,
filius imperatoris, ut iussus erat, cum suis optimatibus ... circa
Kal. Febr. Aquasgrani ... venit». Thegani Vitae contin., SS. II,
603[23]: «Cumque die statuto imperator Wormaciam deveniret cum
magna multitudine et filii sui Pippinus et Hludowicus cum exercitu
eorum ...».

[3] Vita Hludowici c. 46, SS. II, 634[41]: «Praeceperat porro imperator, ut huic placito filius eius interesset Pippinus» (Diedenhofen
831), vgl. Ann. Bertin. a. 831, p. 3. Vita Hludowici c. 47, SS. II, 634[40]:
«(Hludowicus) conventum publicum Aurelianis fieri iussit, ibique Pippinum sibi occurrere mandavit, qui licet invitus occurrit» (a. 832).
Pippin war außerdem noch auf verschiedenen anderen Reichstagen anwesend: zu Aachen 831 (Ann. Bertin. p. 3), zu St. Denis 834 (Ann.
Bertin. p. 8), zu Crémieux a. Rhone 835 (Thegani Vita c. 57, SS. II,
603[1] und Vita Hludowici c. 54, SS. II, 640[35], wo irrtümlich Worms als
Sitz des Reichstags bezeichnet wird), zu Kiersy 838 (Ann. Bertin. p. 15).

[4] Das geht klar aus einer Stelle der Ann. Bertin. hervor (a. 832,
p. 5): «Tunc filium suum Pippinum ad se vocans, inter cetera incre-

Verpflichtungen, die den engen Zusammenhang beider Reiche zur Anschauung bringen, sollten sicherlich auch den aquitanischen König und seine Großen an ihre Abhängigkeit gemahnen und sie von unüberlegten Handlungen abhalten. Als Pippin es einst (831) versäumte, einem Befehl des Vaters, vor ihm zu erscheinen, rechtzeitig nachzukommen, zog er sich in hohem Maße seine Ungnade zu[1] und wurde für einen weiteren Ungehorsam, den er sich dadurch zuschulden kommen ließ, daß er den väterlichen Hof heimlich ohne Erlaubnis verließ, sofort mit Absetzung bestraft.[2] Nur den guten Diensten, die er Ludwig bei der bald darauf ausbrechenden ersten Empörung der Söhne leistete, verdankte er seine Wiedereinsetzung.

Offenbar lag ferner die oberste richterliche Entscheidung über Staats= und Kapitalverbrechen im aquitanischen Reiche, wenigstens in den ersten Regierungsjahren des Sohnes, in der Hand des Kaisers, denn es wird uns berichtet, daß Ludwig einen der Treulosigkeit angeklagten Waskenhäuptling persönlich aburteilte und ebenso einen baskischen Grafen wegen Unbotmäßigkeit seines Amtes entsetzte.[3] Seinen maßgebenden Ein=

---

pavit eum, cur de eius praesentia sine licentia aufugisset». Ebenso ist aufzufassen Ann. Bertin. a. 831, p. 3: «Peracto placito Hlotharium in Italiam, Pippinum in Aquitaniam, Hludowicum in Baioariam ire permisit». Ferner Ann. Bertin. a. 834, p. 8 und l. c. p. 10 (redeundi licentiam tribuit), Vita Hludowici c. 52, SS. II, 638²⁴ und c. 46, l. c. 634²².

[1] Ann. Bertin. a. 831, p. 3: «Quem domnus imperator propter inoboedientiam illius non tam benigne suscepit, quam antea solitus fuerat». Vita Hludowici c. 46, SS. II, 634⁴¹ ff.

[2] Ann. Bertin. a. 832, p. 4/5.

[3] Ann. regui Francor. a. 819, p. 150: «Lupus Centulli Wasco, qui ... proelio conflixit, ... cum in conspectum imperatoris venisset ac de perfidia, cuius a memoratis comitibus inmane accusabatur, se purgare non potuisset, et ipse temporali est exilio deportatus». — L. c. a. 816, p. 144: «Wascones, ... propter sublatum ducem suum

fluß gewahren wir auch darin, daß auf seine Forderung Pippin
sich genötigt sah, eingezogene aquitanische Kirchengüter ihren
Eigentümern zurückzugeben[1], obwohl diese Forderung ohne
Zweifel nicht gerechtfertigt war, da wir annehmen dürfen, daß
es zum großen Teile die kriegerischen Unternehmungen zur
Befreiung des Vaters aus der Gewalt Lothars gewesen waren,
die ihn zu Eingriffen in das Kirchengut veranlaßt hatten, um
so die Mittel zu gewinnen, seine Vasallen für den langen
Kriegsdienst zu entschädigen.[2]   Für die Oberhoheit des Kaisers
kann endlich außer der bereits erwähnten Verordnung[3] über die
Herstellung von Dammbauten an der Loire noch ein anderes
Kapitular geltend gemacht werden, in welchem er den Sohn
zum Schutzherrn des Nonnenklosters St. Croix in Poitiers be=
stellt.[4]   Pippin wird hier mit dem besonderen Rechtsschutz der

---

nomine Sigiwinum, quem imperator ob nimiam eius insolentiam et
morum pravitatem inde sustulerat ...».

[1] Vita Hludowici c. 53 (a. 834), SS. II, 639[33]: «Mandavit filio
Pippino per Hermoldum abbatem res ecclesiasticas quae in regno
eius erant, quas vel ipse suis attribuerat vel ipsi sibi praeripuerant,
absque cunctatione ecclesiis restitui». Ebenso c. 56 (a. 836), SS. II, 642[23].
— L. c. c. 56, SS. II, 642[26]: «Quae res prosperum suscepit exitum. Nam
Pippinus monita pii patris sanctorumque virorum libenter suscipiens,
oboedienter paruit, et omnia invasa restitui etiam per anuli sui im-
pressionem constituit». Ebenso Ann. Bertin. p. 13 (a. 837). Von den
hier erwähnten Urkunden Pippins sind uns einige erhalten, von denen
eine deutlich auf Ludwigs Weisung Bezug nimmt, Bouquet VI, 675 (no
17 von 838). Außerdem beziehen sich zwei Urkunden für die Kirche von
Angers (von 836 und 837) auf die Rückgabe kirchlicher Güter und Rechte:
Gallia Christ. XIV, Instrumenta col. 144 (no 3) und Champollion-
Figeac, Documents inédits III, 425 (no 12).

[2] Vgl. Bouquet VI, 675 (no 17).

[3] Vgl. S. 104 Anm. 1.

[4] Capitulare de monasterio sanctae Crucis Pictaviensi, Capit. I,
no 149 (p. 302). Das Kapitular wird zu 822/4 gesetzt. Einen sicheren
Anhaltspunkt bietet die Urkunde Pippins für dasselbe Kloster vom 1. April
825 (Bouquet VI, 663, no 2), die auf diesen Erlaß Bezug nimmt. Vgl.
BM. 762.

Nonnen beauftragt[1] und ein gewisser Ramnulf zu ihrem Ver=
treter ernannt, den jener vorkommendenfalls als Königs=
boten abordnen soll.[2] Es ist eine Verfügung, durch welche
Ludwig nicht wenig in den eigentlichen Wirkungskreis des
Sohnes eingreift.

Noch schärfer als auf dem Gebiete der inneren Verwal=
tung prägt sich die abhängige Stellung Pippins in bezug auf
die äußere Politik und das Heerwesen aus. Ein Eingreifen in
die auswärtigen Angelegenheiten sollte ihm von vornherein da=
durch abgeschnitten werden, daß man die Grenzgebiete, Sep=
timanien und die spanische Mark, seiner Verwaltung nicht
unterstellte.[3] So sehen wir denn die Gesandtschaften der
Saracenen sich unmittelbar an den Kaiser wenden, der mit
ihnen Bündnisse schließt und wieder löst.[4] Dementsprechend
kam Pippin auch erst in zweiter Linie für den Schutz der süd=
lichen Reichsgrenzen in Betracht, wenn nämlich die Streitkräfte
der Mark einmal nicht ausreichten, die Gegner abzuwehren.
In solchen Fällen erhielt der Aquitanierkönig besondere Befehle;
er wurde nach Lage der Dinge entweder angewiesen sich bereit
zu halten, um einem drohenden Angriff begegnen zu können,
oder auch mit einem Heere gegen den Feind ins Feld gesandt.[5]

---

[1] L. c. cap. 1 und 3.

[2] L. c. cap. 8: «Item si quando necesse fuerit, per iussionem
domni Pippini regis Ramnulfum specialiter missum habeant».

[3] Vgl. oben S. 98.

[4] Vita Hludowici c. 26, SS. II, 621[8]. L. c. c. 25 und c. 34, SS. II,
620[11] und 625[14]. Ann. regni Francor. p. 143 und 153.

[5] Vita Hludowici c. 40, SS. II, 629[27]: «Cui (Pippino) ab imperatore commendata cura, ut paratus esset, si quid ex partibus Hispaniae novi oriretur, qualiter obviare posset, regressus est». Vgl. Ann.
regni Franc. a. 826, p. 169. Ann. regni Francor. a. 827, p. 173: «Contra
quem imperator filium suum Pippinum Aquitaniae regem cum in-
modicis Francorum copiis mittens regni sui terminos tueri prae-

Es hat den Anschein, daß er selbst im eigenen Reiche größere kriegerische Unternehmungen, welche das unbotmäßige Verhalten der Basken nötig machte, nicht auf eigene Hand auszuführen befugt war, sondern daß es dazu, wenigstens während seiner ersten Regierungszeit, einer Ermächtigung des Vaters bedurfte.[1] Es sei noch erwähnt, daß Pippin im Jahre 824 im Auftrage des Vaters als Befehlshaber einer Heeresabteilung, und zwar einer aquitanischen, wie man wird annehmen können[2], an dem großen Feldzuge gegen die Bretonen teilnahm.

In diesem Abhängigkeitsverhältnis Pippins zum Kaiser rief auch die große Empörung von 833, die für seine Brüder der Ausgangspunkt einer neuen Machtstellung wurde[3], keine Veränderung von nennenswerter Bedeutung hervor. Vielmehr konnte in den obigen Darlegungen die Abhängigkeit des Aqui= tanierkönigs während seiner gesamten Regierungszeit nachge= wiesen werden, da sich die herangezogenen Zeugnisse auf die ganze Dauer derselben erstrecken. Während in den Diplomen seiner Brüder die 833 für sie beginnende neue Regierungsepoche darin ihren Ausdruck fand, daß fortan jede Beziehung auf die Oberhoheit des Vaters fortfiel, fuhr Pippin allein fort, in seinen Diplomen nach den Jahren des Vaters zu datieren[4] und so auch äußerlich seine Unterordnung zu bekunden. Ebenso werden in den aquitanischen Privaturkunden sowohl vor wie nach 833 überwiegend allein die Jahre des Kaisers zur Datie=

---

cepit». Vita Hludowici c. 41, SS. II, 630[32]. Vgl. auch Ann. regni Francor. a. 828, p. 174.

[1] Ann. regni Francor. a. 819, p. 151: «At in partibus occiduis Pippinus imperatoris filius iussu patris Wasconiam cum exercitu in-gressus sublatis ex ea seditiosis totam eam provinciam ita pacavit, ut nullus in ea rebellis aut inoboediens remansisse videretur». Vita Hludowici c. 32, SS. II, 625[10] (pater enim eum ad hoc destinaverat).

[2] Ann. regni Francor. p. 165 (adunatis undique omnibus copiis).

[3] Vgl. S. 89 ff. und 124 ff.

[4] Vgl. Bouquet VI, 671 ff. (no 12—22).

rung verwandt[1], nur selten die Pippins.[2] Überhaupt war nach
der Wiedereinsetzung Ludwigs im Jahre 834 Pippin der einzige
von den drei älteren Söhnen, der in größere Abhängigkeit vom
Vater geriet und mit dem fränkischen Hofe dauernd in gutem
Einvernehmen stand. Als die angestrebte Versöhnung des alten
Kaisers mit Lothar 836 nicht zustande kam[3], ersah man den
Aquitanierkönig zum künftigen Beschützer des jungen Karl aus
und bemühte sich, die Beziehungen zwischen beiden nach Mög=
lichkeit zu festigen.[4] Seine Zustimmung vor allem suchte man
daher zu gewinnen, als es sich darum handelte, Karl mit den
großen Gebietsteilen auszustatten, die ihm auf den Reichstagen
zu Aachen und Kiersy in den Jahren 837 und 838 zufielen.
Auf dem ersten dieser Reichstage war Pippin durch Gesandte
vertreten[5], auf dem zweiten persönlich anwesend[6] und gab da=
durch sein Einverständnis mit den Beschlüssen des Kaiserhofes
zu erkennen. Trotzdem ist es sehr wohl möglich und sogar als
wahrscheinlich zu bezeichnen, daß Ludwig nach seiner Restituie=
rung noch mehr als bisher von unmittelbaren Eingriffen in
die aquitanischen Angelegenheiten Abstand nahm. Dafür ließe
sich namentlich anführen, daß wir seitdem nur ein einziges
Diplom von ihm besitzen, das sich auf aquitanische Güter bezieht.[7]

---

[1] Deloche, Cartulaire de Beaulieu (Paris 1859) no 185; Bouges,
Histoire de Carcassonne (Paris 1741) no 5 und 9; Histoire gén. de
Languedoc II, Documents no 46 und 63; Desjardins, Cartulaire de
Conques (Paris 1879) no 460; Champollion-Figeac, Documents inédits
III, no 7, 9, 10; Doniol, Cartulaire de Brioude (Clermont-Paris 1863)
no 252; Gallia Christ. II, Instrum. col. 165.

[2] Doniol, Cartulaire de Brioude no 127, 230, 235, 341.

[3] Vgl. Ann. Bertin. p. 12/13.

[4] Vita Hludowici c. 59, SS. II, 643/4.

[5] Ann. Bertin. p. 14: «Post haec adveniente atque annuente
Hlodowico et missis Pippini ... dedit filio suo Karolo ...».

[6] Ann. Bertin. p. 15: «Quo Pippino paternis obsequiis assistente
atque favente, fratri Karolo... pars Niustriae ad praesens data est».

[7] BM. 967 vom 16. Juni 837. — Auf eine freiere Stellung Pip=

Als erster der Söhne Ludwigs des Frommen ist Pippin am 13. Dezember 838 gestorben[1], ob jedoch an den Folgen eines ausschweifenden Lebens, das ihm zum Vorwurf gemacht wird, muß bezweifelt werden.[2] Er wurde im Kloster der heiligen Radegunde zu Poitiers beigesetzt.[3] Den Umfang seines Reiches hatte er nicht völlig behaupten können, denn ein Teil der Basken hatte sich trotz eines glänzenden Sieges, den er im Jahre 819 über sie erfochten hatte[4], seiner Herrschaft entzogen.[5]

5. Baiern unter Ludwig dem Deutschen (817, bezw. 826—840).

Während auf dem Aachener Reichstage des Jahres 814 den beiden älteren Söhnen des Kaisers eigene Herrschaften zugewiesen wurden, stand der dritte, Ludwig, noch in so jugendlichem Alter[6], daß man nicht daran denken konnte, ihn in gleicher Weise auszustatten und aus der väterlichen Obhut zu entlassen. Das Hausgesetz des Jahres 817, das über die Nach-

---

pins seit 833 scheint auch die Annahme eines neuen Titels hinzuweisen, der seine Majestät mehr betont als der alte. Statt «Pippinus gratia Dei rex Aquitanorum» hieß es nun «Pippinus ordinante divinae maiestatis gratia Aquitanorum rex» (mit geringen Abweichungen). Vgl. Bouquet VI, 663 ff.

[1] Ann. Bertin. p. 16: «Pippinus, filius imperatoris, rex Aquitaniae, Idus Decembris defunctus est».

[2] Vgl. Simson, Ludwig d. Fr. II, 191.

[3] Translatio S. Genulfi, Acta SS. O. S. Ben. IV b, 228.

[4] Ann. regni Francor. p. 151/2.

[5] Ann. Bertin. a. 836, p. 12: «Asenarius quoque citerioris Wasconiae comes, qui ante aliquot annos a Pippino desciverat, horribili morte interiit; fraterque illius Sancio-Sanci eandem regionem negante Pippino occupavit». Der Abfall geschah wohl während der großen Empörung von 833/4.

[6] Er war um das Jahr 805 geboren, vgl. Dümmler, O. R. I, 17.

folge des alten Kaisers entschied, sicherte dann auch ihm ein
Reich, das er bereits bei Lebzeiten des Vaters als Unterkönig
regieren sollte, Baiern[1], das bisher von Lothar oder doch in
seinem Namen verwaltet worden war. Es erstreckte sich damals,
da der Nordgau durch Karl den Großen von dem alten Herzogtum Baiern losgelöst worden war[2], nördlich im allgemeinen
bis zur Donau und ragte nur im Nordosten etwas über dieselbe hinaus[3], südlich bis in die Gegend von Bozen, während
im Westen der Lech die alte Stammesgrenze gegen die Alemannen bildete.[4] An diesen Kern sollten sich nordöstlich die
Gebiete der Böhmen und Mährer anschließen, soweit sie der
fränkischen Herrschaft unterworfen waren, östlich und südöstlich
die Ostmark, Kärnten und die beiden Pannonien, so daß sich
das neue Reich hier bis zum Einfluß der Drau in die Donau
ausdehnte. Ferner kamen zwei königliche Höfe im Nordgau
hinzu, Lauterhofen und Ingolstadt.[5]

Aber auch damals (817) konnte seiner Jugend wegen
Ludwig die Regierung des ihm zugefallenen Reiches noch nicht
persönlich übernehmen, so daß die bairischen Lande zunächst
wieder unter die unmittelbare Verwaltung des alten Kaisers
kamen.[6] Es muß sogar zweifelhaft bleiben, ob der junge Fürst

---

[1] Ann. regni Francor. a. 817, p. 146: «... caeteros reges appel-
latos unum Aquitaniae, alterum Baioariae praefecit».

[2] Zeuß, Die Deutschen und die Nachbarstämme (München 1837),
S. 375. Riezler, Geschichte Baierns (Gotha 1878 ff.) I, 82 nimmt an, er
sei bereits im Frieden von 744 dem Herzog Oatilo abgenommen worden.

[3] Bis zum Weißen und Schwarzen Regen und dem Böhmerwald.

[4] Zeuß, Die Deutschen und die Nachbarstämme, S. 372 ff.

[5] Ordinatio imperii c. 2, Capit. I, 271³³: «Item Hludowicus volumus ut habeat Baioariam et Carentanos et Beheimos et Avaros
atque Sclavos, qui ab orientali parte Baioariae sunt, et insuper duas
villas dominicales ad suum servitium in pago Nortgaoe Luttraof et
Ingoldesstat».

[6] Es entbehrt jeder Begründung, wenn Warnkoenig und Gérard,

vor seinem eigentlichen Regierungsantritt im Jahre 826 Baiern
überhaupt betreten hat. Doch hat man[1] aus dem Umstande,
daß sein Erzieher Egilolf in einer bairischen Urkunde als Zeuge
erscheint[2], wohl mit Recht geschlossen, daß auch Ludwig wenig=
stens zeitweilig sich im Lande aufgehalten hat, obgleich der Be=
richt der Vita Hludowici zu 817, die hier von einer Sendung
Ludwigs nach Baiern spricht[3], nur als ungenaue Wiedergabe
der Reichsannalen aufzufassen ist. Für den Kaiser führte die
Verwaltung Baierns wie bisher vor allem der Graf der böh=
mischen Mark Aubulf[4], der zugleich die Stelle eines praefectus
Baioariae bekleidete und als solcher die Anführung des gesamten
bairischen Heerbanns mit der Ausübung der Königsgerichts=
barkeit in seiner Person vereinigte.[5] Als aber Aubulf 819
starb[6], scheint eine derartige einheitliche Gewalt wohl mit Rück=
sicht auf des jungen Ludwig künftiges Regiment nicht wieder=
hergestellt zu sein. Die Beaufsichtigung der gräflichen Gewalten
übte der Kaiser durch seine Sendboten aus, unter denen uns
die Grafen Hatto und Kisalhart genannt werden[7], der auch
sonst neben dem Grafen Liutpald hervorragend an der Recht=

Histoire des Carolingiens (Brüssel 1862) II, 35 A. 1, behaupten, daß
Lothar das Reich Ludwigs von 817—825 verwaltet habe.

[1] Dümmler, O. R. I, 24 und Simson, Ludwig d. Fr. I, 241.

[2] Meichelbeck, Historia Frisingensis I b, no 372 (p. 198): «Inpri-
mis Egilolfus pedagogus Hloduwici iuvenis ...». Die Urkunde gehört
in das Jahr 819.

[3] c. 29, SS. II, 622[33] (Hluduicum in Baioariam misit).

[4] Meichelbeck, H. F. I b, no 373, vgl. oben S. 62 Anm. 2.

[5] Über ihn und die Verwaltung der bairischen Marken vgl. Dümmler, De Bohemiae condicione Carolis imperantibus p. 24 ff. Dümmler,
Über die südöstlichen Marken des fränkischen Reiches unter den Karolingern im Archiv für Kunde österreich. Geschichtsquellen X, 16 ff. Dümmler, O. R. I, 27 f. Riezler, Geschichte Baierns I, 183 ff.

[6] Ann. S. Emmerammi Ratisponenses, SS. I, 93.

[7] Meichelbeck, H. F. I b, no 470 von 822 und no 472 von 823
(p. 247 f.).

sprechung im Lande beteiligt war.[1] Naturgemäß lag auch die
Erteilung aller Privilegien für das bairische Reich noch ledig=
lich in der Hand des Kaisers.[2] Überhaupt beschäftigten diesen
die Verhältnisse des Ostens, die bald einen sehr unruhigen
Charakter annahmen, damals auf das lebhafteste, und auf den
fränkischen Reichstagen dieser Zeit nahm die Erledigung der
östlichen Angelegenheiten einen nicht geringen Raum ein.[3]

Die zunehmende Gefährdung der Reichsgrenzen im Osten
mochte mit dazu beitragen, daß der Kaiser endlich im Jahre
825 von dem Reichstage zu Aachen aus seinen Sohn Ludwig
nach Baiern sandte, um hier nun wirklich die Regierung zu
übernehmen.[4] Höchst wahrscheinlich jedoch langte der junge
Fürst, der inzwischen 20 Jahre alt geworden war, erst im
Anfange des folgenden Jahres in Baiern an, wie aus den
Freisinger Privaturkunden hervorgeht[5], die die Ankunft Lud=
wigs in der Datierung durch einen Zusatz vermerken. Auch
aus den Diplomen Ludwigs ergibt sich, daß seine Kanzlei den
Beginn seiner Herrschaft in den Anfang des Jahres 826 setzte

---

[1] Meichelbeck, H. F. I b, no 368, 373, 382, 473. Beide Grafen erscheinen auch sehr häufig unter den Zeugen.

[2] BM. 707, 740, 774, 778, 790.

[3] Vgl. besonders Ann. regni Francor. zu den Jahren 818—825,
p. 149—152, 154, 155, 158—160, 164—167.

[4] Ann. regni Francor. p. 168: «Completis omnibus negotiis, quae
ad illius conventus rationem pertinere videbantur, ... minorem vero
filium suum Hludowicum in Baioariam direxit». Vita Hludowici
c. 39, SS. II, 629[16].

[5] Meichelbeck, H. F. I b, no 493, 495, 496, 498, 499, 501 (p. 261—
264). Wegen Hinzufügung des Inkarnationsjahres ist vor allem Nr. 493
von Wichtigkeit: «anno incarnationis Domini 826, indictione IIII., Ludowici imperatoris anno XIII., in ipso anno, quo filius eius Ludowicus in Bawariam evenit». Der die Ankunft Ludwigs vermerkende
Zusatz findet sich zuerst in einer Urkunde vom 11. März 826 (Meichelbeck,
H. F. I b, no 501), nicht erst am 6. Juni, wie Dümmler (O. R. I, 25
A. 6) angibt.

und einen Epochentag anwandte, der nach Sickels Berechnung
zwischen den 27. März und den 27. Mai fällt.[1] Eine Krönung
läßt sich bei Ludwig ebensowenig nachweisen wie bei seinem
Bruder Pippin. Bereits im Anfang des nächsten Jahres (827)
begab sich der junge Baiernkönig wieder in das Frankenreich[2]
und erhielt während seines Aufenthaltes Hemma, die Schwester
der Kaiserin Judith, zur Gemahlin[3], mit der er zu Anfang
des Jahres 828 nach Baiern zurückkehrte.[4] Obschon wir annehmen dürfen, daß diese Ehe durch den Einfluß der Kaiserin
als ein Mittel zur Förderung ihrer ehrgeizigen Pläne zustande
gebracht wurde, so diente sie andrerseits doch auch der Festigung
der Herrschaft Ludwigs, da Hemma die Tochter des mächtigen
bairischen Grafen Welf war[5], der dem jungen König in seiner
Regierung einen starken Rückhalt bieten konnte. Die Vermählung ermöglichte nun auch die Einrichtung einer geordneten

---

[1] Sickel, Beiträge zur Diplomatik I, Wiener Sitz.-Ver. 36, 348 ff.

[2] Hundt, Die Urkunden des Bistums Freising aus der Zeit der
Karolinger, Abhandl. der bair. Akad. d. Wiss. XIII, 12, Nachtrag zu den
Freisinger Urkunden Meichelbecks Nr. 12 vom 12. März 827 (Hundt stellt
sie irrtümlich zu 828, doch ist nicht die Indiktion, sondern das Regierungsjahr Ludwigs zu korrigieren, vgl. Meichelbeck, H. F. I b, no 524): «IIII. id.
mar. indictione V., anno Hludowici imperatoris XV., in ipso anno
quando filius eius Hludowicus rex de Baioaria rediit in Francia».

[3] Ann. Xantenses a. 827, SS. II, 225[12]: «Ludowicus rex accepit
in coniugium sororem Judith imperatricis».

[4] Nach Meichelbeck, H. F. Ib, no 514 (p. 271) wäre sie im Mai
erfolgt: «VII. idus majas, indictione V., anno incarn. Domini nostri
Jhesu Christi DCCCXXVIII., Hludowici imp. XV., in ipso anno et
mense, quo filius eius Hludowicus rex in Bajowaria cum coniuge
rediit». Dieser Angabe widersprechen aber Nr. 516, 517, 521, vor allem
524 vom 17. März 828, wonach die Rückkehr spätestens in der ersten
Hälfte des März erfolgte.

[5] Von Kaiser Ludwig heißt es Thegani Vita c. 26, SS. II, 596[37]:
«Sequenti vero anno accepit filiam Hwelfi ducis sui, qui erat de
nobilissima progenie Bawariorum, et nomen virginis Judith . . .». Vgl.
oben Anm. 3.

Hof- und Domänenverwaltung in Baiern, in der die Königin im karolingischen Staate eine so wichtige Stellung einnahm.[1]

Die Machtbefugnisse Ludwigs in seinen ersten Regierungs=jahren scheinen noch nicht sehr ausgedehnt gewesen zu sein. Wie die bairischen Privaturkunden von seiner Herrschaft kaum Notiz nehmen und nach den Jahren des Kaisers datieren — Ludwig der Deutsche selbst wird daneben nur in den Jahren genannt, wo seine Ankunft im Lande zu erwähnen war (826, 828), und auch dann nur in einem Teil der Urkunden[2] —, so sind auch eigene Urkunden Ludwigs aus diesen Jahren nicht vorhanden, wohl weil ihm das Recht der Ausfertigung fehlte. Mit dieser Auffassung würde es sehr gut übereinstimmen, wenn wir Lud=wig in einem Diplome als Intervenient auftreten sehen[3], in welchem beide Kaiser dem bairischen Kloster Kremsmünster eine Schenkung von Land im Traungau zuwenden.

In der inneren Verwaltung war das bairische Unterkönig=reich ebenso wie Italien und Aquitanien vom übrigen Reichs=körper getrennt und bildete eine Einheit für sich, was sich aus dem schon mehrfach erwähnten Kapitular ergibt[4], in dem bei der Aufteilung des Reichs in Missatsprengel die genannten drei Länder ausgeschlossen werden. Die verwaltende Tätigkeit Ludwigs, die nur sehr geringe Spuren hinterlassen hat, können wir in der Aussendung von Königsboten durch ihn nachweisen; als sein Beauftragter tritt uns in einem Placitum des Jahres 828 ein Graf Anzo entgegen.[5] Jedoch hörte auch der Kaiser

---

[1] Vgl. Hellmann, Die Heiraten der Karolinger, Festgabe für Heigel S. 85 f. — [2] Meichelbeck, H. F. Ib, no 493—549 (p. 261—288).

[3] BM. 850. Monumenta Boica 31, no 22 vom 22. März 828 (p. 54): «Igitur notum esse volumus ... quia ad deprecationem dilecti filii nostri Ludowici, regis Baioariorum, et Geroldi comitis conces-simus ...».

[4] Capit. I, no 151 (p. 308).

[5] Meichelbeck, H. F. Ib, no 530 (p. 278): «Convenerunt venera-

nicht auf, sich durch eigene Sendboten über die Verhältnisse
des bairischen Reiches zu unterrichten und für die Wahrung
von Recht und Ordnung Sorge zu tragen.[1]   Als höchster
weltlicher Beamter stand dem bairischen Unterkönig der Pfalz=
graf im Königsgericht zur Seite; in dieser Stellung erscheint
im Jahre 831 ein gewisser Timo.[2]   Die Leitung der kirchlichen
Dinge und die Aufsicht über die Hofgeistlichkeit lagen in der
Hand eines Erzkaplans, dessen Amt 830 der Abt Gozbald von
Niederaltaich bekleidete.[3]

Dagegen blieben alle äußeren Angelegenheiten dem Macht=
spruch des Kaisers unterworfen.   So hören wir, daß sich Ge=
sandtschaften östlicher Völker wegen Feststellung der Grenzen
nicht an den Baiernkönig, sondern an den Herrscher des Ge=
samtreiches wenden.[4]   In seiner Hand lag namentlich auch die

---

biles viri secundum iussionem domni regis ad eo loco, quae dicitur
Emheringa Hitto episcopus, Anzo comis missus dominicalis et Liut-
paldus comis et alii multi lego doctores iudicia recta decernenda».
Weiterhin: «Anzo missus domni regis».   Datiert wird nach Jahren des
Kaisers (828).

[1] In diese Zeit möchte ich die Abfassung der Formulae S. Emme-
rami setzen, wo wir Sendboten des Kaisers während der Herrschaft seines
Sohnes über Baiern antreffen, MG. Formulae p. 463: «Cum resedissent
viri inlustres illi missi domni imperatoris ... excellentissimi regis in
illa civitate ex permisso ipsius domni Hludowici ad ...».   Vgl.
Brunner, Rechtsgeschichte II, 192 Anm. 19; ob seine Ergänzung des Textes
aber zutreffend, scheint mir zweifelhaft.   Missi des Kaisers erscheinen
auch MG. Formulae p. 468 (cap. 31 und 33).

[2] Meichelbeck, H. F. I b, no 559 (p. 293).   Unter den Zeugen wird
an erster Stelle genannt: «Timo palacii comes».   Vgl. l. c. p. 38 ff. ein
Gedicht auf «Thimo comes missusque».

[3] Monumenta Boica XXXI a, no 24 (p. 58) vom 6. Oktober 830:
«Gozbaldus sacri palacii nostri summus capellanus», vgl. aber unten
S. 122 Anm. 3.

[4] Ann. regni Francor. a. 826, p. 168: «... ut ... terminorum
definitio fieret vel, si hoc non placeret, suos quisque terminos sine
pacis foedere tueretur».

Sorge für den Schutz der Marken und die Leitung der kriege=
rischen Unternehmungen gegen die Feinde an ihren Grenzen.
Dementsprechend finden wir auf den fränkischen Reichsversamm=
lungen bairische Markgrafen anwesend, um dem Kaiser über
die ihnen anvertrauten Grenzgebiete Bericht zu erstatten[1], zu=
gleich ein Beweis für den politischen Zusammenhang Baierns
mit dem Hauptreich. Den Oberbefehl gegen die feindlichen
Völkerschaften im Osten hatte zunächst Herzog Balbrich von
Friaul inne. Als er aber im Jahre 828 wegen Untüchtigkeit
seines Amtes entsetzt wurde[2], erhielt Ludwig die Führung des
Krieges übertragen und wurde mit einem Heere gegen die
Bulgaren gesandt[3], die damals den Franken viel zu schaffen
machten. Die Abhängigkeit des Baiernkönigs, die sich in diesem
Mangel an Kompetenz in den auswärtigen Angelegenheiten aus=
spricht, offenbart sich sodann vor allen Dingen in der Ver=
pflichtung, alljährlich, wohl auf besonderen Befehl des Kaisers,
zu den großen Reichsversammlungen im Frankenreich zu er=
scheinen.[4]

[1] Ann. regni Francor. a. 826, p. 170: «Baldricus vero et Geroldus comites ac Pannonici limitis praefecti in eodem conventu ad-
fuerunt et adhuc de motu Bulgarorum adversum nos nihil se sentire
posse testati sunt». Über Gerold (II.) vgl. Dümmler, Südöstliche Marken,
Archiv für Kunde österr. Geschichtsquellen X, 19.

[2] Ann. regni Francor. a. 828, p. 174. Sein ausgedehnter Grenz-
bezirk wurde in vier Grafschaften geteilt. Jetzt erst traten wahrscheinlich
Kärnten und Unterpannonien, die bisher dem Markgrafen von Friaul
unterstellt waren, in den bairischen Landesverband ein. Vgl. Ann. regni
Francor. a. 819, 826 (p. 151, 159) und Dümmler, O. R. I, 37. — Im
Jahre 831 ist der jüngere Ludwig im Besitz von Kärnten, vgl. BM. 1343.

[3] Ann. Fuld. a. 828, p. 25: «Hlotharius cum exercitu ad marcam Hispanicam missus est, similiter et Illudowicus iuvenis contra
Bulgaros».

[4] Es kann als sicher gelten, daß Ludwig auf dem Aachener Reichstag vom Februar 828 anwesend war, da er in BM. 850 vom 22. März
(noch in Aachen von beiden Kaisern ausgestellt) als Intervenient erscheint,

Eine Steigerung der Rechte Ludwigs scheint dann im Jahre 830 eingetreten zu sein, denn seit dem Oktober dieses Jahres liegen uns Diplome von ihm vor. Ludwig hatte sich bei Gelegenheit der ersten Empörung der Söhne große Verdienste um die Wiederherstellung der Herrschaft des Vaters erworben, und es ist als wahrscheinlich anzusehen, daß ihm in Anerkennung derselben das Recht der Urkundenausfertigung eingeräumt wurde, das er fortan für sein bairisches Reich ausschließlich geübt hat.[1] Er führt in seinen Diplomen den Titel «Hludowicus divina largiente (favente) gratia (clementia) rex Baioariorum». In der Datumzeile kommt die Abhängigkeit vom Vater in der üblichen Weise dadurch zum Ausdruck, daß die Regierungsjahre desselben den eigenen vorgesetzt werden.[2] Wir finden im Kanzleiwesen Ludwigs die Neuerung eingeführt, daß der Erzkaplan des Palastes zugleich als Kanzler an der Spitze der Kanzlei steht. Beide Ämter bekleidete zuerst Abt Gozbald von Niederaltaich[3] von 830—833. Daß Ludwigs

---

wenngleich er nach Meichelbeck, H. F. Ib, no 524 (p. 275), zur Zeit der Ausstellung bereits wieder in Baiern war; er hatte sich damals ein ganzes Jahr im Frankenreich aufgehalten, vgl. oben S. 118. Ludwig war außerdem anwesend zu Worms 829 (Thegani Vita c. 35, SS. II, 597[31]), zu Nimwegen 830 (Thegani Vita c. 37, SS. II, 598[6]), zu Aachen 831 (Ann. Bertin. p. 3 und Vita Hludowici c. 46, SS. II, 634[22]), zu Diedenhofen 831 (Thegani Vita c. 38, SS. II, 598[11]); im Jahre 832 wurde er nach Orléans zur Reichsversammlung befohlen (Ann. Bertin. p. 4). Für die späteren Jahre folgen die Belege unten S. 130.

[1] BM. 1340 ff.

[2] Vgl. Sickel, Beiträge zur Diplomatik I, Wiener Sitz.-Ber. 36, 347 ff.

[3] Die oben S. 120 Anm. 3 zitierte Urkunde Ludwigs des Deutschen vom 6. Oktober 830, in der Abt Gozbald als Erzkaplan erscheint, trägt die Rekognition: «Adalleodus diaconus ad vicem Gauzbaldi», welche sich bis 833 findet. Vgl. Sickel, Beiträge zur Diplomatik I, Wiener Sitz.-Ber. 36, 347. Weil jedoch Gozbalds Nachfolger im Kanzleramt, Grimold von Weißenburg (seit 833), nicht zugleich als Erzkaplan genannt wird und die dauernde Verbindung beider Ämter erst 854 eintrat,

Königtum seit Ende 830 erhöhtes Ansehen gewann, ergeben auch die Freisinger Urkunden[1], die seitdem neben den Regierungsjahren des Kaisers stets auch die des besonderen bairischen Herrschers zählen, und zwar nach der Epoche von 826.

Trotz dieser Erweiterung seiner Rechte aber fühlte der junge Ludwig sich keineswegs befriedigt. Als Lohn für seine Beihilfe zur Wiedereinsetzung des alten Kaisers hatte er eine beträchtliche Vergrößerung seines bairischen Reiches erhofft, wie es ihm der Vater während seiner Gefangenschaft durch den Mönch Guntbald hatte versprechen lassen.[2] Statt dessen hatte der Kaiser eine neue Reichsteilung zwischen seinen drei jüngsten Söhnen verfügt[3], die dem Baiernkönig lediglich die Anwartschaft auf mehrere Länder des Reichs nach dem Tode des Kaisers gab[4] und überhaupt völlig in der Luft schwebte durch die Bestimmung[5], daß der Anteil desjenigen Sohnes, der sich dem Vater am meisten gehorsam erweisen würde, auf Kosten der anderen Söhne sollte vergrößert werden können, eine Bestimmung, die offenkundig allein den Vorteil des jungen Karl bezweckte. Ganz besonders mußte es dabei seinen Ehrgeiz schmerzen, daß Alemannien, welches vor allem bei einer Ab-

---

nimmt Sickel (Wiener Sitz.-Ber. 39, 151 Anm. 1) und nach ihm Dümmler (O. R. II, 428 Anm. 1 und 434) in der ersterwähnten Urkunde einen Abschreibefehler (capellanus statt cancellarius) an, doch scheinen mir die Gründe keineswegs zwingend.

[1] Meichelbeck, H. F. I b, no 539 (gehört wohl ins Jahr 831; statt DCCCXXXI konnte leicht DCCCXXIX verschrieben werden; mit 831 läßt sich das fünfte Regierungsjahr des jüngeren Ludwig vereinbaren) und no 550 ff. (p. 284, 288 ff.).

[2] Nithardi histor. I, c. 3, p. 4.

[3] Regni divisio, Capit. II, no 194, p. 20 ff. Sie gehört wahrscheinlich in das Ende des Jahres 830 oder in den Anfang des Jahres 831. Vgl. oben S. 86 Anm. 1.

[4] l. c. p. 20 (post nostrum ab hac mortalitate discessum).

[5] l. c. cap. 13, p. 23²².

runbung seines Reiches in Frage kam, und dessen Besitz stets das nächste Ziel seines Strebens gewesen ist, wieder an Karl gefallen war.[1] Als nun Ende des Jahres 831 durch des Kaisers hartes Vorgehen gegen Pippin[2], den König von Aqui= tanien, sich immer deutlicher zeigte, daß es im Grunde auf eine Beschränkung der Söhne erster Ehe zugunsten des Schoß= kindes Karl abgesehen war, die auch ihm drohte, da hielt er den geeigneten Augenblick für gekommen, sich im voraus mit Gewalt ein ansehnliches Erbteil zu sichern, und bemächtigte sich zunächst Alemanniens[3], auf das es ihm vor allem ankam. Er war jedoch nicht imstande, seine Eroberung zu behaupten, son= dern sah sich genötigt, vor dem Heere des Kaisers eiligst den Rückzug nach Baiern anzutreten. In Augsburg unterwarf er sich dem Vater mit der eiblichen Versicherung künftigen Gehor= sams.[4] Es ist nicht unwahrscheinlich, daß er hier zur Strafe die Anwartschaft auf andere Reichsteile, die ihm 831 gegeben war, verlor und allein auf Baiern beschränkt wurde wie Lothar zuvor auf Italien.

Die Unzufriedenheit mit seiner Lage trieb jedoch den jungen Ludwig schon im folgenden Jahre im Anschluß an seine Brüder Lothar und Pippin zu abermaliger Erhebung.[5] Nach= dem vor ihrem gemeinsamen Angriff die Herrschaft des alten Kaisers zusammengebrochen war, einigten sie sich über eine Aufteilung des Reiches unter Ausschluß ihres Stiefbruders

---

[1] Regni divisio, Capit. II, 24[9]. Karl besaß das alemannische Herzogtum seit 829, vgl. unten S. 134.

[2] Ann. Bertin. a. 831, 832, p. 3—4. Vita Hludowici c. 46, SS. II, 634. Vgl. Simson, Ludwig d. Fr. II, 16 f.

[3] Ann. Bertin. a. 832, p. 4.

[4] Ann. Bertin. a. 832, p. 5: «Qui tamen iureiurando promisit, ne ultra talia perpetraret neque aliis ad hoc consentiret».

[5] Ann. Bertin. a. 833, p. 6.

Karl.[1] Sie wurde für Ludwig den Deutschen die Grundlage einer neuen Machtstellung, da ihm der Kaiser nach dem Sturze Lothars zur Belohnung für die tatkräftige Unterstützung bei der Wiederherstellung seiner Herrschaft die hier erhaltenen Länder beließ.[2] Seit dem Herbst 833 sehen wir den Baiern=könig auch im Besitze von Alemannien mit dem Elsaß, von Ostfranken, einschließlich der Gaue von Worms und Speier,

---

[1] Diese Teilung, die zweifellos stattfand, erwähnen nur der Astro-nomus (c. 48, SS. II, 636[22]: «Post haec autem iam populo iuramentis obstricto imperium inter fratres trina sectione partiuntur») und die Ann. Xantenses, SS. II, 225[36]: «Collatione autem eorum peracta, tri-pertitum est regnum Francorum».

[2] Ruodolfi Ann. Fuld. a. 838, p. 29: «Imperator vero mense Junio Noviomagi conventu generali habito consiliis quorundam ex primoribus Francorum adquiescens pacti conscriptione Hludowico filio suo regnum orientalium Francorum, quod prius cum favore eius tenuit, interdixit». Ebenso im Sinne der kaiserlichen Partei Ann. Bertin. a. 838, p. 15: «Hlodowicus ... habitaque secus quam oportuerat conflictatione verborum, quicquid ultra citraque Rhe-num paterni iuris usurpaverat, recipiente patre, amisit, Heli-satiam videlicet, Saxoniam, Toringiam, Austriam atque Alamanniam». Auch aus Ádonis contin. prima (SS. II, 324[28]) erfahren wir, daß Ludwig alle diese Gebiete vom Vater zugewiesen erhielt: «Ludovicus vero prae-ter Noricam quam habebat, tenuit regna quae pater suus illi dederat, id est Alamanniam, Thoringiam, Austrasiam, Saxoniam et Avarorum, id est Hunnorum, regnum». Vgl. Francorum regum histo-ria, SS. II, 324[23]. Im einzelnen läßt sich Ludwigs Herrschaft aus den Urkunden nachweisen, die er für diese Länder ausstellte. So für Aleman-nien: Privilegien für St. Gallen 833, für Grimald 835, für Kempten 837 (BM. 1353, 1357, 1364); für das Elsaß: Urkunde für Abt Sigimar von Murbach 835 (BM. 1356); für Ostfranken: Privilegien für Lorsch 834, Fulba 834 (BM. 1354, 1355. Eine heute verlorene Urkunde für Fulda wird außerdem erwähnt in BM. 989). Daß BM. 1359 nicht als Beweis dienen kann, da es sich um Eigengüter handelt, bemerkt schon Waitz, B.=G. IV, 678 Anm. 1. Für den Besitz des Speiergaus läßt sich anführen, daß der Abt des Klosters Weißenburg, Grimald, das Kanzler-amt am Hofe Ludwigs versah. Dann gehörte auch wohl, wie später seit 843, der Wormsgau zu seinem Reiche.

von Sachsen[1] und Thüringen, so daß nun zum ersten Male alle rechtsrheinischen deutschen Stämme mit Ausnahme der Friesen unter einer Herrschaft vereinigt waren. Abgesehen von der gewaltigen räumlichen Erweiterung seines Reiches erfuhr auch die Stellung Ludwigs infolge der zweiten Empörung der Söhne eine Veränderung dahin, daß sie von nun an einen wesentlich selbständigeren Charakter annahm. Dies lassen in erster Linie die Diplome des Königs erkennen. In ihnen fällt fortan jede Bezugnahme auf den Vater und seine Oberhoheit fort und wird allein nach den eigenen Jahren der nun beginnenden Regierung «in orientali Francia» gerechnet[2], mit einem Epochentag, der auf den 24. September 833 fällt. Da sich die Herrschaft Ludwigs jetzt nicht mehr auf Baiern allein beschränkte, so lautet sein Titel seitdem an Stelle von «rex Baioariorum» einfach «rex». Zugleich wurde auch die Invokationsformel geändert und ein neuer Kanzler an die Spitze der Kanzlei gestellt, Abt Grimald von Weißenburg.[3]

Im einzelnen ist jedoch ein Unterschied zwischen Ludwigs Stellung in seinem Kernland Baiern und in den übrigen seit 833 von ihm regierten Ländern zu bemerken. In Baiern und den zugehörigen Grenzgebieten scheint er fortan sowohl im

---

[1] Den in voriger Anmerkung aufgeführten Zeugnissen gegenüber bestreitet Wilmans (Kaiserurkunden der Prov. Westfalen I, 86 ff.) zu Unrecht, daß Sachsen zum Reiche des jüngeren Ludwig gehört habe, weil für dieses Land allein Privilegien des Kaisers vorlägen. Jedoch ist es sicherlich nur Zufall, daß wir keine Privilegien Ludwigs für Sachsen besitzen, wie er sie für die übrigen Länder ausgestellt hat. Ebensowenig kann als beweisend gelten, daß der Kaiser den Grafen Banzlaib als seinen Markgrafen in Sachsen bezeichnet. Vgl. unten S. 128 Anm. 6.

[2] Z. B. Wartmann, U.-B. von St. Gallen I, Nr. 344 (S. 318), erstes Diplom Ludwigs aus dieser Periode vom 19. Oktober 833: «Anno Christo propitio primo regni domni Hludowici regis in orientali Francia».

[3] Vgl. Sickel, Beiträge zur Diplomatik I, Wiener Sitz.-Ber. 36, 352.

Innern wie nach außen ein außerordentlich selbständiges Regi=
ment geführt zu haben.   Die gesamte urkundliche Überlieferung
für das bairische Reich knüpft an seinen Namen an.[1] Ferner
lagen nachweislich jetzt auch die äußeren Angelegenheiten, die
Deckung der Grenzen und die Leitung der kriegerischen Unter=
nehmungen im Osten, in der Hand des Baiernkönigs[2], während
wir nirgends mehr wahrnehmen[3], daß sich der Kaiser noch
irgendwie um diese Dinge kümmert.   Es ist sehr bezeichnend
für die hervorragende Stellung des jüngeren Ludwig, daß seit
dem Jahre 833 die Freisinger Privaturkunden im Gegensatz zu
früher meist allein nach den Regierungsjahren ihres besonderen
Königs datieren und nur in Ausnahmefällen die Jahre des
Kaisers hinzufügen.[4] So feste Wurzeln schlug Ludwigs Herr=
schaft in Baiern, daß weder der Vater noch die Brüder es jemals
versuchten, ihm den Besitz seines bairischen Reiches streitig zu
machen.

Dagegen war seine Stellung in den anderen ihm 833
zugefallenen Ländern augenscheinlich von geringerer Bedeutung.
Allerdings hatte er auch hier das Recht, jede Art von Privi=

<hr />

[1] BM. 1358, 1360—1363, 1365.

[2] De conversione Bagoariorum et Carantanorum libellue c. 10,
SS. XI, 11[27]: «Illoque tempore Hludowicus rex Bagoariorum misit
Ratbodum cum exercitu multo ad exterminandum Ratimarum ducem».
Auctarium Garstense 838, SS. IX., 564[38]: «Exercitus Baioariorum
contra Ratimarum colligitur». Vgl. Ann. S. Rudberti Salisburgenses,
SS. IX, 770[8]. Kontingente aus dem übrigen Reiche erscheinen fortan in
diesen östlichen Kämpfen nicht mehr.

[3] Namentlich nicht mehr wie früher auf den Reichstagen.

[4] Meichelbeck, H. F. I b, no 561—608 (p. 294—312); für Nr. 561,
593, 598 vgl. Hundt, Die Urkunden des Bistums Freising, Abh. der bair.
Akad. b. Wiss. XIII, 101 Anm. 36 und S. 106. Von dieser großen An=
zahl Urkunden zählen nur vier auch nach den Jahren des Kaisers (Nr. 576,
588, 596, 607).

legien zu erteilen, wie seine Diplome beweisen.[1] Auch müssen
wir im Gegensatz zu Sickel[2] durchaus annehmen, daß er als
rechtmäßiger Herrscher anerkannt wurde, weil ihm von den be-
deutendsten Abteien dieser Gebiete Privilegien des alten Kaisers,
darunter Immunitäten und solche über freie Abtwahl, zur Bestätigung vorgelegt wurden.[3] Die Anerkennung seiner Herrschaft
erhellt ferner daraus, daß ihm die deutschen Stämme, selbst
gegen seinen Vater, Heeresfolge leisteten, denn wir erfahren,
daß sich in seinem Heere im Jahre 838/39 sowohl alemannische
wie austrasische und thüringische Scharen befanden.[4] Aber
Ludwig übte in diesen Ländern jene Rechte keineswegs ausschließlich aus, sondern mußte sie mit dem Vater teilen, auf
den sogar der größere Teil der uns überlieferten Diplome
kommt.[5] Der Kaiser hatte sich hier augenscheinlich die Ausübung aller Hoheitsrechte in bedeutendem Umfange vorbehalten.[6]
Es ist daher auch sehr erklärlich, wenn in dem größten Teile
der genannten Gebiete die Hauptgruppe der Urkundenempfänger,
die Klöster, in ihren Privaturkunden nur nach seinen Regierungsjahren datieren[7], zumal wenn man berücksichtigt, daß ihn

---

[1] BM. 1353—1357, 1359, 1364. Ein weiteres Diplom für Fulda
ergibt sich aus BM. 989.

[2] Beiträge zur Diplomatik I, Wiener Sitz.-Ber. 36, 348 Anm. 2.

[3] BM. 1353, 1355, 1357, abgedruckt bei Wartmann, U.-B. von
St. Gallen I, 318; Dronke, Codex diplom. Fuldensis p. 214 (no 344);
Wirtemberg. Urkundenbuch (Stuttgart 1849 ff.) I, 109 (Nr. 95).

[4] Ann. Bertin. a. 839, p. 17: «... deficientibus quos ex Haustra-
siis, Thoringiis atque Alamannis illexerat secumque adduxerat». Der
Ausdruck illexerat entspringt der tendenziösen Färbung der Annalen.

[5] BM. 927, 929, 935, 952, 954, 964, 971, 977, 978.

[6] So wird in dieser Zeit auch ein gewisser Banzlaib als Markgraf
des Kaisers in Sachsen genannt, Bouquet VI, 617 (no 222): «Banzlaibus
comes et Saxoniae patriae marchio noster».

[7] So in Fulda, Lorsch und Weißenburg: Dronke, Codex diplom.
Fuldensis no 485 ff.; Zeuß, Traditiones possessionesque Wizenbur-
genses (Speier 1842) no 158, 166; Codex diplom. Laureshamensis ed.

seine Eigenschaft als Oberlehnsherr und Kaiser ohnehin in den Vordergrund treten ließ.[1] Jedenfalls wird man daraus nicht mit Sickel[2] schließen dürfen, daß der jüngere Ludwig hier nicht volle Anerkennung fand, datieren doch auch im Reiche Pippins, in Aquitanien, die Privaturkunden größtenteils nach den Jahren des Kaisers.[3]

Nur in Alemannien, das seinem Machtzentrum am nächsten lag, scheint das Ansehen Ludwigs des Deutschen fester begründet gewesen zu sein, wie wenigstens die alemannischen Urkunden glauben machen. In ihnen wird unmittelbar nach dem Zusammenbruch der Herrschaft des alten Kaisers im Jahre 833 der Lage der Dinge entsprechend nur nach den Regierungsjahren des Baiernkönigs gerechnet, während mit dem wieder steigenden Ansehen des ersteren die Datierung im allgemeinen nach den Jahren beider Herrscher erfolgt.[4] Der jüngere Ludwig wird in diesen Urkunden rex Alamannorum oder rex (noster) in Alemannia genannt, wohl deshalb, weil man das Herzogtum seit seiner Vergabung an Karl (den Kahlen) im Jahre 829 als ein vom übrigen Reichskörper gesondertes Land ansah.

Konnte in den Diplomen Ludwigs des Deutschen das Fehlen jeder Bezugnahme auf den Kaiser den Anschein erwecken, daß er seit 833 eine völlig unabhängige Regierung geführt habe, so zeigt doch schon die im wesentlichen aus dem urkundlichen Material gewonnene Darlegung der Verhältnisse in

---

Academia Theodoro-Palatina (Mannheim 1768) I no 271, 739, 811, II no 1270, 2621, 2784, 2804, III no 3116, 3474 (vgl. Vorrede).

[1] Namentlich die deutschen Stämme bewahrten dem alten Kaiser stets Pietät und Treue, vgl. Dümmler, O. R. I, 59.

[2] Beiträge zur Diplomatik I, Wiener Sitz.-Ber. 36, 348 Anm. 2.

[3] Vgl. oben S. 113 Anm. 1.

[4] Wartmann, U.-B. von St. Gallen I, Nr. 345—377. Vgl. die Bemerkungen Wartmanns S. 320. Neugart, Codex dipl. Alemanniae et Burgundiae Transjuranae (St. Blasien 1791) I, 215 (no 257).

Ludwigs Nebenländern, daß von einer solchen nicht die Rede
sein kann, wenn auch zugegeben werden muß, daß sich eine
unmittelbare Einwirkung des Kaisers auf das Kernland Baiern
nicht mehr nachweisen läßt. Aber auch aus der sonstigen Über=
lieferung erkennen wir, daß seine Oberhoheit, die das Hausge=
setz von 817 ausdrücklich betonte[1], nach 833 keineswegs erlosch.
So hat Ludwig die dem Vater als seinem Lehnsherrn schuldige
Pflicht der Treue und des Gehorsams nach dem Mißlingen
seiner Empörungen von 832 und 838 aufs neue anerkannt[2]
und auch dadurch wieder deutlich zum Ausdruck gebracht, daß
er Anfang 838 feierlich beschwor, daß auf seiner kurz zuvor
mit Lothar abgehaltenen Zusammenkunft nichts vereinbart
wäre, was der Treue gegen den Vater und dessen Rechten
zuwiderliefe.[3]

Seine Abhängigkeit spricht sich weiter namentlich darin
aus, daß er nach wie vor verpflichtet war, auf Befehl des
Vaters, zum Teil sogar in Begleitung seines Vasallenaufgebots,
auf den fränkischen Reichsversammlungen zu erscheinen[4], wo er
sich auch wegen seiner Handlungen vor Kaiser und Reich zu

---

[1] Ordinatio imperii, Capit. I, 271[17]. Vgl. auch divisio imperii
von 831, l. c. II, 23[26].

[2] Ann. Bertin. a. 832, p. 5: «Qui tamen iureiurando promisit, ne
ultra talia perpetraret neque aliis ad hoc consentiret.» Vgl. Ann.
Xantenses, SS. II, 225[27]. — Vita Hludowici c. 61, SS. II, 645[10]: «Quo
coacto usque Bodomiam perrexit, ibique filius quamquam invitus
subplex venit, et increpatus ab eo, male se egisse confessus, emen-
daturumque se perperam gesta professus est.»

[3] Ann. Bertin. a. 838, p. 15: «... tandem sacramento cum sibi
maxime credulis, nihil fidelitati patris atque honori adversum illo
colloquio meditatum firmavit.»

[4] Er war anwesend zu St. Denis 834 (Ann. Bertin. p. 8), zu Crémieux 835 (Thegani Vita c. 57, SS. II, 603[2]), zu Worms 836 (Thegani
Vitae contin., SS. II, 603[23]: «cum exercitu»), zu Aachen 837 (Ann.
Bertin. p. 14), zu Nimwegen 838 (Dronke, Cod. dipl. Fuldensis p. 226,
no 513).

verantworten hatte.[1] Die Rückkehr von diesen Versammlungen
war jedesmal an die Genehmigung des Vaters geknüpft.[2]
Wenn wir endlich erfahren, daß dieser 837 auf dem Reichstage
zu Diedenhofen seine Absicht ankündigte, mit gesamter Heeresmacht und in Begleitung seiner Söhne Pippin und Ludwig
nach Italien zu ziehen[3], so kann es kaum zweifelhaft sein, daß
auch Kontingente ihrer Reiche an dem Zuge teilnehmen sollten,
und daß wir infolgedessen dem Kaiser eine oberste Heergewalt
in denselben zuschreiben dürfen.

Das Verhältnis zwischen dem Kaiser und seinem gleichnamigen Sohn war jedoch offenbar ein wenig glückliches. Trotz
der Verdienste Ludwigs um die Wiedereinsetzung des Vaters
und der ihm dafür zuteil gewordenen Belohnung mit der
großen rechtsrheinischen Ländermasse bestand zwischen dem
Baiernkönig und dem kaiserlichen Hofe eine Spannung, weil
nicht so sehr sein freier Wille den Kaiser bestimmt hatte, seinem
Sohne alle jene Gebiete zu überlassen, die ihm zuvor in der
Teilung der Brüder zugefallen waren, als vielmehr der Druck
der Verhältnisse. Da damit die Aussichten Karls auf ein
großes Reich ganz wesentlich ungünstiger wurden, so betrachteten
Judith und ihr Gemahl die mächtige Stellung des Baiernkönigs
mit Ingrimm und sehnten eine Gelegenheit herbei, ihn seiner
Länder wieder zu berauben, während die fortgesetzten Ausstattungspläne zugunsten Karls und die wechselvolle Haltung des

---

[1] Ann. Bertin. a. 838, p. 15: «... iubente patre advenit, sub-
tiliterque discussus ...»

[2] Ann. Bertin. a. 831, p. 3: «Hludowicum in Baioariam ire permisit», vgl. Vita Hludowici c. 46, SS. II, 634 [22]. Ann. Bertin. a. 832,
p. 5: «... peracto itaque placito, filium suum cum pace Baioariam
redire permisit.» Ferner l. c. p. 8, 10, 15.

[3] Thegani Vitae contin., SS. II, 604 [1]: «Anno vero 24. praenunciavit imperator, ut cum omni exercitu voluisset ire Romam cum
filiis suis Pippino et Hludowico ...»

alten Kaisers in der Verfolgung seines Zieles den jüngeren
Ludwig mit Besorgnis und Mißtrauen erfüllen mußten. Die
wahre Gesinnung und die wahren Absichten des Kaiserhofes
treten uns an einer Stelle der offiziösen westfränkischen Reichs=
annalen[1] und ebenso in einer Urkunde des Kaisers für Fulba[2]
entgegen, wo die Herrschaft Ludwigs des Deutschen über Ost=
franken direkt als eine unrechtmäßige, usurpierte bezeichnet wird.

In diesen Bestrebungen zugunsten Karls haben wir den
eigentlichen Grund des harten Verfahrens zu suchen, das der
Kaiser im Jahre 838 anläßlich der Unterredung Ludwigs mit
Lothar gegen ersteren einschlug.[3] Der Vorwurf des Treubruchs,
den Ludwig vergeblich durch einen Reinigungseid zu entkräften
sich bemühte, bot einen sehr geeigneten Vorwand, ihn wieder
auf Baiern zu beschränken.[4] Ludwig war jedoch nicht gesonnen,
dieser Verfügung, die im wesentlichen bösem Willen und der
Mißgunst entsprang[5], zu gehorchen und seine Erwerbungen

---

[1] Ann. Bertin. a. 838, p. 15: «. . . quicquid ultra citraque Renum
paterni iuris usurpaverat, recipiente patre, amisit (sc. Hludowicus).»
Vgl. dagegen die Ludwig d. D. günstige Darstellung in Ruodolfi Ann.
Fuld. a. 838, p. 29: «quod prius cum favore eius tenuit . . .»

[2] Dronke, Codex diplom. Fuldensis p. 231 (no 524): «Idcirco
notum esse volumus . . . quia Rabanus venerabilis abbas Fuldensis
monasterii fratresque eius coenobii nostram adeuntes clementiam
retulerat quod filius noster Ludowicus quasdam res nostrae proprie-
tatis duas scilicet villas . . . memorato monasterio per suam tradi-
disset conscriptionem, sed quia eandem traditionem inutilem et
irrationabilem perspexerat eo quod filius noster isdem Ludowicus indebitam potestatem id faciendi sibi usurpasset,
saniori consilio pertractantes easdem res nostro liberalitatis munere
ad idem monasterium delegandas esse maluerunt.»

[3] Ann. Bertin. a. 838, p. 15.

[4] Ann. Fuld. a. 838, p. 29.   Ann. Bertin. p. 15.

[5] Ann. Fuld. p. 29: «Ille autem intellegens ex invidia consilian-
tium talem prodisse sententiam . . .» Vgl. dazu Nithardi histor. I,
c. 6, p. 9: «. . . mater ac primores populi qui in voluntate patris pro
Karolo laboraverant . . .»

freiwillig herauszugeben. Aber sein Versuch, die Rheinlinie mit Waffengewalt zu behaupten, scheiterte; die fränkischen, thüringischen und alemannischen Scharen, die sich ihm angeschlossen hatten, fielen von ihm ab, und wiederum wie vor Jahren sah er sich genötigt, den Rückzug nach Baiern anzutreten. Nach dem freilich angefochtenen[1] Berichte des Astronomus[2] unterwarf er sich auf der Pfalz Bodman am Bodensee dem Vater von neuem. Während nun dieser die Regierung über die deutschen Völkerschaften mit Ausnahme der Baiern wieder unmittelbar und ausschließlich in die eigene Hand nahm und seine Herrschaft hier zu befestigen suchte[3], mußte sich Ludwig, grollend und bereits im Winter dieses Jahres abermals in Alemannien und Ostfranken einfallend[4], mit Baiern begnügen, bis ihm der Tod des Vaters[5] Gelegenheit gab, seine Ansprüche mit Waffengewalt den Brüdern gegenüber zur Geltung zu bringen.

6. Neustrien unter Karl dem Kahlen (838—840).

Am 13. Juni 823 wurde Ludwig dem Frommen von seiner zweiten Gemahlin Judith zu Frankfurt ein vierter Sohn geboren[6], der nach seinem Großvater den Namen Karl erhielt. Es war ein Ereignis, welches für das gesamte Reich und seinen

---

[1] Simson, Ludwig d. Fr. II, 199 Anm. 4, bestreitet diese persönliche Unterwerfung, weil nur der Astronomus sie verzeichne, der hier die Ereignisse von 832 mit denen von 839 verwechsele.

[2] Vita Hludowici c. 61, SS. II, 645[10].

[3] Ann. Bertin. a. 839, p. 17: «Ubi aliquot diebus perendinens, marcas populosque Germanicos disponere suaeque fidei artius subiugare non distulit.» Vgl. l. c. p. 22.

[4] Vgl. zu den genannten Quellen Dümmler, O. R. I, 135 f.

[5] 20. Juni 840.

[6] Ann. Weissemburgenses a. 823, SS. I, 111: «Id. Jun. natus est Karolus filius Judith.» Vgl. Simson, Ludwig d. Fr. I, 198.

Beherrscher die unseligsten Folgen zeitigen sollte.[1] Denn während das feierlich beschworene Hausgesetz von 817 diesen nachgeborenen Sohn rechtlos machte[2], war die Mutter mit aller Leidenschaft, der sie fähig war, bestrebt, ihm um jeden Preis einen Teil des Reiches zuzuwenden. Es gelang ihr, den schwachen Kaiser gänzlich ihrem Einfluß zu unterwerfen und für ihre Pläne zu gewinnen, welche bald auf die völlige Umstoßung der neuen Thronfolgeordnung abzielten und dadurch unaufhörlichen Kampf und Haber heraufbeschworen.

Den Anfang dieser unheilvollen Entwicklung bildete die Übertragung des Herzogtums Alemannien an Karl mit Einschluß des Elsasses, Rätiens und eines Teiles von Burgund, die auf dem Wormser Reichstag des Jahres 829 durch kaiserliche Verordnung ohne Befragung der versammelten Großen erfolgte und bei den übrigen Söhnen sogleich böses Blut machte.[3] Es mußte ihnen als ausgemacht gelten, daß diese Länder nur den Keim für ein allmählich zu bildendes größeres Reich darstellten. Daß als Kern desselben gerade das Gebiet des alemannischen Stammes ausgewählt wurde, hatte, wie Stälin[4] einleuchtend vermutet, wohl seinen Grund darin, daß

---

[1] Vgl. oben S. 72 f.

[2] Vgl. oben S. 65 Anm. 2 und 67 Anm. 4.

[3] Nithardi histor. I, c. 3, p. 3: «Per idem tempus Karolo Alemannia per edictum traditur.» Ann. Xantenses a. 829, SS. II, 225[16]: «Mense Augusto Vangionensium civitate erat conventus magnus episcoporum. Et ibi tradidit imperator Karolo filio suo regnum Alisacinsae et Coriae et partem Burgundiae.» Thegani Vita c. 35, SS. II, 597[31]: «Alio anno venit Wormatiam, ubi et Karolo filio suo, qui erat ex Judith augusta natus, terram Alamannicam et Redicam et partem aliquam Burgundiae coram filiis suis Hlothario et aequivoco suo tradidit et illi indignati sunt una cum Pippino germano eorum.» Ann. Weissemburgenses, SS. I, 111; Ann. Bertin. a. 832, p. 4.

[4] Wirtemberg. Geschichte (Stuttgart und Tübingen 1841 ff.) I, 250 f.; ihm folgt Dümmler, O. R. I, 51.

ihm das Geschlecht der Kaiserin, die Welfen entstammte und hier reich begütert war, was für die nachmalige Herrschaft des jungen Karl eine erwünschte Stütze sein mußte. Für den Augenblick konnte von einer Regierung oder auch nur einer Teilnahme an derselben von seiten Karls bei seinem Alter von 6 Jahren keine Rede sein, aber man machte ihn wenigstens mit dem Schwabenland und seinen Bewohnern als ihren künftigen Herrn bekannt, denn es ist uns ein Gedicht der Reichenauer Mönche erhalten[1], in dem sie ihn gelegentlich eines Besuches im Lande verherrlichen. Auch handelte es sich bei dieser Verleihung noch keineswegs um die Übertragung einer Königsherrschaft[2], sondern man begnügte sich vorläufig damit, Karl den herzoglichen Titel beizulegen.[3] Wenn gleichwohl einzelne St. Galler Urkunden[4] ihn mit «rex» bezeichnen und neben den Jahren des Vaters auch nach den seinigen datieren, so ist das als eine Ungenauigkeit und Schmeichelei für den Liebling des Hofes aufzufassen.

Karls Aussichten auf den Besitz eines bedeutenden Reiches stiegen dann rasch, indem er schon nach der ersten Empörung seiner Stiefbrüder in der Teilung von 830/31, welche die Reichseinheit völlig preisgab[5], die Anwartschaft auf ein ausgedehntes dem alemannischen Herzogtum angegliedertes Reich erhielt, und ihm 832 nach der Absetzung Pippins auch Aquitanien übertragen wurde[6], wo ihm diejenigen Großen des

---

[1] Poet. II, 406.

[2] Die Königswürde wurde Karl erst im Jahre 838 bei seiner Wehrhaftmachung verliehen.

[3] Ann. Weissemburgenses a. 829, SS. I, 111: «Karolus ordinatus est dux super Alisatiam, Alamanniam et Riciam.»

[4] Wartmann, U.-B. von St. Gallen I, Nr. 330, 337, 343 aus den Jahren 830, 831 und 833 (März); rex wird er nur in Nr. 330 genannt.

[5] Divisio imperii, Capit. II, 20 ff. Vgl. oben S. 86.

[6] Nithardi histor. I, c. 4, p. 5: «Per idem tempus Aquitania Pippino dempta Karolo datur, et in eius obsequio primatus populi, qui

Landes, welche die Partei des Kaisers ergriffen hatten, sogleich den Treueid leisten mußten. Doch zerrannen diese Aussichten in nichts; denn infolge der zweiten großen Empörung der drei älteren Brüder gelangten jene Verleihungen nicht nur nicht zur Verwirklichung, sondern Karl verlor 834 sein alemannisches Herzogtum noch dazu, das mit anderen deutschen Ländern in den Besitz des jüngeren Ludwig überging[1], während Pippin Aquitanien zurückerhielt.[2]

Für diese Einbußen einen Ersatz zu schaffen, war fortan das eifrigste Bestreben Ludwigs und seiner Gemahlin. Nach Ablauf dreier Jahre glaubte man ohne Gefahr für den Frieden im Reiche den Schritt tun zu können[3] und übertrug dem jetzt vierzehnjährigen jüngsten Sohne Ende 837 zu Aachen unter Zustimmung der Reichsversammlung ein sehr ansehnliches Reich. Nach den übereinstimmenden Berichten des Nithard und der Reichsannalen[4] umfaßte es ganz Friesland, fast das ganze heutige Holland und Belgien, dann alle Gebiete zwischen der mittleren Maas einerseits und der Seine und dem Meere andrerseits, dazu das nördliche Burgund und einige Grafschaften südlich der mittleren Seine. Aber auch diese Übertragung

---

cum patre sentiebat iurat.» Der Astronomus spricht hier von einer neuen Teilung des Reiches zwischen Lothar und Karl, SS. II, 635[11]: «Et tunc quidem imperator inter filios suos Hlotharium atque Karolum quandam divisionem regni constituit; quae tamen, ingruentibus impedimentis quae dicenda sunt, pro voto minime cessit.» Es handelte sich auch hier offenbar um eine Anweisung für die Zukunft.

[1] Vgl. oben S. 125.

[2] Ann. Bertin. a. 834, p. 8: «Pippinum et reliquum populum domum redire permisit.» Vgl. oben S. 112.

[3] Nithardi histor. I, c. 6, p. 8: «Videns autem, quod populus nullo modo diebus vitae suae illum relinquere, uti consueverat, vellet, conventu Aquis hieme indicto, portionem regni his terminis notatam Karolo dedit.»

[4] Nithardus l. c.; Ann. Bertin. a. 837, p. 14.

müssen wir im Gegensatz zu Dümmler[1] und Simson[2] lediglich als eine Anweisung für die Zukunft betrachten und haben kein Recht, aus den Worten des Berichts: «omnes videlicet episcopatus, abbatias, comitatus, fiscos» usw. zu schließen, daß Karl schon jetzt über alle königlichen Rechte hier habe verfügen sollen. Die Worte der Quelle bezeichnen nur die verschiedenen Arten der innerhalb eines Reiches bestehenden Herrschaftsgebiete und sollen die Verleihung desselben in seinem ganzen Umfang zum Ausdruck bringen. Dieser Auffassung entspricht es auch durchaus, wenn der Reichsannalist erst zum folgenden Jahre nachdrücklich hervorhebt[3]: «Karolo . . . pars Niustriae ad praesens data est». Außerdem erklärt ja der Astronomus geradezu, daß diese Vergabung nicht zur Ausführung gelangte.[4] Eine königliche Stellung kann Karl schon deshalb hier nicht eingenommen haben, weil er erst im folgenden Jahre zum König erhoben wurde. Nur mußten bereits 837 die Großen des ihm zugewiesenen Reiches auf Befehl des Kaisers ihm huldigen und Treue schwören[5], um sie gegen alle Anfeindungen fest mit ihm zu verknüpfen.

Einen wichtigen Einschnitt im Leben des jungen Karl bezeichnet dagegen der Reichstag zu Kiersy im September des

---

[1] O. R. I, 125.

[2] Ludwig d. Fr. II, 173.

[3] Ann. Bertin. a. 838, p. 15.

[4] Vita Hludowici c. 59, SS. II, 643[34]: «Praeterea insistente Augusta et ministris palatinis, quandam partem imperii imperator filio suo dilectissimo Karolo Aquis tradidit; sed quia inefficiosa remansit, a nobis quoque silentio premitur.»

[5] Ann. Bertin. a. 837, p. 15: «Sicque iubente imperatore in sui praesentia episcopi, abbates, comites et vassalli dominici in memoratis locis beneficia habentes Karolo se commendaverunt et fidelitatem sacramento firmaverunt.» Nithard (histor. I, c. 6, p. 8) führt mit Namen den Abt Hilduin von St. Denis und den Grafen Gerhard von Paris an.

Jahres 838. Da er inzwischen das nach ripuarischem Recht
zur Volljährigkeit erforderte Alter von 15 Jahren erreicht hatte,
umgürtete ihn der Kaiser hier zum Zeichen der Wehrhaftmachung
mit dem Schwert und krönte ihn darauf zum Könige.[1] Gleich=
zeitig wurde ihm hier ein Teil Neustriens neu zugewiesen, das
Herzogtum Maine und die Küstengebiete zwischen den Mün=
dungen der Seine und Loire, und zwar zur sofortigen Über=
nahme der Verwaltung.[2] Nach Schluß des Reichstags sandte
ihn der Kaiser in sein Reich, wo er Huldigung und Treueid
entgegennahm.[3] Lediglich in den genannten neustrischen Gebieten
hat also seit dem Herbst des Jahres 838 Karl, wenigstens dem
Namen nach, eine unterkönigliche Stellung eingenommen. An
einen nennenswerten Einfluß des jungen Königs in dem ihm
überwiesenen Reiche kann wohl kaum gedacht werden, auch scheint
er hier nicht ständigen Aufenthalt genommen, sondern sich stets
in der Begleitung seines Vaters befunden zu haben.[4] Man

---

[1] Vita Hludowici c. 59, SS. II, 643 [41]: «Ubi domnus imperator filium
suum Karolum armis virilibus, id est ense, cinxit, corona regali caput
insignivit, partemque regni quam homonimus eius Karolus habuit,
id est Neustriam, attribuit.» Nithardi histor. I, c. 6, p. 9: «... praefato Karolo arma et coronam necnon et quandam portionem regni
inter Sequanam et Ligerem dedit.» Ann. Bertin., cf. nächste Note.

[2] Ann. Bertin. a. 838, p. 15: «Quo Pippino paternis obsequiis
assistente atque favente, fratri Karolo, tunc cingulo insignito, pars
Niustriae ad praesens data est, ducatus videlicet Cenomannicus
omnisque occidua Galliae ora intra Legerim et Sequanam constituta.»

[3] Nithardi histor. I, c. 6, p. 9: «Karolum vero in partem regni
quam illi dederat, direxit. Quo veniens, omnes hos fines inhabitan-
tes ad illum venerunt, et fidem sacramento commendati eidem firmaverunt.» Ann. Bertin. p. 16; Vita Hludowici c. 59, SS. II, 644 [3].

[4] Wir erfahren Ann. Bertin. a. 838, p. 16, daß er sogleich nach
Entgegennahme der Huldigung zum Vater zurückkehrte («Attiniacum per-
veniens, Karolum redeuntem suscepit»). Ebenso befand er sich 839 zu
Worms (im Juni), zu Chalons (im September) und während des aquitanischen Feldzuges am kaiserlichen Hofe. Im Jahre 840 blieb er mit
der Mutter in Aquitanien, während der Kaiser gegen den jüngeren Lud-

mag überhaupt mit der Inthronisation Karls wesentlich den Zweck verfolgt haben, ihn schon zu Lebzeiten des Kaisers seinen Stiefbrüdern ebenbürtig an die Seite zu stellen.   Irgendwelche Zeugnisse einer Regierungstätigkeit vor dem Tode Ludwigs des Frommen sind uns von ihm nicht überliefert.

Die letzte, nach dem Tode Pippins von Aquitanien im Jahre 839 vom Kaiser vorgenommene Reichsteilung[1] zwischen Lothar und Karl, die diesem namentlich noch die Anwartschaft auf Aquitanien gab, war für den Augenblick ohne praktische Bedeutung.[2]

C. Das Unterkönigtum unter den Söhnen Ludwigs des Frommen.

------

1. Italien unter Ludwig II. (840—855).

Ludwig II. war der älteste Sohn Kaiser Lothars I. und seiner Gemahlin Irmengard.   Über Ort und Zeit seiner Geburt ist uns nichts überliefert; wir wissen nur, daß die Ehe seiner Eltern im Jahre 821 geschlossen wurde.[3]   Die erste Nachricht, die wir über ihn besitzen, ist diejenige der Reichsannalen[4] vom Jahre 844, wonach er von seinem Vater nach Rom gesandt und hier von Papst Sergius zum König der Langobarden

------

wig zu Felde zog. Vita Hludowici c. 60, 61, 62, SS. II, 644 und 646. Ann. Bertin. a. 839 und 840, p. 23 und 24. Nithardi hist. I, c. 7 und 8, p. 11 und 12. Ann. Fuld. a. 839, p. 30.

[1] Ann. Bertin. a. 839, p. 20 f.

[2] Sie gab lediglich eine Anwartschaft für die Zukunft, Ann. Bertin. p. 21: «. . . ea conditione, ut viventi fideliter obsequentes, eo decedente memoratis portionibus potirentur.»

[3] Ann. regni Francor. a. 821, p. 156.

[4] Ann. Bertin. p. 30.

gesalbt und gekrönt wurde. Man hat deshalb angenommen[1], daß dieses Jahr den Anfang seiner Regierung als Unterkönig in Italien bezeichne. Doch muß derselbe schon in eine frühere Zeit gesetzt werden. Dafür läßt sich in erster Linie geltend machen, daß in einer Anzahl italischer Urkunden[2] Ludwig bereits vor 844 als rex erscheint und seine Regierungsjahre neben denen des Vaters zur Datierung verwandt werden, und zwar mit einer Epoche von 840. Diese Urkunden stammen aus den Jahren 841—843, die früheste ist am 18. Juni 841 ausgestellt. Sodann kommt hinzu, daß in einer derselben, einem Placitum eines Königsboten Lothars, ein „Kaplan König Ludwigs“, der Diakon Benediktus, als Zeuge auftritt[3], wodurch auch die Anwesenheit des Fürsten in Italien zu dieser Zeit gesichert sein dürfte. Außerdem wird auch im Liber Pontificalis, in der Vita Sergii II., Ludwig schon vor seiner Krönung

---

[1] Parisot, Lorraine p. 69; Dümmler, O. R. I, 249; Mühlbacher, Karolinger S. 472/3; nach Gregorovius, Geschichte der Stadt Rom im Mittelalter (3. Aufl. Stuttgart 1875 ff.) ernennt Lothar den Sohn nach der Teilung von Verdun zum König.

[2] Cod. dipl. Langob. no 143 (p. 250), Gerichtsurkunde aus Cremona vom 22. März 842: «Facta hac notitia inquisitionis anno domni et serenissimi Lutharii augusti XXII., eiusque dilecti filii gloriosi regis Ludoici ita idemque secundo, undecimo kal. aprilis, per indictione quinta.» L. c. no 152 (p. 262) vom 31. August 843: «Imperante domno nostro Luthario magno imperatore anni imperii eius XXIV. et domno Lodovico filio eius regem hic in Italia anno quarto ...» Ferner Tiraboschi, Memorie storiche Modenesi (Modena 1793 ff.) I, codice dipl. no 24 vom 18. Juni 841; Ficker, Forsch. zur Reichs- und Rechtsgeschichte Italiens IV, Nr. 12 vom März 843; Muratori, Ant. Ital. I, 508, wo eine Urkunde vom August 841 vorgelegt wird, die nach den Regierungsjahren beider Herrscher datiert ist.

[3] Cod. dipl. Langob. no 143 (p. 250): «... et cum eo adessent Panchoardus eiusdem civitatis episcopus una cum sacerdotibus suis, Benedicto diacono, eiusdem praesulis nepote, capellano domni regis Hlodowici, augusti Lotharii filius ...»

durch diesen Papst stets als rex bezeichnet[1] und an einer Stelle auf den Beginn seiner Regierung als in eine frühere Zeit fallend verwiesen.[2] Endlich läßt sich für diese Frage noch eine Nachricht zweier zeitgenössischer Autoren heranziehen. Der Reichs= annalist[3] erzählt zum Jahre 856, daß Ludwig sich über die von seinem Vater Lothar im vorhergehenden Jahre vorge= nommene Reichsteilung, die ihm Gebiete außer dem italischen Reiche nicht zuwies, bei seinen Oheimen beschwert habe mit der Begründung, Italien hätte bei dieser Teilung ihm nicht ange= rechnet werden dürfen, da ihm dieses Land schon von seinem Großvater, dem Kaiser Ludwig, geschenkt worden sei. In Übereinstimmung mit dieser Behauptung Ludwigs II. finden wir auch bei Andreas von Bergamo berichtet[4], daß Italien von Ludwig dem Frommen seinem gleichnamigen Enkel überwiesen sei.[5] Eine weitere Bestätigung erfährt sie durch die Inschrift auf dem Grabsteine Ludwigs II.[6], den man zu Mailand ge=

---

[1] Vita Sergii II. c. 9 ff., Lib. Pontif. II, 88[6], [8], [11], [16] etc.

[2] Vita Sergii II. c. 18, Lib. Pontif. II, 90[30]: «His omnibus finitis ipse excellentissimus rex Hludowicus ampla cum laetitia Papiam re- versus est, ubi ab exordio principatus sui culmen regebat.» Es handelt sich um die Rückkehr von der Krönungsfeierlichkeit in Rom.

[3] Ann. Bertin. a. 856, p. 46: «Ludoicus rex Italiae, filius Lo- tharii, super portione regni paterni in Francia apud patruos suos Ludowicum et Karlum conqueritur, Italiam largitate avi Ludoici imperatoris se asserens assecutum.»

[4] Er schrieb 877, vgl. Wattenbach, Deutschlands Geschichtsquellen im Mittelalter I, 343.

[5] Andreae Bergomatis historia c. 6, SS. rer. Lang. et Ital. p. 225[14]: «Habuit Lotharius filius Hludowicus nomine, cui avius suus Hludo- wicus Italiam concessit.»

[6] Bouquet VII, 321:

«Hic cubat aeterni Hluduwicus caesar honoris, Aequiperat cuius nulla Thalia decus.

Nam ne prima dies regno solioque vacaret, Hesperie genito sceptra reliquit avus.»

Vgl. Malfatti, Bernardo re d'Italia p. 76.

funden hat. Werden wir demnach kaum bezweifeln dürfen,
daß Ludwigs Ansprüche auf Italien in der Tat auf eine Ver=
leihung von seiten seines Großvaters zurückgingen, so liegt es
am nächsten, sie auf den Reichstag zu Worms im Juni 839
zu verlegen[1], wo Lothar zu seinem italischen Reiche die Anwart=
schaft auf die östliche Hälfte des Frankenreichs erlangte.[2] Nach=
dem Lothars Machtstellung auf diese Weise eine neue Basis
erhalten hatte, mag nun mit seiner Zustimmung der alte Kaiser
dem Enkel das italische Reich in Aussicht gestellt oder zugewiesen
haben, wie es ja bisher immer als Ausstattung eines karolingi=
schen Prinzen gedient hatte.

Wie dem auch sei, jedenfalls beweisen die angeführten
Zeugnisse, daß spätestens seit dem Juni des Jahres 841 Ludwig
die Stellung eines Königs in Italien einnahm, und daß man
seine Herrschaft vom Jahre 840 an rechnete. Mit hoher Wahr=
scheinlichkeit können wir nun annehmen, daß Kaiser Lothar, als
er auf die Kunde von dem Ableben seines Vaters im Juni 840
von Italien aufbrach, seinen ältesten Sohn Ludwig zum König
ernannte und ihn hier zurückließ, um vorläufig in seinem
Namen die Regierungsgeschäfte wahrzunehmen. Dagegen ist
ihm die dauernde Herrschaft über Italien im Jahre 840 noch
nicht übertragen worden und konnte es kaum, da der Ausgang
des Erbstreites im Frankenreich für Lothar immerhin zweifel=
haft war und Italien vorläufig noch als Hauptreich gelten
mußte.[3] Der junge König tritt jedoch vor seiner Krönung,
abgesehen von den genannten Quellenstellen, nicht hervor, wie
wir denn über die italischen Verhältnisse dieser Jahre überhaupt
außerordentlich dürftig unterrichtet sind, weil sich die Aufmerk=

---

[1] So vermutet Dümmler, O. R. I, 249.

[2] Ann. Bertin. p. 20 f.

[3] Es ist beachtenswert, daß Ludwig vor 844 nie als «rex Langobardorum», sondern immer nur als «rex in Italia» bezeichnet wird.

samkeit der Zeitgenossen ganz den traurigen Ereignissen zu=
wandte, die sich auf dem Boden des engeren Frankenreiches
abspielten. Die bei weitem größte Zahl der Privaturkunden
dieser Zeit nimmt von dem neuen Regenten keine Notiz und
datiert lediglich nach den Jahren des Kaisers.[1] Das Recht im
eigenen Namen zu urkunden hat Ludwig damals offenbar noch
nicht besessen. Sämtliche Privilegien für italische Empfänger
gingen vielmehr wie vorher von Lothar aus[2], darunter solche,
die die Verfügung über das Kirchengut erkennen lassen. Ebenso
erhielten die uns in den Quellen begegnenden Königsboten von
ihm ihren Amtsauftrag und wirkten in seinem Namen[3], so daß
die Regentschaft Ludwigs nur als eine nominelle erscheint. Sie
diente wohl hauptsächlich dazu, die königlichen Interessen wahr=
zunehmen und der Verwaltung auch im Lande selbst eine Spitze
zu geben, die in dringlichen Fällen die Möglichkeit eines schnellen
und einheitlichen Handelns bot.

Das änderte sich jedoch mit dem Jahre 844, und zwar
anläßlich eines Konfliktes Lothars mit der römischen Kurie.
Nach dem Tode Papst Gregors IV. hatten die Römer zu seinem
Nachfolger den bisherigen Archipresbyter Sergius gewählt[4], der
dann ohne Berücksichtigung der kaiserlichen Rechte, wie sie die

---

[1] Cod. dipl. Langob. no 140—142, 144—149, 154, 155; Regesto
di Farfa II, no 302; Memorie di Lucca V, 2, no 574 ff.; Tiraboschi,
Memorie storiche Modenesi I, codice dipl. no 23.

[2] BM. 1077, 1084, 1085, 1088, 1100, 1102 usw.

[3] Cod. dipl. Langob. no 143 vom März 842 (p. 250): «Dum per
sanctionem sacri principis et serenissimi augusti Hlotharii magni et
gloriosissimi imperatoris Adhelgisus comes Cremonam advenisset ad
perquirendum ...» L. c. no 154 vom April 844: «Dum ... per ad-
monitionem domni Angelberti archiepiscopo et misso domni imperatoris in iudicium resedissemus nos Johannes comes ...»

[4] Vita Sergii II. c. 4, Lib. Pontif. II, 86²⁵; Ann. Bertin. a. 844,
p. 30.

Constitutio Romana Lothars von 824 festlegte[1], geweiht
wurde.[2] Wollte der Kaiser nicht allen Einfluß auf die Papst=
wahlen einbüßen und sie den römischen Abelsparteien preisgeben,
so mußte er eingreifen, denn schon einmal seit Erlaß jener
Constitutio war von den Römern der Versuch gemacht worden,
die lästigen Fesseln, welche die kaiserlichen Rechte für sie bildeten,
abzustreifen.[3] Zur Wahrnehmung derselben sandte also Lothar
im Jahre 844 seinen Oheim Drogo, den Erzbischof von Metz,
und mit ihm seinen Sohn Ludwig nach Rom[4], die in Beglei=
tung einer glänzenden Versammlung von Bischöfen und Grafen
auf das ehrenvollste empfangen wurden und am 8. Juni in
der ewigen Stadt ihren Einzug hielten.[5] In den alsbald ein=
geleiteten Verhandlungen[6] wurde die Wahl Sergius' II. geprüft

---

[1] Capit. I, no 161 (p. 324). Die Römer mußten hier beschwören,
daß nach gesetzmäßig erfolgter Wahl der Erwählte nicht eher geweiht
werden sollte, als bis er in Gegenwart kaiserlicher Gesandter und des
römischen Volkes den Kaisern Treue geschworen habe.

[2] Vita Sergii II. c. 7, Lib. Pontif. II, 87[18].

[3] Es war dies bei der Wahl Valentins, des Vorgängers Gregors IV.,
im Jahre 827 geschehen. Vita Valentini c. 7, Lib. Pontif. II, 72[18];
Ann. regni Francor. p. 173.

[4] Ann. Bertin. a. 844, p. 30: «Quo (i. e. Sergio) in sede aposto-
lica ordinato, Hlotharius filium suum Hludowicum Romam cum
Drogone Mediomatricorum episcopo dirigit, acturos, ne deinceps
decedente apostolico quisquam illic praeter sui iussionem missorum-
que suorum praesentiam ordinetur antistes.» Vgl. Vita Sergii II. c. 8,
Lib. Pontif. II, 87[24].

[5] Ausführlich geschildert Vita Sergii II. c. 10, Lib. Pontif. II, 88.
Die Namen der hervorragendsten Teilnehmer ebenda S. 89 f.

[6] Nach der Vita Sergii II. c. 13 und 14 wäre die Krönung Ludwigs
den Verhandlungen über die Gültigkeit der Wahl des Papstes voraus=
gegangen. Es liegt jedoch auf der Hand, daß Ludwig erst dann von
Sergius gekrönt werden konnte, wenn er als rechtmäßiger Papst anerkannt
war. Diese richtige Reihenfolge der Ereignisse überliefert der Reichs=
annalist (Ann. Bertin. p. 30) und der sogenannte Pseudo=Liutprand (Liber
de pontificum Romanorum vitis c. 104), Migne, Patrol. Lat. 129, 1244.

und nachträglich anerkannt.[1] Dann mußten sowohl er selbst wie die Römer gemäß den Bestimmungen der Constitutio dem Kaiser den bisher verabsäumten Eid der Treue schwören, während sie es ablehnten, ihn auch auf Ludwig auszudehnen[2], da Rom allein dem obersten weltlichen Herrn der Christenheit untertan sein sollte. Nach Erledigung dieser geschäftlichen Angelegenheiten erfolgte nun am nächsten Sonntage, dem 15. Juni, die feierliche Salbung und Krönung Ludwigs zum König der Langobarden[3], ohne Zweifel auf Anordnung Kaiser Lothars. Als dieser nach dem Abschluß des Verduner Vertrages sich entschlossen hatte, seinen ständigen Aufenthalt in seinen fränkischen Landen zu nehmen, mochte er wohl eingesehen haben, daß es auf die Dauer nicht möglich sein werde, die mannigfachen Aufgaben, welche die Verhältnisse des italischen Nebenreiches einer Regierung stellten, aus so weiter Ferne immer in befriedigender Weise zu lösen. Er übertrug daher im Jahre 844 seinem Sohne Ludwig als König der Langobarden die dauernde Regierungsgewalt über Italien, das dieser bislang nur provisorisch und mehr nominell verwaltet hatte, und ließ zur Befestigung und Weihe seines Königtums an ihm die päpstliche Salbung und Krönung vollziehen.[4]

Seit 844 lag also die Regierung Italiens im wesentlichen in Ludwigs Hand. Sie manifestiert sich äußerlich darin, daß seitdem sein Name und seine Regierungsjahre in den italischen

---

[1] Vita Sergii c. 14, Lib. Pontif. II, 89, 90[7].

[2] Vita Sergii c. 15, l. c. p. 90[11].

[3] Vita Sergii c. 13, Lib. Pontif. II, 89[4] ff. (... regemque Langobardorum perfecit); Ann. Bertin. p. 30; Adonis Chronicon, SS. II, 322[22], der hier irrig von einer Kaiserkrönung spricht.

[4] Vgl. Mühlbacher, Karolinger S. 473. Dümmler, O. R. I, 251 bezeichnet die Beteiligung des Papstes mit Unrecht als eine neue und ungewöhnliche Handlung, denn sie kommt in derselben Weise bereits 781 vor, vgl. oben S. 18 f.

Privaturkunden in größerem Umfange als bisher neben denen seines Vaters als Zählungsfaktor auftreten[1], entweder mit der alten Epoche von 840 oder mehr mit der neuen von 844. Nur an einzelnen Orten, wie in Lucca[2] und Farfa[3], hielt man daran fest, allein nach den Jahren des Kaisers zu datieren. Doch war der selbständigen Entscheidung des jungen Königs augenscheinlich nur die innere Seite der Regierung unterworfen, während seine Macht nach außen beschränkt erscheint. Zur Beratung der wichtigeren Angelegenheiten der Reichsverwaltung berief Ludwig besondere italische Reichstage[4], auf denen er zugleich auch im Königsgericht der Rechtsprechung oblag.[5] Als höchster weltlicher Beamter stand ihm hier der Pfalzgraf zur Seite, als welcher im Jahre 852 Hukpald erscheint[6], von dessen Unterbeamten der Pfalznotar und verschiedene Pfalzrichter genannt werden.[7] Einer der vornehmsten Berater des Königs

---

[1] Nach Jahren beider Herrscher sind datiert: Cod. dipl. Langob. no 157, 158, 160, 162, 165, 167, 168; Muratori, Ant. Ital. II, 971; Tiraboschi, Nonantola II, no 36; Tiraboschi, Modena I, Cod. dipl. no 26; Campi, Dell' Historia ecclesiastica di Piacenza (Piacenza 1651) I, Instrumenta no 8. Nur nach Lothars Jahren datieren nach 844 im Cod. dipl. Langob. no 156, 159, 161.

[2] Memorie di Lucca V, 2, no 607—679.

[3] Regesto di Farfa II, no 303, 305.

[4] Capit. II, no 214 (p. 88): «Dum enim superno nutu cum fidelibus nostris conventum Papia regia civitate habuissemus ...» (Juli 855); ebenso folgende Anm.

[5] Muratori, Ant. Ital. II, 951: «Dum in Dei nomine domnus Hludowicus imperator suum generale placitum detineret civitatem Ticinensem ibique eidem proclamandum venerunt ...» (852).

[6] Cod. dipl. Langob. no 180 (p. 303): «... ubi in judicio residebat Hucpaldus comes sacri palatii».

[7] Cod. dipl. Langob. no 156 (p. 268) findet sich unter den Zeugen: «Ambrosius de Valnexio notarius sacri palatii» (844). L. c. no 180 (p. 303): «residentes cum eo Adelgiso et Achedeo comitibus cum reliquis iudicibus palatii» (852); Muratori, Ant. Ital. II, 971: «Garibaldum palatinum iudicem» (845).

scheint ein gewisser Theodorich gewesen zu sein.[1] Ebenso besaß Ludwig seit 844 das Recht der Gesetzgebung für Italien, von der uns als Zeugnisse eine Anzahl von Kapitularien vorliegen[2], die zum Teile den italischen Reichsversammlungen ihre Ent=stehung verdanken.[3] Als Organe der Zentralregierung dienten wie überall im Reiche der Karolinger die Königsboten; wir sehen sie im Auftrage Ludwigs wesentlich für die Aufrechter=haltung des Rechtszustandes im Lande tätig.[4] Von den übrigen Personen der Hof= und Staatsverwaltung treten uns in den Quellen noch die Kapläne des Königs entgegen. Mit dem Titel eines Erzkaplans erscheint zwischen 845—853 Bischof Joseph von Ivrea[5], während Benedikt, Audevert und Roderich in den Jahren 842, 852, 854 nur als Kapläne bezeichnet werden.[6] Eigene Urkunden Ludwigs aus der Zeit vor seiner 850 erfolgten Kaiserkrönung sind nicht vorhanden. Er scheint vorher auch nicht die Vollmacht besessen zu haben, über staat=liche Rechte urkundlich zu verfügen, denn in seinen späteren

---

[1] Cod. dipl. Langob. no 180 (p. 303): «Theodoricum dilectum consiliarium suum» (852); l. c. no 175 (p. 297): «Theodoricum sacri palacii nostri obtimatem» (852).

[2] Capit. II, no 208—214.

[3] Capit. II, no 214, p. 88[31].

[4] Cod. dipl. Lang. no 156 von 844 (hier findet sich als Zeuge: «Gaifredus de Vineate missus domni regis»); Muratori, Ant. Ital. II, 971 von 845 (missum suum Garibaldum); der genannte Theodorich tritt an zwei Stellen als Königsbote auf (Cod. dipl. Lang. no 175 und 180), in gleicher Eigenschaft Bischof Johannes von Pisa und Markgraf Abal=bert von Tuscien in Memorie di Lucca V, 2, no 698, p. 418. Allgemein werden Missi Ludwigs erwähnt Capit. II, no 212, c. 9 (p. 85).

[5] Synodus Papiensis, Capit. II, no 228 (p. 117): «Joseph vene-rabilis episcopus atque archicapellanus totius ecclesiae». Ferner Capit. II, no 210, c. 1 (p. 80); Migne, Patrol. Lat. 115, 663 (no 5); Mansi, Concil. coll. XIV, 1019 B.

[6] Benedikt: Cod. dipl. Langob. no 143, Audevert: L. c. no 180, Roderich: M. J. Ö. G. V, 387 (Nr. 7).

Diplomen wird von seiner Kanzlei die Kaiserkrönung als Epoche und das Jahr 850 als das erste seiner Regierung gerechnet.

Schon aus dieser Beschränkung erkennt man, daß der Ernennung Ludwigs zum König der Langobarden keineswegs die Absicht Lothars zugrunde gelegen hatte, nun selbst auf jede Einwirkung auf die Verwaltung Italiens zu verzichten und die Regierung hier völlig aus der Hand zu geben, wenngleich dem jungen König im übrigen für die inneren Angelegenheiten weitgehende Befugnisse zuerkannt waren. Nach wie vor blieb das Langobardenreich ein Teil, eine Provinz[1] des Frankenreichs, speziell jetzt des von Lothar beherrschten Mittelreichs, die aus verwaltungstechnischen und politischen Gründen eine freiere Stellung und eine besondere, aber durchaus abhängige Regierung unter einem Sohne des Herrschers als König erhielt. Die italischen Großen erkannten infolgedessen den Kaiser als ihren obersten Lehnsherrn und Gebieter an und waren in erster Linie ihm zu Gehorsam und Treue verpflichtet.[2] Lothar hat, wie schon berührt, vor allem das Recht der Urkundenausstellung, der Erteilung von Privilegien, zunächst noch ganz allein ausgeübt.[3] Dann erließ er

---

[1] So sagt der gleichzeitige Verfasser der Translatio S. Alexandri, SS. II, 677[25]: «Alteram (sc. epistolam) vero principibus post regem et primatibus Italiae provinciae scripsit». Ebenso l. c. II, 678[5]: «Italiae fines adusque pervenit, atque Hludowicum eiusdem provinciae regnatorem ... appetiit».

[2] Vgl. den Brief Lothars an die Großen des italischen Reiches für seinen Getreuen Waltpert in der Translatio S. Alexandri, SS. II, 677: «Hludharius ... imperator augustus omnibus episcopis, abbatibus, comitibus etc. ... seu ceteris reipublicae nostrae administratoribus». Ferner besonders 677[31]: «Quapropter praecipimus vobis et omnimodis iubemus, ut ubicumque ad vos venerit, prout melius potueritis vobisque placuerit, ei adiutorium tribuatis, bonas mansiones atque salvamentum ...».

[3] BM. 1121, 1122, 1123, 1125, 1132—1134.

auch fernerhin besondere gesetzliche Verordnungen für Italien[1] und fuhr fort, die Verwaltung durch Entsendung von Königsboten zu kontrollieren.[2] Hauptsächlich aber blieb die Leitung der äußeren Angelegenheiten des Langobardenreichs vorläufig ihm allein vorbehalten. Die Macht Ludwigs als Königs der Langobarden erstreckte sich nicht auf die römischen Gebiete, vielmehr stand die Schutzherrschaft hier allein dem Kaiser zu, und erst im Jahre 844 hatte das Verhältnis der beiden Herrscher zu Rom seinen Ausdruck darin gefunden, daß von Papst Sergius und den Römern nur dem Kaiser der Treueid geleistet worden war, während man ihn König Ludwig verweigert hatte.[3] Auch in Benevent erkannte man lediglich die Oberherrschaft des Kaisers an[4], wenn von einer solchen überhaupt noch im Ernst die Rede sein konnte. Vor allem aber wurde der Krieg gegen die Sarazenen, die Italien gerade damals furchtbar heimsuchten, unter Lothars Oberleitung geführt.[5]

---

[1] Capit. II, no 203 (p. 65 ff.) von 846, welches außer den Verfügungen über den Feldzug gegen die Sarazenen auch Bestimmungen hinsichtlich der kirchlichen Verhältnisse enthält.

[2] Sie werden genannt Capit. II, no 203 c. 11 (p. 67) und l. c. no 212 c. 9 (p. 85).

[3] Vita Sergii II, c. 15, Lib. Pontif. II, 90[11] ff.

[4] Ann. Bertin. a. 844, p. 30: «Siginulfus Beneventanorum dux ad Hlotharium cum suis omnibus sui deditionem faciens, centum milium aureorum multa sese ipsi fecit obnoxium».

[5] In den Quellen erscheint stets (bis 850) Lothar als derjenige, welcher die Streitkräfte des Landes ins Feld sendet. Vgl. Johannis Gesta episcoporum Neapolitanorum c. 60, SS. rer. Lang. et Ital. 433[3]: «Idcirco motus Lotharius, rex Francorum, ferocem contra eos populum misit ...». L. c. c. 61, p. 433[21]: «Eodem quoque anno supplicatione huius Sergii principumque Langobardorum direxit Lotharius imperator filium suum ...». Ann. Bertin. a. 846, p. 34: «Quos quidam ducum Hlotharii minus religiose adorsi atque deleti sunt». L. c. p. 36: «Exercitus Hlotharii contra Saracenos Beneventum obtinentes dimicans, victor efficitur».

Das Hauptdenkmal seiner Bemühungen zur Bekämpfung der Ungläubigen und zur Ordnung der unteritalischen Verhältnisse ist sein Kapitular «De expeditione contra Saracenos facienda» vom Oktober 846.[1] Der Kaiser hatte seinen Sohn Ludwig damals über die Alpen kommen lassen, um mit ihm persönlich die erforderlichen Maßregeln zu beraten.[2] In dem genannten Kapitular, das er daraufhin erließ, kündigt er an, daß er beschlossen habe, den italischen König im Anfang des nächsten Jahres mit dem gesamten Heerbann Italiens und Hülfstruppen aus seinen übrigen Ländern gegen die Sarazenen ins Feld zu senden, um ihnen Benevent, das sich bereits völlig in ihrer Gewalt befand, wieder zu entreißen.[3] Gleichzeitig ordnete er Königsboten von seiner Seite ab, welche die Händel der beneventanischen Fürsten, die den Ungläubigen das Vordringen wesentlich erleichterten, schlichten und eine gleichmäßige Teilung des Herzogtums zwischen ihnen herbeiführen sollten.[4] Dem Herzog Sergius von Neapel, dem Papst und dem Dogen Petrus von Venedig ließ er die Aufforderung zugehen, die geplanten Unternehmungen tatkräftig zu unterstützen.[5] Der Kaiser nahm demnach die absolute Entscheidung in allen Angelegenheiten, die sich auf die äußere Politik und den Krieg bezogen, für sich in Anspruch. Der Feldzug, den Ludwig dann zu Anfang des Jahres 847 im Auftrage des Vaters unternahm, verlief siegreich, wenn er auch eine dauernde Wirkung nicht erzielte.[6]

Im Jahre 850 sandte Lothar seinen Sohn abermals nach Rom zu dem Zwecke, ihn durch Papst Leo IV. zum Kaiser

---

[1] Capit. II, no 203 (p. 65 ff.).

[2] L. c. cap. 1. — [3] L. c. cap. 9.

[4] L. c. cap. 11. — [5] L. c. cap. 12.

[6] Vgl. Lotys, Die Kämpfe der Araber mit den Karolingern bis zum Tode Ludwigs II. (Heidelberger Abhandlungen zur mittleren und neueren Geschichte. 1906) S. 58 ff.

krönen zu lassen.[1] Der Anlaß ist wohl darin zu suchen, daß
Lothar noch bei Lebzeiten den eigenen Nachkommen die Kaiser=
würde gesichert zu sehen wünschte, die ihrer Herrschaft gegenüber
der ihrer ost= und westfränkischen Verwandten einen besonderen
Glanz verleihen mußte, wenn auch ihre Macht keineswegs der
ursprünglichen Bedeutung der Würde mehr entsprach. Seit
dieser Kaiserkrönung, die Anfang April 850 stattfand[2], erscheint
die Stellung Ludwigs in Italien von erhöhter Bedeutung.
Namentlich hat er seitdem das Recht, im eigenen Namen zu
urkunden. Er hat es nun so gut wie ausschließlich für Italien
ausgeübt[3] und dabei über alle staatlichen Rechte verfügt, auch
hinsichtlich der Reichskirchen und ihrer Besitzungen.[4] Vor allem
lag jetzt die Vergabung der Bistümer und Abteien im Lango=
barbenreich in seiner Hand. So erfahren wir aus zweien seiner
Diplome, daß die Übertragung des Bistums Lucca an Bischof
Hieremias[5] und der Abtei Montamiata an einen gewissen
Adalbert[6] durch den langobardischen König erfolgte. Abgesehen

---

[1] Ann. Bertin. p. 38: «Lotharius filium suum Ludoicum Romam
mittit; qui a Leone papa honorifice susceptus et in imperatorem
unctus est».

[2] Die Diplome Ludwigs ergeben einen Epochentag, der zwischen dem
4. und 14. April liegt, womit auch die Epoche der Privaturkunden im
allgemeinen übereinstimmt. Vgl. BM. 1179 a.

[3] BM. 1181—1202.

[4] Ludwig verleiht dem Kloster des heiligen Michael in Diliano freie
Abtwahl und bestätigt der Kirche von Aquileja die Patriarchal= und Me=
tropolitanwürde über die Bistümer Istriens (BM. 1190, 1200).

[5] Es heißt in der Urkunde für Bischof Hieremias von Lucca vom
3. Oktober 852, die sich in eine Gerichtsurkunde vom April 853 inseriert
findet (Muratori, Ant. Ital. III, 170): «nos vero utilitatem iam dicte
ecclesiae pastorem ipsius necessitatem providentes Hieremie, cui
ipsum dedimus episcopatum, hoc nostrum preceptum fiori
iussimus». (Gams, Series episcoporum ecclesiae cathol. Regensburg
1873, S. 740 setzt den genannten Bischof fälschlich erst seit April 853 an.)

[6] M. J. Ö. G. V, 383 (Nr. 4 vom 4. Juli 853): ... dum nos di-

von einem Privileg, das beide Herrscher gemeinschaftlich Ludwigs Schwester Gisela erteilten[1], ist uns von Lothar aus der Folgezeit nur eine sicher datierbare Urkunde für einen italischen Empfänger überliefert.[2]

Infolge der Kaiserkrönung trat Ludwig nun auch in ein oberhoheitliches Verhältnis zur römischen Kurie. Er hat fortan alle Hoheitsrechte, die den Kaisern in ihrem Gebiete zustanden, ausgeübt, und willig hat sich der Papst in seiner weltlichen Territorialherrschaft den Anordnungen des jungen Kaisers und der Beaufsichtigung durch seine Sendboten unterworfen.[3] Als obersten Gerichtsherrn finden wir Ludwig zu Rom über einen hohen päpstlichen Beamten zu Gericht sitzen[4], den man der Untreue gegen die fränkische Herrschaft verdächtigt hatte. Ebenso läßt er bei der Neuwahl des Papstes im Jahre 855 durch seine Gesandten die kaiserlichen Rechte wahrnehmen.[5] Es hat den Anschein, daß die auswärtigen Angelegenheiten nunmehr überhaupt im allgemeinen der Entscheidung Ludwigs überlassen

lecto fideli nostro Adelberto coenobium domini Salvatoris in monte Amiate constitutum ad regendum commisissemus ...».

[1] BM. 1147.

[2] BM. 1148; Nr. 1174 fällt in die Jahre 837—855, vgl. Mühlbacher, Die Datierung der Urkunden Lothars I., Wiener Sitz.-B. 85, 522 Anm. 2.

[3] Jaffé, Reg. I, no 2646 (Brief Leos IV. an Kaiser Ludwig): «Nos, si incompetenter aliquid egimus, et in subditis iustae legis tramitem non conservavimus, vestro ac missorum vestrorum cuncta volumus emendare iudicio. Inde imploramus, ut tales ad haec, quae diximus, perquirenda missos in his partibus dirigatis ...»

[4] Vita Leonis IV. c. 110—112, Lib. Pontif. II, 134[6] ff. (Imperator immensi furore accensus ... Romam venire velociter procuravit ... de praedicta accusatione placitum habuit). Bald nach seiner Kaiserkrönung war Ludwig auch bei einem Gerichtsstreite zweier Bischöfe vor dem Papst in Rom anwesend, wo er dann zwei Königsboten mit seiner weiteren Vertretung beauftragte, Migne, Patrol. Lat. 115, 658 ff.

[5] Vita Benedicti III. c. 6 ff., Lib. Pontif. II, 141 ff.

wurden. So war seit 850 die selbständige Führung des Krieges
gegen die Sarazenen und die Ordnung der unteritalischen Ver=
hältnisse augenscheinlich ihm anvertraut. An ihn wandten sich
die Bewohner der bedrängten Gebiete um Hülfe, und in zwei
Feldzügen hat Ludwig ihrer Bitte entsprochen[1], dabei auch über
das Fürstentum Salerno neu verfügt.[2] Außerdem unterhielt
er, wie wir aus seinen Kapitularien erfahren[3], gesandtschaftliche
Beziehungen zu fremden Mächten. Dieser außerordentlich
selbständigen und hervorragenden Stellung Ludwigs nach seiner
Kaiserkrönung entspricht es, daß seitdem in allen Privatur=
kunden neben den Jahren des Vaters auch die seinigen, bis=
weilen sogar diese ausschließlich zur Datierung verwandt werden.[4]

---

[1] Erchemperti Historia Langob. Beneventanor. c. 19, SS. rer.
Lang. et Ital. p. 241⁴⁴: «Huic ergo Lodoguico augusto suppliciter relatum est per Landonem comitem Capuanum ... et per Ademarium
...». L. c. c. 20, p. 242¹³: «Tunc iterum sugestum est lamentabili
supplicatione iam saepe dicto piissimo augusto per Bassacium vene-
rabilem virum, beati Benedicti vicarium, et per Jacobum, S. Vincentii
abbatem, ut properare quantocius dignaretur et suo adventu eriperet,
quos ante iam misericorditer redemerat ... Qui veniens ... Barim
perrexit etc.» Chronica S. Benedicti Casinensis c. 12, SS. rer. Lang.
et Ital. p. 474: «Per idem tempus Bassacius abbas rogatus a primatibus patriae, adiit Franciam, qui obsecrans gloriosum imperatorem
Hludowicum; veniens Barim ...». Ferner Ann. Bertin. a. 852, p. 42.
Die beiden letzten Quellen wissen nur von einem Zuge Ludwigs.

[2] Erchemperti Historia Lang. Benev. c. 20, SS. rer. Lang. et
Ital. p. 242²¹: «concesso principato Salernitano Ademario ... Siconolfi
filium exulem fecit».

[3] Capit. II, no 213 c. 7 (p. 87): «iubemus, ut protinus restauren-
tur (sc. publicae domus) ... quatinus nostris usibus et externarum
gentium legationibus, quae ad nos veniunt, satis congrua et de-
cora fiant».

[4] Von 850—855 wird nach beider Jahren datiert in Cod. dipl.
Lang. no 169, 172, 178—187, 190. Memorie di Lucca V, 2, no 680
—724. Tiraboschi, Nonantola II, no 38. Tiraboschi, Modena I, cod.
dipl. no 26. Regesto di Farfa II, no 306—308, 310—312. Nach Ludwigs Jahren allein datieren Cod. dipl. Lang. no 171, 188.

Doch schon aus dem Umstande, daß in den italischen Ur=
kunden auch in dieser Periode der Name Lothars und seine
Regierungsjahre stets an erster Stelle erscheinen, geht hervor,
daß Ludwigs Herrschaft auch jetzt noch den Charakter der Ab=
hängigkeit behielt. Die dem alten Kaiser gewahrte Oberhoheit
kommt außerdem in den Formeln der Diplome Ludwigs zum
Ausdruck, indem im Titel seinem Namen ein «invictissimi
domni imperatoris Hlotharii filius» hinzugefügt wird, in der
Datierung analog den Privaturkunden Name und Jahre
Lothars den Vorrang haben.[1] Daß diese Oberhoheit nicht nur
dem Namen nach bestand, sondern auch tatsächlich fortdauerte,
läßt sich daraus nachweisen, daß Verordnungen Ludwigs bis=
weilen eine besondere Bestätigung seitens des Vaters erhielten[2],
um ihnen größeren Nachdruck zu verleihen. Ebenso sind auch
Königsboten Lothars in Italien noch mehrfach zu belegen.[3]
Namentlich in den Angelegenheiten der römischen Kurie war
der Einfluß des alten Kaisers offenbar noch immer von hoher
Bedeutung. Er hat nach wie vor in Rom Herrscherrechte aus=
geübt.[4] Wie ferner päpstliche Konzilien mit Genehmigung

---

[1] Vgl. Muratori, Ant. Ital. II, 25, 867; III, 168. Cod. dipl. Lang.
no 170 etc. Der Zusatz und die Jahre Lothars fallen nach dem Tode
des letzteren fort; vorher nur in Muratori, Ant. Ital. II, 117.

[2] Capit. II, no 213 (p. 85): «De rebus vero saecularibus haec
statuit piissimus imperator Hludowicus, quae gloriosi quoque genitoris eius Hlotharii serenissimi augusti auctoritate
firmata sunt».

[3] Von ihnen spricht Ludwig in seinem Ende 850 erlassenen Kapitu-
lar, Capit. II, no 212 c. 9 (p. 85). Sie werden ferner erwähnt Jaffé,
Reg. I, no 2638 und in einem Brief Kaiser Lothars an Leo IV. bei
Mansi, Concil. coll. XIV, 1019 B.

[4] Das erhellt vor allem aus Jaffé, Reg. I, no 2638, 2643. Im übrigen
wurden päpstliche Briefe, wenn es sich in ihnen um kaiserliche Rechte handelte, oft auch an beide Herrscher adressiert: Jaffé Nr. 2613 (Besetzung
eines Bistums), 2652.

beider Herrscher und unter Anwesenheit ihrer beiderseitigen Ge=
sandten stattfanden[1], so wurde auch bei eintretender Neuwahl
die Wahlanzeige an beide Kaiser erstattet.[2] Wenn wir endlich
hören, daß die Römer im Jahre 853 bei Lothar Klage führten,
daß für ihre Verteidigung gegen die Ungläubigen nichts mehr
geschehe[3], so wird auch dadurch nicht nur bewiesen, daß seine
Regierungsgewalt über Rom und Italien in Geltung blieb,
sondern daß er in Wirklichkeit als oberster Herr und Gebieter
im Lande anzusehen ist. Erst die freiwillige Abdankung
Lothars im September des Jahres 855[4], der sein Tod inner=
halb weniger Tage folgte, verschaffte seinem Sohne eine völlig
unabhängige Herrschaft.

2. Pippin II. von Aquitanien.

Als nach dem Tode Pippins I. von Aquitanien Kaiser
Ludwig der Fromme dessen Söhnen das väterliche Erbe vorent=
hielt und das Reich Aquitanien seinem Lieblingssohne Karl
übertrug, erhob eine starke aquitanische Partei den ältesten
gleichnamigen Sohn des verstorbenen Herrschers zum König.[5]
Weder Ludwig noch nach seinem Tode Karl dem Kahlen gelang
es, volle Anerkennung im Lande zu finden und den Präten=
denten zu vertreiben, der zunächst an Lothar einen Rückhalt

---

[1] Vita Leonis IV. c. 90, Lib. Pontif. II, 129[15] (una cum consilio
serenissimorum Lotharii ac Ludovici imperatorum). Gesandte Lothars
werden erwähnt in den Akten des Concilium Romanum 853 bei Mansi,
Concil. coll. XIV, 1019 B.

[2] Vita Benedicti III. c. 6, Lib. Pontif. II, 141[2].

[3] Ann. Bertin. a. 853, p. 43: «Romani quoque, artati Saracenorum
Maurorumque incursionibus, ob sui defensionem omnino neglectam
apud imperatorem Lotharium conqueruntur».

[4] Ann. Bertin. p. 45.

[5] Nithardi histor. I, c. 8, p. 11. Ann. Bertin. a. 839, p. 22. Vita
Hludowici c. 61, SS. II, 645[17] ff. Adonis chronicon, SS. II, 321[22]. Vgl.
Dümmler, O. R. I, 133 f.

fand.[1] Nachdem jedoch dieser den Neffen hatte fallen lassen und im Vertrage von Verdun Aquitanien endgültig Karl dem Kahlen zugefallen war, mußte die Auflehnung Pippins gegen die hier festgesetzte neue Ordnung der Dinge ihm die Gegnerschaft aller drei Brüder zuziehen. Sie sandten von dem Frankentage zu Diedenhofen im Oktober 844 Gesandte an ihn mit der Aufforderung, sich dem Westfrankenkönig zu unterwerfen, wenn er sich nicht ihrem gemeinsamen Angriffe aussetzen wolle.[2] Trotzdem sah sich Karl bei der heillosen Verwirrung seines Reiches genötigt, im Juni 845 mit Pippin zu Fleury im Gau von Orléans einen Frieden zu schließen, in dem er ihm Aquitanien mit Ausnahme der Gaue von Poitiers, Saintes und Angoulême überließ gegen die eidliche Versicherung desselben, die ihm als Oheim gebührende Treue zu bewahren und ihn in allen Nöten nach Kräften zu unterstützen.[3] Darauf gingen alle Aquitanier, welche die Partei Karls ergriffen hatten, zu Pippin über.[4]

In diesem Schwure lag jedoch, wie schon Dümmler[5] hervorhebt, keineswegs die Anerkennung irgendwelcher Oberhoheit Karls, er bedeutete lediglich ein Gelöbnis verwandtschaftlicher Treue, wie sie namentlich die Oheime von ihren Neffen beanspruchten.[6] Karl selbst hatte unlängst bei der Wormser Reichs-

---

[1] Nithardi histor. II, c. 1, 10 und lib. III, c. 3, p. 13, 25, 27, 35. Ann. Bertin. a. 841, p. 25. Vgl. Dümmler, O. R. I, 153 f.

[2] Ann. Bertin. p. 32.

[3] Ann. Bertin. a. 845, p. 32: «Karolus agrum Floriacum ... duodecim ab Aurelianorum urbe leugis, veniens, Pippinum, Pippini filium suscipit, et receptis ab eo sacramentis fidelitatis, quatenus ita deinceps ei fidelis sicut nepos patruo existeret et in quibuscumque necessitatibus ipsi pro viribus auxilium ferret, totius Aquitaniae dominatum ei permisit praeter Pictavos, Sanctonas et Ecolinenses».

[4] Ann. Bertin. l. c.

[5] O. R. I, 288.

[6] Vgl. Divisio regnorum 806, Capit. I, no 45, p. 130[3]: «sed vo-

teilung von 839 seinem ältesten Bruder Lothar ein derartiges Versprechen gegeben.[1] Auch hier beschwor Pippin weiter nichts, als daß er seinem Oheim die schuldige Ehrfurcht und Achtung bezeugen und ihm helfen wolle, den Bestand seines Reiches gegen innere und äußere Feinde zu sichern.[2] Demgemäß finden wir auch in den Quellen nirgends die Spur einer Abhängigkeit Pippins, namentlich nicht in seinen Urkunden[3], in denen er völlig selbständig über alle Arten von Hoheitsrechten verfügt und weder im Titel noch in der Datierung Karls Erwähnung tut.[4]

Somit gehört die Behandlung seiner unglücklichen Regierung nicht in den Rahmen dieser Arbeit, nur mag wegen des

lumus ut honorati sint apud patres vel patruos suos et oboedientes sint illis cum omni subiectione quam decet in tali consanguinitate esse». Ferner Hlotharii, Hludowici et Karoli conventus apud Marsnam primus (Februar 847), Capit. II, no 204 c. 9, p. 69[37]: «Ut regum filii legitimam hereditatem regni secundum definitas praesenti tempore portiones post eos retineant; et hoc, quicumque ex his fratribus superstes fratribus fuerit, consentiat, si tamen ipsi nepotes patruis oboedientes esse consenserint».

[1] Vita Hludowici c. 60, SS. II, 644[43]: «Karolus autem tamquam patri spirituali et fratri seniori debitum deferret honorem».

[2] Es ist ein Versprechen, das die karolingischen Teilkönige auf ihren verschiedenen Zusammenkünften einander immer wieder gaben. Vgl. Capit. II, no 204 c. 9, p. 69[37]. L. c. no 205 c. 3, p. 73[2]. L. c. no 207, p. 77[30] und 78[7]. L. c. no 244 c. 4, p. 166[29].

[3] Ein vollständiges Verzeichnis derselben gibt neuerdings R. Giard in der Bibl. de l'école des chartes t. 62 (1901), p. 526 ff. Sie sind zum großen Teil abgedruckt bei Bouquet VIII, 355 ff.

[4] Er rechnet seine Herrschaft vom Dezember 838 an (Tod Pippins I.) und datiert allein nach den eigenen Regierungsjahren. Nur in einer Urkunde aus der Zeit des Bruderkrieges (842) erscheinen die Jahre Lothars, mit dem er damals verbündet war, und den er als Oberherrn anerkennen mochte (Bouquet VIII, 356, no 2). Karl den Kahlen nennt er in einer Urkunde lediglich seinen Patron: «obtulit etiam reverendam patroni nostri Caroli regis invictissimi auctoritatem, nostri videlicet avunculi . . .» (Bouquet VIII, 358, no 4).

Zusammenhangs mit einem der folgenden Kapitel noch bemerkt werden, daß Karl der Kahle ein so gewaltiges Zugeständnis, wie es die Abtretung des größten Teiles von Aquitanien für ihn bedeutete, nur deshalb gemacht hatte, um sich für den Augenblick in seiner bedrängten Lage Luft zu verschaffen, in der Absicht, jene Länder dem Neffen wieder abzunehmen, sobald sich eine günstige Gelegenheit dazu bot. Das beweist sein Verhalten auf dem Frankentage zu Mersen (847), wo Pippin, unzweifelhaft auf Karls Betreiben, trotz des abgeschlossenen Friedens als Reichsfeind behandelt wird und mit wenigen Grafschaften für seinen Unterhalt abgefunden werden soll.[1] Andrerseits erneuerte nun Pippin, mit Recht den Frieden für gebrochen erachtend, seine Ansprüche auf das ganze Aquitanien.[2]

3. Die Söhne Ludwigs des Deutschen.

Dem Beispiele seiner Vorgänger folgend, hat auch Ludwig der Deutsche, wesentlich um den Frieden innerhalb seiner Familie aufrechtzuerhalten und für die Zukunft zu sichern[3], schon bei Lebzeiten eine Teilung seiner Länder unter seine drei Söhne verfügt, wie diese sie nach seinem Tode besitzen sollten. Über dieses Testament[4] Ludwigs, das Ostern 865 aufgestellt wurde, liegen uns genaue Berichte vor.[5] Sie besagen, daß dem

---

[1] Capit. II, no 204. Adnuntiatio domni Hludowici p. 70[15] ff.

[2] Er urkundet nun für das ganze aquitanische Reich, verleiht bereits am 27. Mai 847 dem Kloster Saint-Florent de Saumur im Poitou ein Immunitätsprivileg (Bouquet VIII, 360, no 7).

[3] Vgl. unten Anm. 5: «prospectu pacis». Dümmler, O. R. II, 119. Mühlbacher, Karolinger S. 552.

[4] Daß es sich um eine urkundliche Aufzeichnung handelt, beweisen die Worte der Ann. Fuld. zu a. 871, p. 73: «quandam partem regni Francorum, quam rex illis sub testamento post obitum suum habendum delegaverat».

[5] Erchanberti breviarium regum Francorum, monachi Augiensis continuatio, SS. II, 329[20]: «Ludowicus autem, Germaniae rex, ante

ältesten Sohne Karlmann Baiern mit all seinen Marken zufiel,
also der Kern und Ausgangspunkt des ostfränkischen Reiches.
Ludwig, der zweite Sohn, erhielt Ostfranken, Sachsen und
Thüringen mit den tributpflichtigen Slavenstämmen im Osten,
während sich der jüngste und schwächste Sohn Karl mit dem
kleinsten, zugleich am wenigsten gefährdeten Reichsteile begnügen
mußte, d. h. Alemannien und Churwalchen. Obschon, wie bemerkt, diese Teilung erst nach dem Tode des Vaters in Kraft
treten sollte, so wurden doch den Söhnen eine Reihe von
Gütern zu sofortigem Besitze gegeben und ihnen auch insofern
eine Anteilnahme an den Regierungsgeschäften eingeräumt, daß
sie die niedere Gerichtsbarkeit und die Entscheidung in minder
wichtigen Angelegenheiten (causae minores) übertragen erhielten,
d. h. wohl nur im Bereiche ihrer künftigen Teilreiche. Dagegen
blieben alle Sachen von Belang, die Verfügung über die Bistümer, Abteien, Grafschaften und öffentlichen Einkünfte, sodann
die gesamte höhere Gerichtsbarkeit (cuncta maiora iudicia) in
der Hand des Vaters.

plurimos annos mortis suae prospectu pacis regnum suum inter tres
illustrissimos filios suos de Hemma regina progenitos ita dividere
curavit, ut primogenito suo bellicosissimo Carlomanno Noricum et
partem barbararum nationum gubernandos committeret; regni vero
sui, hoc est Francorum et Saxonum, cum alienigenarum tributis cog-
nominem suum Ludowicum coheredem faceret; porro mansuetissi-
mum Carolum Alemanniae, Rhaetiae maiori, et etiam Curiensi, rec-
torem dirigeret: ita dumtaxat, ut ipsi filii eius adhuc eo vivente
tantum denominatas curtes haberent, et minores causas determinare
curarent, episcopia vero omnia et monasteria, nec non et comitiae,
publici etiam fisci, et cuncta maiora iudicia, ad se spectare deberent».
Den Zeitpunkt der Teilung gibt die 869 abgefaßte Francorum regum
historia, SS. II, 325¹, wo die Teile folgendermaßen bezeichnet sind: «Karlomanno quidem dedit Noricam, id est Baioariam, et marchas contra
Sclavos et Langobardos, Hludowico vero Thuringiam, Austrasios
Francos et Saxoniam dimisit, Karolo quoque Alemanniam et Cur-
walam, id est comitatum Cornu-Galliae, dereliquit».

Die Söhne waren jedoch an der Verwaltung des väter=
lichen Reiches außerdem noch dadurch beteiligt, daß ihnen inner=
halb ihrer künftigen Teilreiche Grafenämter übertragen wurden,
offenbar um die Prinzen schon jetzt dort festen Fuß fassen zu
lassen. So hat Karl scheinbar seit dem Jahre 865 das Grafen=
amt im Breisgau verwaltet[1], während sein ältester Bruder,
der kriegstüchtige Karlmann, eine weit bedeutendere Stellung
in Baiern einnahm, wo ihm die gesamten südöstlichen Marken
unterstellt und die einzelnen Grafen untergeben waren.[2] Im
Gegensatz zu ihnen hatte der dritte Bruder Ludwig, soweit sich
sehen läßt, eine derartige Stellung nicht inne, wurde aber
ebenso wie Karlmann des öfteren mit der Leitung militärischer
Expeditionen beauftragt, wohl absichtlich namentlich zur Deckung
der Grenzen seines künftigen Teilreiches gegen die Abobriten
und Wenden.[3] Der lebhafte Wunsch nach einer selbständigeren
Gewalt im väterlichen Reiche und einer bedeutenderen Teilnahme
an der Regierung, vor allem auch die teils tatsächliche, teils
nur vermeintliche Bevorzugung Karlmanns[4] veranlaßten meh=
rere Empörungen des unruhigen jüngeren Ludwig, zu denen er
auch seinen schwächlichen Bruder Karl mit zu verleiten wußte.[5]

---

[1] Das ergeben die Urkunden des Breisgaues aus dieser Zeit, Wartmann, U.=B. von St. Gallen II, Nr. 534, 553, 555, 570, 574, 575, 579,
585. Vgl. besonders S. 148. Ihm hat sich jetzt auch Dümmler angeschlossen (O. R. II², 120), obwohl die Datierung sehr unsicher ist.

[2] Auctarium Garstense a. 856, SS. IX, 565: «Karlomanno mar-
chia orientalis est commendata». Vgl. Ann. Fuld. a. 861, 862, 863,
p. 55 und 56. Ann. Bertin. a. 864, 865, p. 73, 75 (Karlomanno filio
sibi familiariter reconciliato marcas quas ab eo tulerat reddidit).

[3] Ann. Fuld. a. 858, 859, p. 49 und 68. Ann. Bertin. a. 862, 867,
869, p. 60, 87, 106.

[4] Vgl. dazu auch Ann. Fuld. a. 866, 871, p. 64 und 73 (fama vo-
litante).

[5] Ann. Fuld. a. 866, 871, 873, 874, p. 64, 72, 77, 81. Ann. Bertin.
a. 866, 870, 873, p. 84, 114, 122.

Dank des besonnenen und energischen Auftretens des Vaters gewannen sie keine gefährliche Ausdehnung, doch sah sich dieser veranlaßt, zur Beruhigung der jüngeren Söhne, und um alle Gerüchte von einer weiteren ungerechten Begünstigung Karl= manns zu zerstreuen, die Teilung des Jahres 865 auf dem Reichstag zu Forchheim im März 872 zu bestätigen, und zwar unter klarer und genauer Bezeichnung der dem einzelnen zukom= menden Gebiete.[1] Wahrscheinlich wurde hier auch die Vertei= lung der neuerworbenen lothringischen Lande vorgenommen[2], die bis dahin ebenfalls Gegenstand des Streites gewesen sein mochten. Als aber bereits im folgenden Jahre durch Karls Geständnis eine neue Verschwörung der beiden jüngeren Brüder an den Tag kam[3], hat der König sich offenbar entschlossen, sie dadurch zufrieden zu stellen, daß er ihnen nunmehr einen größeren Anteil an den Regierungsgeschäften einräumte. Wir hören nämlich, daß er sie auf einem Gerichtstage zu Bürstadt bei Worms mit seiner Vertretung im Königsgericht beauftragte und mit der Entscheidung aller hier vorgebrachten Klagen und Beschwerden betraute; nur was sie selbst nicht zu erledigen vermochten, sollte seinem Spruche unterliegen.[4] Es ist nicht

---

[1] Ann. Fuld. a. 872, p. 75: «Rex vero mediante quadragesima apud villam Forahheim generali conventu habito filios suos de regni partitione inter se dissidentes pacificavit et, quam quisque partem post obitum suum tueri deberet, liquido designavit.»

[2] Daß dieselbe von Ludwig dem Deutschen noch selbst vorgenommen wurde, dürfen wir annehmen nach Ann. Bertin. a. 876, p. 132: «... si plus per rectum ille habere deberet portionem de regno quam pater suus illi dimisit ex ea parte, quam cum fratre suo Karolo per con= sensum illius et per sacramentum accepit.» Vgl. Dümmler, O. R. II, 337, dagegen aber Waitz, V.=G. V, 21.

[3] Ann. Fuld. a. 873, p. 77. Ann. Bertin. a. 873, p. 122.

[4] Ann. Fuld. a. 873, p. 78: «Rex in villa Bisestadt prope Wor= matiam placitum habuit filiosque suos, Hludowicum videlicet et Ka= rolum, ad audiendum singulorum causas constituit; et quicquid illi

unwahrscheinlich, daß er ihnen damals auch die Verwaltung
des ostfränkischen Lothringens übertrug, die nachweislich bereits
zu Lebzeiten des Vaters in den 70er Jahren des Jahrhunderts
ganz oder wenigstens teilweise in ihrer Hand lag.[1]

Für die Stellung der Söhne Ludwigs des Deutschen bei
Lebzeiten des Vaters könnte es auf den ersten Blick von großer
Bedeutung erscheinen, daß wir unter einer Anzahl seiner Ur=
kunden ihre Unterschriften beigefügt finden, und zwar entweder
die eines einzelnen oder auch zweier oder aller drei Brüder.[2]
In der Tat hat Gfrörer[3] unter Hinweis auf eine 865 von
Karlmann für Baiern[4] und eine andere 866 von Karl für
Alemannien[5] mitunterzeichnete Urkunde den Schluß gezogen,
daß die genannten Brüder „sofort in den Besitz des ihnen
zugemessenen Anteils traten“, während Ludwig vorläufig von

---

per se terminare non possent, patris iudicio reservarent. Unde accidit,
ut undique venientium querimoniis legitime terminatis unusquisque
cum gaudio rediret in sua.»

[1] Daß die ostfränkischen Brüder Ludwig und Karl zu Lebzeiten
ihres Vaters in Lothringen Regierungshandlungen ausgeübt haben, beweist
ein Brief Papst Johanns VIII. an sie, in welchem er sie auffordert,
dieses Kaiser Ludwig II. gehörige Land zu räumen (Abfassungszeit also
zwischen 870 und 875). Jaffé (Reg. I, no 3000) hält, wie namentlich aus
den angewandten Titeln hervorgeht, fälschlich Ludwig den Deutschen und
Karl den Kahlen für die Adressaten. Es heißt in dem Schreiben u. a.
(N. A. V, 277): «Relatum est nobis, quod quasdam sortes regni quondam dive memorie Lotharii imperatoris inconvenienter retineatis et
vestro pro libitu contra omnem iustitiam disponatis.» Ferner: «Huius
rei gratia monemus, hortamur, ut quod de prescripto regno tenetis
continuo deseratis, ab invasione illa cessetis et nullam ordinationem
nullamque potestatem vobis vindicare conemini . . .»

[2] BM. 1425, 1426, 1447, 1452, 1457, 1461, 1492, 1511, 1512, 1513.

[3] Geschichte der ost= und westfränkischen Karolinger (Freiburg 1848)
I, 408 f. und II, 97 f.

[4] Monumenta Boica XI, 122 (BM. 1457); wahrscheinlich aber vom
18. Oktober 864.

[5] Wirtemberg. Urkundenbuch I, Nr. 141, S. 166 (BM. 1461).

der Besitzergreifung seines Erbteils ausgeschlossen worden sein
soll, weil sich eine Mitunterfertigung eines väterlichen Diploms
durch ihn vor dem Jahre 873 nicht nachweisen ließe. Den
Grund dieser Vorenthaltung sieht Gfrörer phantastischerweise
darin, daß Ludwig noch nicht vermählt war und „also noch
keinen eigenen Hofhalt gehabt hätte". Aus dem Zusammenhang
ergibt sich, daß der genannte Gelehrte der Ansicht ist, Karlmann
und Karl wären 865 wirklich in den vollen Besitz aller ihnen
zugewiesenen Länder getreten, hätten einen eigenen Hof unter=
halten und eine Regierung geführt, der das Recht einer Zu=
stimmung über Vergabungen des Vaters eingeräumt war, die
ihre Reiche betrafen. Davon kann jedoch keine Rede sein.[1]
Zunächst steht die Mitunterfertigung der Söhne in gar keiner
Beziehung zu der Teilung von 865, denn Unterschriften der
Söhne, auch Ludwigs des Jüngeren, finden sich bereits in einer
Reihe von Urkunden aus den vorhergehenden Jahren.[2] Dann
beziehen sich auch die Unterschriften der Söhne keineswegs nur
auf ihre künftigen Teilreiche, vielmehr finden wir in Privilegien
über alemannische Güter neben dem Handmal Karls auch das
des jüngeren Ludwig[3] oder häufiger das beider anderen Brüder.[4]
Endlich ist hervorzuheben, daß nur ein ganz geringer Teil von

---

[1] Vgl. die Ausführungen Sickels, Beiträge zur Diplomatik I,
Wiener Sitz.-Ber. 36, 392 ff.; Beiträge zur Diplomatik II, WienerSitz.-Ber.
39, 128. Ferner Ficker, Beiträge zur Urkundenlehre (Innsbruck 1877 f.)
I, 280.

[2] Neugart, Codex dipl. Alemanniae et Burg. Transjur. I, 295
(hier ist in der Korroboration die Unterschrift der Söhne angekündigt,
aber vom Kopisten fortgelassen) und I, 346. Wartmann, U.-B. von
St. Gallen II, 70 und 92. Monum. Boica XI, 122. (BM. 1425, 1426,
1447, 1452, 1457).

[3] Wartmann, U.-B. von St. Gallen II, 185 (Nr. 573).

[4] Neugart I, 295 (vgl. oben Anm. 2), Wartmann II, 70, 202, 203.
Die beiden zuletzt zitierten Diplome sind später auch von König Arnulf
zur Bestätigung unterfertigt worden.

Diplomen Ludwigs des Deutschen eine derartige Mitunter=
fertigung der Söhne aufweist. Ein Vergleich mit der sich in
den Urkunden Ludwigs des Frommen manifestierenden Mit=
regentschaft Lothars muß daher mit Sickel[1] durchaus abgelehnt
werden. Aller Wahrscheinlichkeit nach haben die Unterschriften
der Söhne ihre Entstehung lediglich dem Wunsche fürsorglicher
Empfänger zu verdanken, die in den unruhigen Zeiten eine
möglichst weitgehende Garantie für ihre Privilegien zu erlangen
suchten, keinesfalls aber irgend welchem Einfluß der Söhne auf
die Entschließungen und Vergabungen des Vaters. Dafür
spricht auch, daß die Unterschriften der Söhne nicht stets gleich=
zeitig mit der des Vaters erfolgten, sondern teilweise erst nach=
träglich hinzugefügt wurden, wie aus dem Charakter der Schrift
und der Raumverteilung hervorgeht.[2] Bemerkenswert ist
übrigens, daß Wartmann[3] aus der Mitunterfertigung aleman=
nischer Urkunden durch Karl gerade den entgegengesetzten Schluß
ableitet wie Gfrörer, indem er meint, sie beweise eher, daß
Karl noch bei seinem Vater weilte und keinerlei selbständige
Stellung innehatte. Dieser Schluß ist jedoch schon deshalb
unstatthaft, weil er mit demselben Rechte auf die Unterschrift
Karlmanns angewandt werden könnte, von dem wir doch wissen,
daß er eine markgräfliche Würde von hoher Bedeutung in den
Ostmarken bekleidete.

Aus alledem erhellt, daß wir es bei Ludwigs des Deutschen
Söhnen keineswegs mit der selbständigen Regierung eines abge=
sonderten Reichsteiles und mit einer unterköniglichen Gewalt
zu tun haben. Dazu fehlte ihnen neben den wichtigsten Hoheits=
rechten vor allem der Königstitel, den Ludwig im Gegensatz

---

[1] Beiträge zur Diplomatik I, Wiener Sitz.=Ber. 36, 393.

[2] Vgl. Sickel, Beiträge zur Diplomatik II, Wiener Sitz.=Ber.
39, 128.

[3] U.=B. von St. Gallen II, 148.

zu seinem Bruder Karl den Söhnen wohl absichtlich nicht bei=
legte, um dadurch von vornherein höhere Ansprüche von ihrer
Seite auszuschließen.

4. Aquitanien unter Karl dem Jüngeren (855—866).

Im Jahre 845 hatte Karl der Kahle im Vertrage von
Fleury seinem Neffen Pippin den Besitz Aquitaniens mit Aus=
nahme der Grafschaften Poitiers, Saintes und Angoulême zu=
gestanden.[1] Bewies er aber bereits auf dem Frankentage zu
Mersen 847, wie wenig aufrichtig dieser Vertrag von seiner
Seite gemeint war, so ergriff er auch bald darauf die erste
Gelegenheit, das aquitanische Reich dem Neffen wieder zu ent=
reißen. Da dieser sich nämlich als nicht fähig erwies, das
Land vor den Raubzügen der Normannen zu beschützen und
geordnete Zustände herbeizuführen[2], wandte sich schon im
Jahre 848 der größte Teil der aquitanischen Großen an Karl
und trug ihm die Krone an, die er auch bereitwilligst annahm.[3]
Zu Orléans fand eine besondere Wahl und Weihe Karls zum
König der Aquitanier statt, wodurch zum Ausdruck gebracht
wurde, daß Aquitanien auch fernerhin ein eigenes, für sich
bestehendes Reich bilden und mit dem westfränkischen lediglich
durch Personalunion verbunden sein sollte. Es gelang Karl
jetzt wirklich, im folgenden Jahre fast ganz Aquitanien, haupt=

---

[1] Vgl. oben S. 156 ff.

[2] Über die Lage Aquitaniens unter Pippin II. vgl. Conventus
Suessionensis von 853, Capit. II, no 258, c. 5 (p. 265 8 ff.). W. Vogel,
Die Normannen und das fränkische Reich bis zur Gründung der Norman=
die S. 121 f.

[3] Ann. Bertin. a. 848, p. 36: «Aquitani, desidia inertiaque Pippini coacti, Karolum petunt, atque in urbe Aurelianorum omnes pene
nobiliores cum episcopis et abbatibus in regem eligunt, sacroque
crismate delibutum et benedictione episcopali sollemniter consecrant.»

sächlich auf gütlichem Wege, sich zu unterwerfen[1] und 852
sogar Pippin II. in seine Gewalt zu bekommen.[2] Um ihn für
immer unschädlich zu machen, ließ er ihn zum Mönche scheren
und in das Kloster des heiligen Medardus zu Soissons in
Gewahrsam bringen. Aber auch Karl sollte sich nicht lange
des ruhigen Besitzes des Landes erfreuen und bald den Wankel=
mut seiner neuen Untertanen am eigenen Leibe erfahren.
Bereits im Jahre 853 fielen sie zum größten Teile von ihm
ab und wandten sich an seinen Bruder Ludwig von Ostfranken
mit der dringenden Aufforderung, entweder selbst nach Aqui=
tanien zu kommen oder einen seiner Söhne dorthin zu senden,
um die Regierung zu übernehmen.[3] Ludwig, aus uns unbe=
kannten Gründen von Zorn gegen den Bruder erfüllt[4], ging
tatsächlich auf das Anerbieten ein, kam jedoch nicht selbst,
sondern schickte im folgenden Jahre seinen zweiten gleichnamigen
Sohn Ludwig.[5] Wenn dieser aber gehofft hatte, mit leichter
Mühe das Land in Besitz zu nehmen, so sah er sich getäuscht,
denn nur ein geringer Teil der Aquitanier ging zu ihm über[6],
während die große Menge sich wieder ihrem alten Herrscher

---

[1] Ann. Bertin. a. 849, p. 37: «Karolus Aquitaniam ingressus,
pene omnes, Christo sibi propitio, conciliando subiugat, marcam vero
Hispanicam pro libitu disponit.»

[2] Ann. Bertin. a. 852, p. 41: «Sancius comes Vasconiae Pippinum,
Pippini filium, capit et usque ad praesentiam Karoli servat. Quem
Karolus captum in Franciam ducit ac post conloquium Hlotharii in
monasterio Sancti Medardi apud Suessiones tonderi iubet.»

[3] Ann. Bertin. a. 853, p. 43: «Aquitani pene omnes a Karolo
recedunt atque ad Ludowicum regem Germaniae legatos suae dedi-
tionis cum obsidibus mittunt.» Ann. Fuld. a. 853, p. 43: «Aquitanorum legati Hludowicum regem crebris supplicationibus sollicitunt, ut
aut ipse super eos regnum susciperet aut filium suum mitteret, qui
eos a Karli regis tyrannidi liberaret etc.»

[4] Ann. Bertin. a. 853, p. 43.

[5] Ann. Bertin. a. 854, p. 44. Ann. Fuld. a. 854, p. 44.

[6] Vgl. v. Kalckstein, Robert der Tapfere S. 34.

Pippin anschloß, der soeben aus der klösterlichen Haft entkommen war.[1] Karl der Kahle ließ letzteren zunächst unbehelligt und wandte sich gegen den jüngeren Ludwig, der ohne Unterstützung nun gezwungen war, eiligst den Rückmarsch anzutreten.[2] Nach längeren Unterhandlungen gelang es Karl dann, die Aquitanier zu bestimmen, auch Pippin fallen zu lassen und sich ihm aufs neue anzuschließen, aber unter der Bedingung, daß er ihnen eine selbständige Landesregierung unter seinem zweiten Sohn Karl als König zugestand.[3] Auf einer aquitanischen Reichs=versammlung zu Limoges im Oktober 855 wurde dieser feier=lichst zum König gesalbt und mit Krone und Scepter geschmückt.[4]

Das neue Reich umfaßte aller Wahrscheinlichkeit nach das gesamte alte Aquitanien, mit Einschluß jener Gaue, die Pippin II. 845 verloren hatte[5], aber ohne die drei burgundi=schen Grafschaften, die Pippin I. besessen hatte.[6] Auch haben wir keinen Grund zu der Annahme, daß Septimanien und die spanische Mark hinzugehörten, wie Longnon[7] aus dem Kapi=tular Karls des Kahlen von Servais[8] aus dem Jahre 853 schließen zu können glaubt. Sicherlich mit Unrecht, denn wenn im genannten Kapitular bei der Einteilung des Westreichs in Missatsprengel Aquitanien, Septimanien und die spanische

---

[1] Ann. Bertin. a. 854, p. 44: «Pippinus ... Aquitaniam ingre-ditur, parsque maxima populi terrae ad eum convolat.»

[2] Ann. Bertin. p. 44, Ann. Fuld. p. 44.

[3] Ann. Bertin. a. 855, p. 45: «Karolus Aquitanis petentibus Kar-lum, filium suum, regem designatum adtribuit.»

[4] Ann. Bertin. p. 45: «Aquitani urbem Lemovicum mediante Octobri mense convenientes, Karlum puerum, filium Karli regis, regem generaliter constituunt unctoque per pontificem coronam regni imponunt sceptrumque adtribuunt.»

[5] Vgl. oben S. 156.

[6] Autun, Nevers und Avallon, vgl. oben S. 98.

[7] Atlas historique de la France, texte explicatif p. 74.

[8] Capit. II, no 260 (p. 270 ff.).

Mark ausgeschlossen bleiben und daraus allerdings eine beson=
dere Stellung dieser drei Länder gefolgert werden kann, so
braucht deshalb noch keineswegs Septimanien und die Mark
zum aquitanischen Reiche gehört zu haben. Die besondere Be=
handlung dieser Gebiete hatte ihren Grund nicht etwa darin,
daß sie gemeinsam unter der Verwaltung des aquitanischen
Königs stehen sollten, den es im Jahre 853 ja noch gar nicht
gab, sondern sie war deshalb geboten, weil Aquitanien damals
in vollem Aufstande begriffen und nicht in Karls Gewalt war[1],
während in Septimanien und der Mark die Errichtung von
Missatsprengeln wegen der geringen Ausdehnung dieser Gebiete
unnötig erschien.[2] Beide gehörten jedoch nicht zum eigentlichen
Aquitanien und werden stets getrennt von demselben aufgeführt.[3]
Da sich ferner weder in den Privaturkunden Septimaniens und
der Mark noch sonstwo ein Anzeichen der Herrschaft des jungen
Karl findet, so haben wir auch in diesem Falle kein Recht, sie
dem aquitanischen Reiche zuzurechnen. Dazu darf uns auch der
Umstand nicht veranlassen, daß sie auf diese Weise von den
übrigen direkt unter Karls des Kahlen Verwaltung stehenden
Ländern getrennt waren. Das machte bei dem Charakter
Aquitaniens als eines von ihm abhängigen Reiches keine
Schwierigkeiten, zumal die verschiedenen Teilreiche wie zur
Merovingerzeit noch immer als Teile einer einzigen großen
Familienherrschaft betrachtet wurden. Politische Erwägungen

---

[1] Vgl. oben S. 166.

[2] Auch 825 wurden Septimanien und die Mark nicht in die Aufteilung des Reiches in Missatsprengel einbezogen, obwohl sie seit 817 von
Aquitanien losgelöst waren und des Kaisers eigener Verwaltung unterstanden; vgl. Capit. I, no 151, p. 308.

[3] Divisio regnorum 806, Capit. I, no 45, c. 1 (p. 127 [12]). Ordinatio
imperii 817, l. c. no 136, c. 1 (p. 271 [20]). Praeceptum pro Hispanis von
815 und 844, l. c. I, no 132, p. 261 [17] und II, 258 [35]. Divisio imperii
839, l. c. II, no 200, p. 58 [30]. Synodus Pontigonensis 876, l. c. II,
no 279, p. 348.

werden Karl den Kahlen bewogen haben, diese Grenzgebiete unter der eigenen Herrschaft zu belassen.

Um die Stellung des jungen Aquitanierkönigs richtig zu erfassen, müssen wir uns zunächst die politische Lage im West= reich und die Ereignisse vergegenwärtigen, die zu seiner Er= hebung führten. Die Kämpfe nach dem Tode Pippins I. hatten den Widerwillen der Aquitanier gegen eine Vereinigung mit dem Frankenreich und ihr Streben nach politischer Selbständig= keit aufs neue dargetan. Nur die Geißel der Normannenein= fälle und die daraus entstehende Auflösung aller geordneten Verhältnisse hatten sie 848 zum Anschluß an den Beherrscher des Westfrankenreichs vermocht, aber unter Wahrung der Idee eines selbständigen Aquitanierreiches.[1] Doch konnte es auch so nicht verhindert werden, daß Karl die Regierung lediglich von Neustrien aus mit fränkischen Großen führte und Aquitanien wie eine Provinz desselben behandelte. Die Unzufriedenheit mit diesem ihre nationale Empfindlichkeit verletzenden Verhältnis rief eine abermalige Empörung hervor, und nur dadurch gelang es schließlich Karl, die Anerkennung der Aquitanier wieder zu erlangen, daß er ihrer Abneigung gegen eine Vereinigung mit Neustrien besser Rechnung trug, indem er ihnen in seinem zweiten gleichnamigen Sohne einen eigenen Herrscher gab, der die Sonderstellung des Landes repräsentieren und die Verwal= tung mit besonderer Berücksichtigung der aquitanischen Verhält= nisse und unter Teilnahme aquitanischer Großer führen sollte, vorbehaltlich der Oberhoheit des Vaters. Da jedoch zunächst an ein eigenes Regiment des jungen Königs bei seinem Alter von 8 Jahren[2] nicht gedacht werden konnte, so mußte die

---

[1] Vgl. oben S. 165.

[2] Hinkmar sagt gelegentlich seiner Vermählung im Jahre 862, daß er damals noch nicht das 15. Jahr vollendet hatte (Ann. Bertin. p. 58: «necdum quindecim annos complens»).

Leitung der Geschäfte notwendig seinen Beratern überlassen
bleiben.   Schon dieser Umstand, wie überhaupt der Wankelmut
und die auf größtmögliche Selbständigkeit gerichteten Bestrebungen
der Aquitanier machten es für Karl unerläßlich, der aqui=
tanischen Regierung für alle Zeit nur beschränkte Rechte einzu=
räumen und sich selbst eine weitgehende Oberhoheit zu sichern,
wenn er auf den dauernden Besitz des Landes rechnen wollte.
Demgemäß sehen wir auch in den Quellen die eigentliche Herr=
schaft und die wichtigsten Hoheitsrechte ihn selbst ausüben, so
daß sein Sohn lediglich als sein Statthalter erscheint.   Jedoch
war in den nächsten Jahren die Macht beider in Aquitanien
weder gefestigt, noch ihre Herrschaft dauernd anerkannt, vielmehr
hatten sie wiederholt mit Empörungen zu kämpfen[1], die ihren
Grund zum Teil in der Unzufriedenheit der Aquitanier darüber
haben mochten, daß Karl der Kahle auch jetzt noch die eigent=
liche Leitung der Regierung in der Hand behielt.   In diesen
Wirren trat auch Pippin II. von neuem als Kronprätendent
auf, diente aber nur noch als Puppe der Gegenpartei.[2]   Karl
der Kahle war anfangs nicht in der Lage, den Empörern
machtvoll entgegenzutreten, da er auch im eigenen Reiche mit
gefährlichen Unruhen zu tun hatte[3], die ihren Höhepunkt mit
dem Einfall Ludwigs des Deutschen in sein Gebiet im Jahre 858
erreichten.[4]   Nach dessen Abzuge im Anfang des folgenden

---

[1] Schon 856 wurde der junge Karl vertrieben, kehrte aber noch im
selben Jahre nach Aquitanien zurück.   857 fiel wiederum ein Teil der
Aquitanier von ihm ab.   Ann. Bertin. a. 856 und 857, p. 46 und 47.
Vgl. Dümmler, O. R. I, 411 f., 420, 427 ff.

[2] Ann. Bertin. a. 856, p. 46: «Aquitani Karlum puerum ... sper-
nentes, Pippinum ... regem simulant.»

[3] Ann. Bertin. l. c.   Vgl. Capit. II, no 262—265.

[4] Ann. Bertin. a. 858, p. 50.   Ann. Fuld. a. 858, p. 50.   Vgl.
v. Kalckstein, Robert d. T. S. 43 ff. und 57 ff.   Dümmler, O. R. I, 412 ff.
und 430 ff.

Jahres besserten sich die inneren Verhältnisse im Westreiche allmählich[1], speziell in Aquitanien ist nach der Unterwerfung von 859[2] ein größerer Aufstand gegen die Herrschaft des west=fränkischen Königshauses nicht mehr erfolgt. Völlige Beruhigung des Landes trat dann ein, als Pippin II., der zuletzt im Bunde mit den Normannen ein unstetes Räuberleben geführt und seine einstigen Untertanen geplündert hatte[3], 864 gefangen genommen wurde und im Kerker verschwand.[4]

Wenden wir uns nun im einzelnen zur Betrachtung der Stellung Karls des Jüngeren als Königs von Aquitanien. Wie schon berührt, konnte seiner Einsetzung keineswegs die Absicht zugrunde liegen, dem aquitanischen Reiche eine völlig selbstän=dige, vom übrigen Westreiche losgelöste Existenz zu gewähren. Im Gegenteil blieb die Verbindung beider Reiche unter Karl dem Kahlen stets eine sehr enge und betrachtete sich dieser durchaus als Obereigentümer des aquitanischen Reiches, dessen jeweilige Verhältnisse ihn auf das nächste berührten und zu fortgesetzten Eingriffen Veranlassung gaben. Wie die aquita=nischen Angelegenheiten auf den westfränkischen Reichsversamm=lungen zur Beratung kamen, und wie wir Kapitularien besitzen, die sich speziell an die im Aufruhr befindlichen Aquitanier wenden[5], so bezogen sich zweifellos die auf diesen Reichstagen gefaßten Beschlüsse, wenn sie, wie es heißt, «per omne regnum nostrum» gültig sein sollten, auch auf Aquitanien.[6]   Anbrer=

---

[1] Namentlich seit Karls Versöhnung mit Robert dem Tapferen, Markgrafen von Anjou, im Jahre 861. Ann. Bertin. p. 55. Vgl. v. Kalck=stein l. c. S. 70 f. und Dümmler l. c. II, 41.

[2] Ann. Bertin. p. 52: «Aquitani ad Karlum puerum omnes pene convertuntur.»

[3] Ann. Bertin. a. 857, 859, 864, p. 47, 52, 67.

[4] Ann. Bertin. a. 864, p. 72. Vgl. Dümmler, O. R. II, 102 ff.

[5] Capitula und Missatica tria ad Francos et Aquitanos directa (856), Capit. II, no 262—265, p. 279 ff.

[6] Vgl. namentlich Edictum Pistense (864), Capit. II, no 273, c. 11

seits nahmen an diesen westfränkischen Reichstagen auch aqui=
tanische Große teil, wie es sich für den Reichstag zu Pitres
im Jahre 864 nachweisen läßt.[1] Ebenso wie der junge König
selbst waren sodann auch seine aquitanischen Untertanen dem
Vater zu Gehorsam und Treue verpflichtet: Von seinem Sohne
sowohl wie von den aquitanischen Großen hat Karl sich ver=
schiedentlich den Treueid schwören lassen[2] und zur Rechenschaft
gezogen, wer sich einer Verletzung desselben schuldig machte.[3]
Dem jungen König war von vornherein eine Einmischung in
alle auswärtigen Angelegenheiten und Verwicklungen dadurch
abgeschnitten, daß die Grenzgebiete im Süden, die spanische
Mark und Septimanien, nicht seiner Verwaltung unterstanden.[4]
Alle Verhandlungen über Friedens= und Bündnisverträge mit
den sarazenischen Grenznachbarn führte dementsprechend der
Vater.[5] Er verfügte ferner über die Streitkräfte des aquita=
nischen Reiches in seinen Kämpfen mit den Normannen, und

---

und 12 (p. 315), wo eine neue Münze „im ganzen Reiche" eingeführt
werden soll und zehn Münzstätten festgesetzt werden. Da sich unter diesen
die Stadt Melle in Poitou befindet, so bezogen sich die Verfügungen auch
auf Aquitanien.

[1] Ann. Bertin. a. 864, p. 72: «Bernardus, Bernardi quondam
tyranni carne et moribus filius, licentia regis accepta de eodem placito quasi ad honores suos perrecturos ... regreditur.» Bernhard war
Graf der Auvergne. Mit ihm war auch Graf Ramnulf von Poitou an=
wesend, wie sich aus dem Folgenden ergibt (p. 73). Über Bernhard vgl.
v. Kalckstein, Robert d. T. S. 163 Anm. zu S. 87 Z. 2.

[2] Ann. Bertin. a. 863, p. 66: «Inde Nivernum civitatem perrexit;
ubi filium suum Karolum ad se venientem recepit et sibi fidelitatem
et debitam subiectionem promitti sacramento praecepit et omnes
primores Aquitaniae iterum sibi iurari fecit.» Vgl. folgende Anm.

[3] Ann. Bertin. a. 864, p. 73: «Cui (sc. Egfrido) rex ... quod in
eum commiserat perdonavit, et sacramento firmatum ac sua gratia
muneratum inlesum abire permisit.»

[4] Vgl. oben S. 167 f.

[5] Ann. Bertin. a. 863, 864, 865, p. 66, 73, 80.

zwar sowohl auf aquitanischem wie auf neustrischem Boden.[1] Am deutlichsten vermögen wir den Einfluß Karls des Kahlen in bezug auf die innere Verwaltung Aquitaniens zu erkennen. Er scheint hier über die wichtigsten Angelegenheiten, namentlich über die Besetzung der hohen Ämter und Würden stets selbst entschieden zu haben. So übertrug er im Jahre 866 das Erzbistum Bourges seinem Günstling Wulfad, den er auch durch seinen Sohn Karlmann sogleich von seiner Metropole Besitz ergreifen ließ.[2] Ebenso lag die Verfügung über die Grafschaften und Abteien in Aquitanien in seiner Hand. Das erhellt sowohl aus einer Anzahl von Diplomen[3], in denen er als besondere Gunst einigen Klöstern freie Abtwahl verleiht, als besonders daraus, daß er im Jahre 858 seinem Neffen Pippin nach dessen Unterwerfung eine Reihe von aquitanischen Grafschaften und Abteien verlieh.[4] Überhaupt gehen sämtliche Privilegien für Aquitanien, die verschiedensten staatlichen Rechte betreffend, von Karl dem Kahlen aus[5], während von seinem

---

[1] Ann. Bertin. a. 864, p. 66: «Karolus Aquitanios hostiliter contra Normannos, qui ecclesiam Sancti Hilarii (bei Poitiers) incenderunt, disposito exercitu ire praecipiens ...» Als eine militärische Hilfsexpedition sehe ich auch den Zug des jungen Karl nach der von den Normannen besetzten Seineinsel Oscell an, die sein Vater damals belagerte, Ann. Bertin. a. 858, p. 50.

[2] Ann. Bertin. a. 866, p. 83: «His ita dispositis, Karolus iam dicto Vulfado Bituricensem metropolim, nuper defuncto Rhodulfo archiepiscopo, ante causae diffinitionem arbitratu suo committit ... Post haec Karolus ad consignandam Bituricensem metropolim Vulfado filium suum Karlomannum abbatem monasterii Sancti Medardi transmittit.» Darauf erfolgte die Weihe Wulfads durch Bischof Albo von Limoges. Vgl. das Schreiben Papst Nikolaus' I. an Karl bei Migne, Patrol. Lat. 119, 977 (Jaffé, Reg. I, 2811).

[3] B. 1713, 1730.

[4] Ann. Bertin. a. 858, p. 50: «Pippinum iam laicum venientem suscipit et ei comitatus ac monasteria in Aquitania tribuit.»

[5] B. 1660, 1678, 1703, 1713, 1727, 1730, 1732.

Sohne uns keines überliefert ist. Wenn wir aus seiner ganzen sonstigen Stellung schließen dürfen, hat er das Recht der Ur= kundenausstellung wohl nicht besessen. Die Urkunde für Erz= bischof Agilmar von Vienne, die Bouquet[1] und Dümmler[2] ihm zuweisen, kann wohl nicht ihm, sondern nur Karl dem Kahlen angehören. Die Formeln dieses Diploms stimmen ganz mit denen der Urkunden des letzteren überein, während man in einem Diplome Karls von Aquitanien den Titel «rex Aquitanorum» (nicht bloß «rex») und auch die Datierung nach den Regierungs= jahren des Vaters erwarten müßte, die hier fehlt. Ein weiterer Grund, die Urkunde diesem zuzurechnen, ist der, daß sich das darin verliehene Immunitätsprivileg auch auf Güter in Burgund erstreckt, über die der Aquitanierkönig keine Gewalt besaß. Am greifbarsten tritt uns die vollkommene Abhängigkeit, in der sich der junge Karl seinem Vater gegenüber befand, darin entgegen, daß dieser eine Gehorsamsverweigerung mit Absetzung oder doch zeitweiser Entfernung des Sohnes aus Aquitanien bestrafte. Auf Anstiften einiger aquitanischer Großen, wie es heißt[3], hatte im Jahre 862 der noch nicht fünfzehnjährige Karl mit der Witwe eines Grafen Humbert die Ehe geschlossen, zu der ihm aber der Vater die Genehmigung versagte. Es handelte sich wohl um eine politische Heirat, die den jungen König mit den Aquitaniern eng zu verbinden und dem fränkischen Einfluß zu entziehen bezweckte.[4] Als der Sohn, in einer Zusammen=

---

[1] Recueil VIII, 675.

[2] O. R. I, 388 Anm. 1.

[3] Ann. Bertin. a. 862, p. 58: «Karolus rex Aquitanorum, Karoli regis filius, necdum quindecim annos complens, persuasione Stephani (i. e. comitis Arvernorum) relictam Humberti comitis sine voluntate et conscientia patris in coniugium ducit.» Außerdem wird uns als Verführer des jungen Königs an anderer Stelle Egfried, später Graf von Bourges, genannt (Ann. Bertin. a. 864, p. 73).

[4] Vgl. v. Kalckstein, Robert d. T. S. 80.

kunft zu Meung an der Loire zur Rede gestellt, sich trotzig
entfernte und sich auch weiterhin aufsässig zeigte[1], unternahm
Karl im folgenden Jahre (863) einen Feldzug nach Aquitanien,
um ihn zum Gehorsam zu zwingen.[2] Noch bevor jedoch das
Heer die Grenze überschritt, stellte sich der junge Karl zu
Nevers dem Vater und gelobte eiblich Treue und Unterwerfung,
desgleichen die aquitanischen Großen, die seinen Ungehorsam
unterstützt hatten.[3] Wenn der Aquitanierkönig jedoch erwartet
hatte, dadurch die väterliche Verzeihung zu erlangen, so sah er
sich getäuscht, denn Karl nahm ihm zur Strafe die Regierung
und führte ihn mit sich fort nach Compiègne.[4] Hier traf den
jungen Fürsten auf der Heimkehr von einer Jagd das Unglück,
daß er in der Dunkelheit des Waldes von einem Genossen, der
ihn für einen Räuber hielt, einen so heftigen Schwerthieb über
den Kopf erhielt, daß er seitdem an Fallsucht krankte.[5] Es
läßt sich daher nicht entscheiden, ob Karl der Kahle seinen
Sohn dauernd oder nur zeitweilig von der Regierung zu ent=
fernen beabsichtigt hatte, jedenfalls veranlaßte ihn nun dieser
Unfall, den jungen Karl fortan bei sich zu behalten. Vielleicht
fand er darin eine willkommene Gelegenheit, das aquitanische
Unterkönigtum zu beseitigen. Erst zwei Jahre später hat er
auf bringenden Wunsch der aquitanischen Bischöfe und Grafen

---

[1] Ann. Bertin. a. 862, p. 58: «Ipse cum uxore super Ligerim in
loco qui Maidanus dicitur, datis per suos sacramentis, cum Karolo
filio loquitur, et eo quasi subito, sed voce submissa, et animo con-
tumaci erecto, in Aquitaniam remeante. ipse ad Pistis ... redit.»

[2] Ann. Bertin. a. 863, p. 66.

[3] Ann. Bertin. a. 863, p. 66: «Inde Nivernum civitatem perrexit;
ubi filium suum Karolum ad se venientem recepit et sibi fidelitatem
et debitam subiectionem promitti sacramento praecepit et omnes primores Aquitaniae iterum sibi iurari fecit.»

[4] Ann. Bertin. a. 864, p. 67: «Karolus ... filium et aequivocum
suum Karolum secum ducens, Compendium rediit.»

[5] Ann. Bertin. a. 864, p. 67. Reginonis chron. a. 870, p. 101.

ben Sohn wieder als König eingesetzt (865)[1], doch ist derselbe
bereits am 29. September des folgenden Jahres zu Buzançais
im Gau von Bourges seiner Krankheit erlegen; er wurde von
Erzbischof Wulfad von Bourges und seinem Bruder Karlmann
in der Kirche des heiligen Sulpitius bei Bourges beigesetzt.[2]

Von einer eigenen Regierungstätigkeit Karls von Aqui=
tanien ist uns in den Quellen nichts überliefert. Nur die
aquitanischen Privaturkunden weisen auf seine Herrschaft im
Lande hin, indem sie größtenteils nach seinen Jahren datieren.[3]
Außerdem kommt sein Königtum auf Münzen zum Ausdruck,
die mit seinem Namen geschlagen wurden[4], ein ungefährliches
Mittel, den Schein einer selbständigen Regierung zu wahren,
von der in Wirklichkeit keine Rede war. Gleichzeitig hat aber
auch Karl der Kahle in Aquitanien auf seinen Namen prägen
lassen.[5]

---

[1] Ann. Bertin. a. 865, p. 75: «Et sic demum Vernum villam
veniens, episcopos ac ceteros Aquitaniae primores ibidem obvios
suscepit. Ad quorum multam petitionem filium suum Karolum necdum bene spassatum in Aquitaniam cum regio nomine ac potestate
redire permittit.»

[2] Ann. Bertin. a. 866, p. 83: «Karoli filius nomine Karolus et
Aquitanorum rex, ex plaga quam in capite ante aliquot annos acce-
perat cerebro commoto, diutius epelemtica passione vexatus, 3. Kalendas Octobris in quadam villa secus Bosentiacas moritur, et a
Karlomanno, fratre suo, atque a Vulfado in ecclesia sancti Sulpitii
apud Biturigum sepelitur.»

[3] Er wird meist als Karolus minor rex bezeichnet. Deloche, Car-
tulaire de l'abbaye de Beaulieu no 16, 33, 23, 24, 18, 19, 180, 21,
183, 1, 172, 54, 112 (in chronologischer Folge). Doniol, Cartulaire de
Brioude no 110. Seltener wird nach den Regierungsjahren Karls des
Kahlen datiert: Deloche, Cartulaire de Beaulieu no 186, 68. Doniol,
Cartulaire de Brioude no 129, 176, 150.

[4] Gariel, Les monnaies royales de France II, 206.

[5] Gariel l. c. p. 194 ff.

5. Neustrien und Aquitanien unter Ludwig dem Stammler (856—858, bezw. 867—877).

Als im Jahre 856 auf einer Zusammenkunft zu Vieux-Maisons zwischen König Karl dem Kahlen und dem Bretonen-fürsten Erispoi eine Aussöhnung zustande kam, wurde zur Be-festigung ihrer Beziehungen Karls ältester Sohn Ludwig mit der Tochter Erispois verlobt und ihm gleichzeitig ein Teil seines künftigen neustrischen Reiches, das Herzogtum Maine bis zur Straße von Paris nach Tours, die über Chartres führte, zu sofortigem Besitze gegeben.[1] Maine mit den umliegenden Gebieten hatte schon mehrfach zur Ausstattung karolingischer Prinzen gedient und war einst auch dem regierenden Herrscher vom Vater zur Verwaltung übertragen worden. Daß es sich auch hier wohl, wie in den früheren Fällen, um ein größeres Gebiet als lediglich die eigentliche Grafschaft Maine handelte, macht der Ausdruck ducatus wahrscheinlich, und es liegt nahe, dem Reiche Ludwigs die südlich von Maine gelegenen Graf-schaften Angers und Tours bis zur genannten Straße hinzu-zurechnen, wie es v. Kalckstein[2] angenommen und im einzelnen näher ausgeführt hat. Da die bretonische Mark und selbst

---

[1] Ann. Bertin. a. 856, p. 46: «Karlus rex cum Respogio Brittone paciscens, filiam eius filio suo Ludoico despondet, dato illi ducatu Cenomannico usque ad viam quae a Lotitia Parisiorum Cesaredunum Turonum ducit». Translatio S. Ragnoberti episcopi Baiocensis, Bouquet VII, 366.

[2] Robert b. I. S. 40 ff. und Exkurs VI, S. 141 ff., wo er auch Wenck (Das fränkische Reich nach dem Vertrage von Verdun, Leipzig 1851, S. 314) entgegentritt, der offenbar die Worte des Prudentius mißverstanden hat und von einer Abtretung Maines an Erispoi spricht, während er Ludwig zum Herrscher über ganz Neustrien macht. Vgl. aber vor allem Ann. Bertin. a. 858: «Ludoicum ... a partibus Cenomannicis deterritum ...» Eine Erweiterung des bretonischen Besitzes nimmt auch W. Vogel, Die Normannen und das fränkische Reich S. 153 an.

Teile von Anjou und Maine[1] damals in den Händen der
Bretonen waren, so grenzte Ludwigs Gebiet unmittelbar an
ihre Machtsphäre. Wir werden nun kaum fehlgehen, wenn wir
annehmen, daß die Einsetzung einer besonderen neustrischen
Regierung unter Ludwig den Zweck verfolgte, die fränkischen
Elemente an der Westgrenze zusammenzufassen und ihnen einen
festen Mittelpunkt zu geben, um dadurch ein weiteres Vordringen
der Bretonen mit größerem Erfolge als bisher verhindern zu
können. Auch mochte man glauben, auf diese Weise die Normannen, welche die Loire sehr häufig als Einfallstor für ihre
Raubzüge in die neustrischen und aquitanischen Lande benützten,
besser beobachten und abwehren zu können[2], da es Karl bei den
mannigfachen Unruhen, die sein Reich auf allen Seiten bewegten,
unmöglich war, seine Aufmerksamkeit gleichzeitig allen Punkten
zuzuwenden.

Dem jungen Ludwig wurde der Titel eines Königs beigelegt, wie wir aus einer späteren Notiz Hinkmars schließen
dürfen.[3] Da er aber noch nicht das Alter von zehn Jahren
erreicht hatte[4], war eine eigene Regierung von seiner Seite
unmöglich; sie wurde wahrscheinlich von einer Anzahl von Ge-

---

[1] Diese mag Erispoi als Mitgift seiner Tochter den Franken zurückgegeben haben, so daß sie dem Reiche Ludwigs einverleibt werden konnten.
Vgl. v. Kalckstein l. c.

[2] Die Abwehr der Normannen war jedenfalls auch der Hauptgrund
des Friedens zwischen Karl dem Kahlen und Erispoi.

[3] Wenn Hinkmar zum Jahre 865 bei Ludwigs zweiter Sendung
nach Neustrien bemerkt, daß ihm der Königstitel nicht zurückgegeben wurde,
so muß er ihn damals besessen haben, Ann. Bertin. p. 79: «Karolus
Hludowicum, filium suum, in Neustriam dirigit, nec reddito nec interdicto sibi nomine regio ...»

[4] Er war am 1. November 846 geboren. Den Tag seiner Geburt
nennt er in einer Urkunde für Tours (Bouquet IX, 404, no 7), während
die Ann. Vedastini sein Alter zur Zeit seines Todes (879) auf 33 Jahre
angeben (SS. I, 517[18]).

treuen Karls des Kahlen geführt, die er seinem Sohn als
Berater zur Seite setzte.[1] An ein selbständiges Regiment dieser
neustrischen Regierung kann natürlicherweise nicht gedacht
werden; sie war dem Vater jedenfalls zu genauer Rechenschaft
verpflichtet. Die tatsächliche Macht Karls und seines Sohnes
war jedoch damals in diesen Gebieten äußerst gering. Noch
im selben Jahre (856) erfolgte ein allgemeiner Abfall der ver-
bündeten neustrischen und aquitanischen Großen, der dadurch
für Karl besonders gefährlich war, daß die Empörer mit dem
Ostfrankenkönig in Verbindung traten und ihn zu einem Einfall in das Westreich aufforderten, um seinem Bruder die
Krone zu entreißen.[2] Da Ludwig der Deutsche jedoch infolge
eines Slavenkrieges im Augenblick ihrem Rufe nicht Folge
leisten konnte, hielten es die westfränkischen Empörer für geraten,
mit ihrem Könige einen vorläufigen Frieden zu schließen.[3]
Bald fanden aber die Mißvergnügten einen neuen Rückhalt an
den Bretonen. Karls Verbündeter Erispoi wurde nämlich
Ende 857 von seinem Nebenbuhler Salomo ermordet, der naturgemäß eine feindselige Haltung gegen Karl annahm und mit
den neustrischen Großen ein Bündnis schloß.[4] Bereits im
folgenden Frühjahr (858) wurde der junge Ludwig mit seinen

---

[1] Ich sehe wesentlich diese in den sequaces, die mit dem jungen
Ludwig von den Neustriern 858 vertrieben wurden (Ann. Bertin. p. 49).
Für wenig wahrscheinlich halte ich die Ansicht v. Kalcksteins (Robert d. T.
S. 42 f.), wonach die später aufständischen unzuverlässigen neustrischen
Großen den maßgebenden Einfluß ausgeübt hätten, wie er denn überhaupt
Ludwigs Einsetzung nur als Konzession an neustrische Unabhängigkeits-
bestrebungen betrachtet.

[2] Ann. Bertin. a. 856, p. 46: «Comites pene omnes ex regno
Karoli regis cum Aquitaniis adversus eum coniurant, invitantes Ludoicum regem Germanorum ad suum consilium perficiendum». Vgl.
v. Kalckstein, Robert d. T. S. 44. Dümmler, O. R. I, 412 ff.

[3] Ann. Bertin. l. c. Vgl. Capit. II, no 262—265 (p. 279 ff.).

[4] Ann. Bertin. a. 857, p. 48.

Getreuen von ihnen aus seinem Reiche vertrieben und gezwungen, über die Seine zu seinem Vater zu flüchten.[1] Damit hatte sein neustrisches Königtum ein Ende. Auch als nach Ablauf dreier Jahre, wohl der unglücklichsten der langen Regierung Karls des Kahlen, die Empörer zum Gehorsam zurückkehrten und ruhigere Zeiten begannen, wurde es, da es sich so wenig bewährt hatte, nicht erneuert; hatten doch auch während seines zweijährigen Bestehens die Normannen ungestraft ihre Raubzüge fortsetzen können.[2]

Der junge Ludwig erhielt eine anderweitige Ausstattung von größerer Bedeutung zunächst nicht wieder.[3] Dies war wohl der Grund, der ihn veranlaßte, im Jahre 862 vom Vater abzufallen und in Verbindung mit dem Landesfeinde, den Bretonen, eine selbständige Stellung zu erstreben.[4] Mit bretonischen Scharen fiel er verheerend in Anjou und die benachbarten Gaue ein, wurde aber von dem Markgrafen Robert von Anjou, der Hauptstütze der Herrschaft seines Vaters, so in die Enge getrieben[5], daß er sich dem Vater unterwarf und

---

[1] Ann. Bertin. a. 858, p. 49: «Comites vero Karli regis cum Brittonibus iuncti, deficientes a Karlo, filium eius Ludoicum eiusque sequaces a partibus Cenomanicis deterritum, Sequanam transire atque ad patrem refugere compellunt».

[2] Vgl. Ann. Bertin. a. 856, 857, p. 46—49. W. Vogel, Die Normannen und das fränkische Reich S. 152 ff.

[3] Nur die Abtei des heiligen Martin zu Tours schenkte ihm Karl 860, die er ihm aber bei Ausbruch seiner Empörung wieder nahm (Ann. Bertin. a. 860, p. 54 und a. 862, p. 57). In der Zwischenzeit wurde ihm während Karls Abwesenheit in Burgund (861) ein militärisches Kommando gegen die Normannen übertragen, unter Leitung Adalhards, des Oheims seiner Mutter Irmintrud (Ann. Bertin. a. 861, p. 56).

[4] Ann. Bertin. a. 862, p. 57: «Hludowicus, filius eius, a praefatis Guntfrido et Gozfrido sollicitatus, relictis fidelibus patris, cum paucis noctu aufugit et transfuga ad se sollicitantes pervenit».

[5] Ann. Bertin. a. 862, p. 58.

unter heiligen Eiden für die Zukunft Treue gelobte.[1] Karl
gab barauf bem Wunsche des Sohnes nach selbständiger Gewalt
statt, hielt ihn aber noch von bem gefährdeten Neustrien fern
und übertrug ihm vorläufig die Grafschaft Meaux mit der Abtei
des heiligen Crispinus zu Soissons.[2] Erst drei Jahre später,
als bereits längere Zeit wieder mit den Bretonen Frieden
herrschte, gewährte er Ludwig eine neue, allerdings, wie es
scheint, nicht unterkönigliche Stellung in Neustrien, indem er
ihn mit der Markgrafschaft Anjou, der Abtei Marmoutier in
der Touraine und einer Anzahl von Höfen ausstattete.[3] Im
folgenden Jahre gab er ihm noch die Grafschaft Autun hinzu[4],
die ebenso wie Anjou im Besitze Roberts des Tapferen gewesen
war, von diesem aber dem früheren Inhaber, Grafen Bernhard,
gegenüber bisher nicht hatte behauptet werden können.[5] Auch
diesmal war jedoch der Aufenthalt Ludwigs in Neustrien nur
von kurzer Dauer. Als nämlich im Herbst 866 Robert der

---

[1] Ann. Bertin. p. 59.

[2] Ann. Bertin. a. 862, p. 59: «Cui pater comitatum Meldensem
et abbatiam Sancti Crispini donans, cum uxore de Niustria ad se
venire praecepit».

[3] Ann. Bertin. a. 865, p. 79: «Karolus Hludowicum, filium suum,
in Neustriam dirigit, nec reddito nec interdicto sibi nomine regio,
sed tantum comitatum Andegavensem et abbatiam Maioris-monasterii
et quasdam villas illi donavit». Die Wendung «nec reddito nec interdicto sibi nomine regio» soll wohl bedeuten, daß Karl dem Sohne
nicht wieder eine eigentlich königliche Herrschaft übergab, ihm aber den
früheren Titel zu führen nicht gerade verbot.

[4] Ann. Bertin. a. 866, p. 81: «ad eum ditandum».

[5] v. Kalckstein, Robert d. T. S. 89 und 103 nimmt an, daß Ludwig
für Autun seine bisherigen Besitzungen, vor allem Anjou, an Robert
habe herausgeben müssen, da Roberts Nachfolger Hugo hernach mit an-
beren Lehen besselben auch Anjou und Touraine erhielt. Dieses Argument
ist jedoch als unzulänglich anzusehen, auch scheint der Ausdruck «ad
eum ditandum», um ihn zu bereichern, barauf hinzuweisen, daß er Anjou
behielt (bis 866).

Tapfere im Kampf gegen die Normannen gefallen war, wurde als sein Nachfolger[1] Karls Vetter, der Welfe Hugo, nach Neustrien gesandt und ihm zur Festigung seiner Stellung die Grafschaften Tours und Angers mit einer Reihe von Abteien übertragen.[2] Da inzwischen Karl von Aquitanien gestorben war[3], so mag man dem jungen Ludwig bereits damals zur Entschädigung die aquitanische Krone in Aussicht gestellt haben, die ihm im Frühjahr 867 wirklich zufiel.[4]

Um sich des ruhigen Besitzes des aquitanischen Reiches auch fernerhin zu versichern, erneuerte Karl den Aquitaniern das Zugeständnis einer eigenen Sonderregierung, indem er seinen ältesten Sohn Ludwig zum Nachfolger des unglücklichen Karl bestellte und ihn auf einer Versammlung zu Pouilly-sur-Loire Anfang März des genannten Jahres als König von Aquitanien einsetzte.[5] Daß auch Ludwigs Königtum den Charakter der Abhängigkeit durchaus bewahrte, zeigt sich gleich darin, daß ihm der Vater aus seinem eigenen Gefolge einen

---

[1] Über Roberts Stellung vgl. v. Kalckstein l. c. S. 72.

[2] Ann. Bertin. a. 866, p. 84.

[3] Ann. Bertin. a. 866, p. 83.

[4] Wenn Pertz (SS. I, 474 Anm. 97) und ihm folgend Dümmler O. R. II, 156) aus der Datierung einer aquitanischen Urkunde folgern, daß Ludwig bereits 866 seinem Bruder in Aquitanien gefolgt sei, so beruht das auf falscher Lesung der Datierung; die Urkunde gehört in den Oktober 867 (nicht 866): «anno XXVIII. Karoli regis et anno I. Hludowici filii eius, Aquitaniae regionis regis» (Deloche, Cartulaire de Beaulieu no 3).

[5] Ann. Bertin. a. 867, p. 86: «Et circa mediam quadragesimam super Ligerim fluvium ad villam quae Bellus-Pauliacus dicitur perrexit; ubi primores Aquitaniorum sibi obviam accersivit et filium suum Hludowicum, ordinatis illi ministerialibus de palatio suo, eisdem Aquitanis regem praefecit». Eine Krönung scheint diesmal nicht stattgefunden zu haben. Ohne Begründung spricht von einer solchen Mabille in dem Aufsatz Le royaume d'Aquitaine, Histoire gén. de Languedoc II, 271.

Hofstaat einrichtete[1], offenbar zu dem Zwecke, den jungen Fürsten in seinem Sinne zu lenken und zu beraten. Auch im übrigen machen wir hinsichtlich der Stellung des neuen Königs von Aquitanien dieselbe Wahrnehmung wie bei seinem Vorgänger: Die Entscheidung der wichtigeren Staatsangelegenheiten, die eigentliche Leitung des aquitanischen Reiches, lag nicht in der Hand Ludwigs, sondern in der seines Vaters. Im einzelnen lassen sich dafür folgende Belege bringen.

Die enge Verbindung Aquitaniens mit dem westfränkischen Reiche blieb auch jetzt durchaus bestehen. Aquitanische Große erschienen wie früher auf den fränkischen Reichsversammlungen[2], manche von ihnen standen sogar bei Karl dem Kahlen in hoher Gunst und zählten zu seinen vertrautesten Beratern, wie Graf Bernhard von Toulouse[3] und vor allem Graf Bernhard von Auvergne, der 877 zu seinem Testamentsvollstrecker und zum Mitglied des Regentschaftsrates für seinen Sohn Ludwig bestellt wurde.[4] Ebenso nahmen auch die Bischöfe des Landes an den im Westreich zusammentretenden Synoden teil.[5] Fast vollzählig waren sie 876 auf Karls Befehl zu Ponthion versammelt und

---

[1] Vgl. vorige Anm.

[2] So auf dem Reichstag zu Pitres 868, Ann. Bertin. p. 96/7: «Sed et in eodem placito rex marchiones, Bernardum scilicet Tolosae et iterum Bernardum Gothiae itemque Bernardum alium (i. e. comitem Arvernorum) suscepit». Die Anwesenheit dieser drei Markgrafen am Hofe Karls läßt sich auch für das Jahr 872 nachweisen aus Ann. Bertin. p. 119, wo wir hören, daß er sie nach Hause entläßt.

[3] Graf Bernhard von Toulouse erscheint in dem Diplom Karls für das Kloster Vabres vom 21. Juni 870 als Intervenient und heißt «Tolosanus marchio et dilectissimus nobis fidelis» (Bouquet VIII, 626).

[4] Capitulare Carisiacense 877, Capit. II, no 281 c. 12 und 15, p. 359.

[5] Ann. Bertin. a. 867, p. 88: «Synodus provinciarum Remensis, Rotomagensis, Turonensis, Sennonum, Burdegalensium atque Bituricensium apud Trecas 8. Kalendas Novembris convenit».

erkannten gemeinsam mit den übrigen Bischöfen des Westreiches die kurz zuvor erfolgte Kaiserkrönung Karls des Kahlen an.[1] Die Untertanenpflichten der Aquitanier dem westfränkischen Könige gegenüber kommen vor allem dadurch zum Ausdruck, daß sie ihm Treue schwören[2] und Heeresfolge leisten mußten.[3] Seinerseits hat Karl wie ehedem auf fränkischen Reichsversammlungen Verordnungen über die Verwaltung des Landes erlassen[4], scheint aber auch selber besondere aquitanische Tage abgehalten zu haben.[5] Überhaupt hat er die Entscheidung aller wichtigen Angelegenheiten auch jetzt für sich in Anspruch genommen, namentlich die Vergabung der Ämter und Würden. So verdankte im Jahre 876 Erzbischof Frotar die regelwidrige Versetzung von Bordeaux nach Bourges lediglich seiner Gunst.[6]

---

[1] Synodus Pontigonensis 876. Capit. II, no 279, p. 348; confirmatio Cisalpinorum: «ita et nos, qui de Francia, Burgundia, Aquitania, Septimania, Neustria ac Provincia pridie Kal. Julii in loco qui dicitur Pontigonis anno XXXVII. in Francia ac imperii primo, iussu eiusdem domni et gloriosi augusti convenimus, pari consensu ac concordi devotione eligimus et confirmamus». Es folgen die Unterschriften der Bischöfe von Bourges, Mende, Le Puy, Clermont, Limoges, Cahors, Albi und Rodez.

[2] Ann. Bertin. a. 872, p. 119: «Bernardo autem Tolosae comiti post praestita sacramenta Carcasonem et Rhedas concedens, ad Tolosam remisit».

[3] Ann. Bertin. a. 877, p. 136: «Imperator autem ... exspectavit primores regni sui, Hugonem abbatem, Bosonem, Bernardum Arvernicum comitem itemque Bernardum Gothiae marchionem, quos secum ire iusserat».

[4] Capitulare Carisiacense 877, Capit. II, no 281 c. 24 (p. 360): «De regno Aquitanico».

[5] Das glaube ich schließen zu dürfen aus Ann. Bertin. a. 869, p. 98: «Ipse autem ad Conadam vicum (Cosne an der Loire) nimis incongruenter et pro qualitate temporis et pro nimietate famis perrexit; ubi quosdam Aquitanos obvios habuit, sed markiones, tres videlicet Bernardos, quos sibi occurrere putavit, non habens obvios, non sine sollicitudine et sine utilitatis effectu ad Silvanectum rediit».

[6] Ann. Bertin. a. 876, p. 129: «Frotarius Burdegalensis episcopus,

Nachweislich hat Karl ferner zu verschiedenen Malen über aquitanische Abteien verfügt[1] und nach seinem Ermessen, bisweilen sogar in willkürlichster Art, die Grafschaften und Lehen vergeben und wieder eingezogen.[2] Ebenso gehen sämtliche Privilegien für Aquitanien, soweit sie auf uns gekommen sind, von Karl aus.[3] Nach wie vor wurden auch die Münzen in den aquitanischen Münzstätten auf seinen Namen geprägt[4], während von Ludwig kein Stück vorliegt. Auch im übrigen

quoniam a Burdegala ad Pictavis indeque ad Bituricum favore principis contra regulas se contulit, per adolationem respondit, quod imperatori placere cognovit». Vgl. Brief Papst Johanns VIII. an Karl, Migne, Patrol. Lat. 126, 691: «secundum pietatis vestrae religiosissimum libitum» (Jaffé, Reg. I, no 3049).

[1] Im Jahre 868 verlieh Karl dem Erzbischof Frotar von Bordeaux die Abtei St. Hilaire bei Poitiers nach Ann. Bertin. p. 91: «Data Sancti Hilarii abbatia, quam isdem (Ramnulfus) habuit, Frotario Burdegalensium archiepiscopo ... rediit». Daß er demselben auch die Abtei Brioude in der Auvergne übertrug, erhellt aus einer Stelle seines Diploms für die dortigen Kanoniker vom 10. März 874, Bouquet VIII, 644 (B. 1783): «Frotarius venerabilis Burdegalensis archiepiscopus et nostra donatione abbas sancti Juliani Brivatensis comitatus». Dem Bischof Wido von Le Puy im Velai restituiert er 876 die Abtei St. Chaffre: Bouquet VIII, 649 (B. 1794), bestätigt derselben aber, als sich herausgestellt hat, daß der genannte Bischof keine Rechte auf die Abtei hat, im Jahre 877 die Reichsunmittelbarkeit und verleiht freie Abtwahl: Bouquet VIII, 669 (B. 1823). Ebenso widerrief er in einer Urkunde vom 1. August 877 die Schenkung des Klosters Manlieu an Bischof Agilmar von Clermont und verlieh derselben Immunität und Reichsunmittelbarkeit: Bouquet VIII, 670 (B. 1821).

[2] Ann. Bertin. a. 867, p. 90: «Karolus ... comitatum Bituricum sine praesentia illius vel culpae alicuius reputatione a Gerardo comite abstulit et praefato Acfrido dedit». L. c. a. 872, p. 119: «Karolus autem ... Bosonem ... constituens, cui et honores Gerardi comitis Bituricensis dedit ...» L. c. a. 868, p. 91: «sed et a filiis Ramnulfi (i. e. comitis Pictavensis) tultis paternis honoribus ...»

[3] Vgl. B. 1748, 1751, 1766, 1771, 1780, 1783, 1785, 1786, 1794, 1799, 1800, 1801, 1821, 1823.

[4] Gariel, Les monnaies royales de France II, 198 ff.

hat der Vater stets dadurch seinen Einfluß geltend machen und eine Aufsicht ausüben können, daß er Personen seines Vertrauens zu Räten des Sohnes ernannte und ihnen die hohen Ämter am Hofe Ludwigs übertrug.[1] So bekleidete seit 872 Karls Schwager Boso am aquitanischen Hofe die wichtigen Ämter des Kämmerers und Obertürwarts[2], und man darf

---

[1] Vgl. oben S. 182 Anm. 5: «ordinatis illi ministerialibus de palatio suo».

[2] Ann. Bertin. a. 872, p. 119: «Karolus autem filio suo Hludowico Bosonem, fratrem uxoris eius, camerarium et ostiariorum magistrum constituens, cui et honores Gerardi comitis Bituricensis dedit, cum Bernardo itemque alio Bernardo markione in Aquitaniam misit et dispositionem ipsius regni ei commisit». Fauriel (Histoire de la Gaule méridionale IV, 348 und 365), v. Kalckstein (Abt Hugo aus dem Hause der Welfen, Markgraf von Neustrien, F. D. G. XIV, 55 und 64) und ähnlich Dümmler (O. R. II, 359) nehmen an, daß Ludwig erst damals tatsächlich als König in Aquitanien eingesetzt sei, während er bisher nur Titularkönig gewesen sei. Dagegen läßt sich jedoch einwenden, daß die beiden in Frage kommenden Stellen der Reichsannalen (Ann. Bertin. p. 86 und 119) eine solche Scheidung kaum erlauben, indem uns bereits zu 867 mitgeteilt wird, daß Ludwig den Aquitaniern als König vorgesetzt wurde und einen besonderen Hofstaat erhielt. Sodann dürfen wir wohl auch aus einer Urkunde des Bischofs Ato von Saintes aus dem Jahre 870, wo von dem „glorreichen und edlen König Ludwig und seinen Großen" die Rede ist (Gallia Christ. II, Instrum. no 27, col. 345: «notumque est magnifico nobile domno Hlodoico rege et suis optimatis et viris catholicis, quod aliquod monasterium ad mercedem cumulandam dominorum regum . . .»), den Schluß ziehen, daß dieser schon vorher (seit 867) nominell in Aquitanien die Regierung führte. Endlich ist darauf hinzuweisen, daß in den aquitanischen Privaturkunden bereits seit 867 nach den Regierungsjahren Ludwigs datiert wird, und zwar zum größten Teile ohne Hinzufügung der des Vaters (vgl. S. 188 Anm. 5). Im übrigen ist die von den genannten Gelehrten gemachte Scheidung praktisch ohne Bedeutung, da Ludwig, wie sich aus den beigebrachten Zeugnissen ergab, auch nach 872 nicht eigentlich mehr als ein Titularkönig in Aquitanien gewesen ist. Sie würde, wenn sie zuträfe, den Charakter des aquitanischen Unterkönigtums Ludwigs des Stammlers nur noch deutlicher erkennen lassen und beweisen, daß seine Einsetzung zunächst nur bezweckte, die

annehmen, daß die eigentliche Leitung der Geschäfte in seiner
Hand lag.

Die Unterordnung des aquitanischen Königs unter den
Willen Karls des Kahlen spricht sich außerdem auch darin aus,
daß er auf Anordnung des Vaters sich Aufgaben unterziehen
mußte, die mit der Verwaltung seines aquitanischen Reiches
nichts zu tun hatten und lediglich den Interessen des Vaters
dienten. So sandte ihn dieser 875 zur Deckung des Westreichs
gegen Einfälle von seiten Ludwigs des Deutschen nach Lothringen[1],
während er selbst nach Italien aufbrach, um sich des Erbes
Kaiser Ludwigs II. zu bemächtigen. Ferner setzte er ihn vor
seinem zweiten italischen Zuge auf einer Reichsversammlung zu
Kiersy im Juni 877 für die Zeit seiner Abwesenheit zum Ver-
weser seines gesamten Reiches ein.[2] Die hier für seinen Sohn
über die Regierung des Reiches erlassenen Verfügungen[3] Karls
sind charakteristisch für das Verhältnis Ludwigs zu seinem
Vater, wenngleich sie sich nicht eigentlich auf seine Stellung als
Unterkönig von Aquitanien beziehen. Sie lassen deutlich das

---

nationale Eitelkeit der Aquitanier zu befriedigen, ohne im geringsten eine
Änderung in der Verwaltung des Landes hervorzurufen. Vielleicht kann
man auch im Berichte Hinkmars zu 872 (p. 119) von den Verben misit
und commisit als Akkusativobjekt Bosonem abhängen lassen, dann wären
alle Schwierigkeiten gehoben. Im anderen Falle jedoch, ergänzt man
Hludowicum als Objekt, wird man an einen zeitweiligen Aufenthalt des
Aquitanierkönigs bei Karl dem Kahlen denken müssen, der ihn dann mit
Boso zurücksandte.

[1] Ann. Bertin. a. 875, p. 127: «... filium suum Hludowicum in partem regni, quam post obitum Hlotharii nepotis sui contra fratrem
suum accepit, dirigens, Calendis Septembribus iter suum incoepit».

[2] Ann. Bertin. a. 877, p. 135: «Inde placitum suum generale
Calendis Julii habuit, ubi per capitula, qualiter regnum Franciae
filius suus Illudowicus cum fidelibus eius et regni primoribus regeret,
usque dum ipse Roma rediret, ordinavit».

[3] Capitulare Carisiacense 877, Capit. II, no 281, p. 355 ff. Vgl.
Dümmler, O. R. III, 43 ff.

Mißtrauen Karls und die Furcht vor einem Abfall erkennen, zeigen aber den Sohn in der denkbar größten Abhängigkeit und Beschränkung. Nichts ist seiner eigenen Entscheidung überlassen. Er darf beispielsweise weder Bistum noch Abtei[1], weder Graf= schaft noch sonstige Lehen vergeben[2], er soll lediglich nach dem Tode der Inhaber vorläufige Verwalter ernennen, um keine Unordnung in den erledigten Gebieten einreißen zu lassen. Die endgültige Verleihung selbst behält sich in allen Fällen der Kaiser vor. Auf das peinlichste wird Ludwig vorgeschrieben, von welchen Bischöfen, Äbten und Grafen er sich ständig und je nach seinem Aufenthaltsort beraten lassen soll.[3] Die Vor= schriften gehen so weit, daß dem Sohne sogar der Aufenthalt in einigen Pfalzen und die Jagd in bestimmten königlichen Forsten und auf bestimmte Tiere verboten wird.[4]

Die einzige Spur, welche die Herrschaft Ludwigs des Stammlers als Unterkönigs von Aquitanien für uns hinter= lassen hat, besteht wie bei seinem Bruder Karl darin, daß wir in aquitanischen Privaturkunden seine Regierungsjahre zur Datierung verwendet finden[5], während gleichzeitig auch allein nach Karls des Kahlen Jahren gerechnet wird.[6] Es ist bezeich= nend für die Lage der Dinge, daß in einigen dieser Urkunden auch Karl selbst als König von Aquitanien erscheint.

---

[1] L. c. cap. 8, p. 358[3].

[2] L. c. cap. 9, p. 358[11].

[3] L. c. cap. 15, p. 359[14] ff.

[4] L. c. cap. 32, p. 361.

[5] Deloche, Cartulaire de Beaulieu no 3, 153, 51, 179, 168, 131, 27. Doniol, Cartulaire de Brioude no 56, 152, 257.

[6] Deloche, Cartulaire de Beaulieu no 81. Doniol, Cartul. de Brioude no 168, 119, 57, 132, 24. Gallia Christ. II, Instrum. col. 345, no 27. Histoire gén. de Languedoc II, Preuves col. 363 und 376, no 179 und 186.

D. Das Unterkönigtum unter den letzten Karolingern im Ost- und Westfrankenreich.

1. Lothringen unter Zwentibold (895—900).

Zwentibold war als ältester Sohn König Arnulfs von Ostfranken um das Jahr 870 von einer Nebenfrau unbekannten Namens geboren und hatte seinen undeutschen Namen nach dem Slavenfürsten Zwentibold erhalten, der ihn aus der Taufe hob.[1] Bei anfänglicher Ermangelung legitimer Nachkommen= schaft beabsichtigte Arnulf, ihm und seinem ebenfalls illegitimen Bruder Ratold die Nachfolge im Reiche zuzuwenden, und erlangte dafür nach einigem Widerstreben auch die Anerkennung der deutschen Großen für den Fall, daß ihm von seiner recht= mäßigen Gemahlin Ota kein Sohn mehr geboren würde.[2] Dieser Fall trat jedoch nicht ein, vielmehr vernichtete die Ge= burt Ludwigs des Kindes[3] im Jahre 893 alle Aussichten Zwentibolds auf die ostfränkische Krone. Der Vater, dem offenbar gerade dieser Sohn sehr am Herzen lag, sah sich infolgedessen nach einer anderweitigen Ausstattung für ihn um und richtete sein Augenmerk sogleich auf Lothringen. Die Aus= wahl Lothringens für seine Absicht war naheliegend, hatte es doch noch bis vor kurzem ein selbständiges karolingisches Teil= reich gebildet; eine neu einzurichtende Landesregierung konnte daher bequem an die alte Organisation anknüpfen. Dazu ließen es die inneren Verhältnisse Lothringens, das seit den Zeiten Lothars II. durch Wirren aller Art, Wechsel des Be=

---

[1] Reginonis chron. a. 860, p. 134. Vgl. Dümmler, O. R. II, 317 Anm. 4. Parisot, Lorraine p. 515.

[2] Ann. Fuld. a. 889, p. 118.

[3] Ann. Fuld. a. 893, p. 122.

fitzers, Invasionen und Fehden, nicht zur Ruhe gekommen
war[1], als durchaus wünschenswert erscheinen, hier eine besondere
Landesregierung einzurichten, die viel besser, als es der meist
weit entfernte oftfränkische König vermochte, den Bedürfnissen
des Landes gerecht werden und Ordnung und Sicherheit zurück=
führen konnte. Ein erster Versuch Arnulfs, seinem Sohne dieses
Reich zu übertragen, scheiterte jedoch auf dem Reichstage zu
Worms 894 am Widerstande der lothringischen Großen.[2] So
auffallend derselbe zunächst angesichts des sonstigen Verhaltens
der Großen in ähnlichen Fällen, wie wir sie bereits kennen
lernten, erscheinen muß, er wird durchaus erklärlich, wenn wir
annehmen, daß er im wesentlichen von dem lothringischen hohen
Klerus ausging. Während in Italien, Aquitanien und Baiern,
die des öfteren besondere Reiche im fränkischen Reichsverband
gebildet hatten, eine derartige Abgliederung ohne nachteilige
Folgen für die kirchlichen Verhältnisse geschehen konnte, denn
jene Gebiete stellten auch in dieser Beziehung eine Einheit dar,
mußte sie in Lothringen durch die Zerreißung der kirchlichen
Verbände zu den größten Unzuträglichkeiten und Schäden für
die Kirche führen. Sie waren während der Regierung der
beiden Lothare zu deutlich zutage getreten, als daß sich die
lothringischen Kirchenfürsten nun ohne weiteres dem Willen
König Arnulfs gefügt hätten, der eine Erneuerung dieser Miß=
stände bedeutete. Wirklich mußte er die Durchführung seines
Planes auf eine gelegenere Zeit verschieben. Unerwartet rasch
gelang es ihm jedoch, die Lothringer zu einer günstigen Auf=
nahme desselben zu bewegen, und zwar, wie man mutmaßen

---

[1] Vgl. Mühlbacher, Karolinger S. 634.
[2] Reginonis chron. a. 894, p. 142: «Post haec Wormatiam venit:
ibi placitum tenuit, volens Zuendibolch filium suum regno Lotharii
preficere; sed minime optimates predicti regni ea vice assensum pre-
buerunt».

darf, durch reichliche Zugeständnisse und Privilegien.[1] Schon
im Mai 895 konnte Zwentibold von Arnulf auf dem Reichs=
tage zu Worms unter allgemeiner Zustimmung zum König
von Lothringen ernannt werden.[2] Um seinem Königtum eine
höhere Weihe und ein größeres Ansehen zu geben, ließ ihm der
Vater auch die bischöfliche Salbung zuteil werden.[3]

Nach Regino von Prüm[4] und den Annales Vedastini[5]
verlieh König Arnulf seinem Sohne das Reich, das einst
Lothar II. besessen hatte. Von dem Fortsetzer der Fuldaer
Jahrbücher[6] wird neben dem gesamten lotharingischen Reiche
Burgund noch besonders genannt. Danach würde sich der
Umfang des neuen lothringischen Reiches unter Zugrundelegung
der Angaben Hinkmars von Reims über die Merjener Teilung
von 870[7] mit ziemlicher Genauigkeit bestimmen lassen, wenn
nicht inzwischen durch Rudolf I. von Hochburgund und Boso
von Vienne, den Begründer des arelatischen Reiches, bedeutende
Teile der einst Lothar II. gehörigen burgundischen Gebiete los=
gerissen worden wären, deren Ausdehnung sich heute mit Sicher=
heit nicht mehr feststellen läßt.

---

[1] Dümmler, O. R. III, 408 meint vielleicht mit Recht, daß Erz=
bischof Hermann von Köln durch die Zurückgabe des Bistums Bremen
an seine Erzdiözese gewonnen sei.

[2] Reginonis chron. a. 895, p. 143: «Post haec Arnulfus Wormatiam venit ibique ... conventum publicum celebravit; in quo conventu omnibus assentientibus atque collaudantibus Zuendibolch filium
regno Lotharii prefecit». Ann. Fuld. a. 895, p. 126.

[3] Ann. Vedastini a. 895, SS. I, 529[16]: «Filiumque suum rex
Arnolfus in praesentia Odonis regis, nomine Zuendebolchum, benedici
in regem fecit, eique concessit regnum quondam Lotharii».

[4] Vgl. Anm. 2. — [5] Vgl. Anm. 3.

[6] Ann. Fuld. a. 895, p. 126: «Zwentibold ergo filius regis infulam
regni a patre suscipiens in Burgundia et omni Illotharico regno
receptis eiusdem regni primoribus rex creatus est». Die Wahl be=
zieht sich wohl auf die Annahme des Wunsches König Arnulfs.

[7] Ann. Bertin. p. 110 ff.

Von den im Süden des Elsasses gelegenen burgundischen Gauen gehörte zunächst der Soren= oder Sornegau[1] dem Reiche Zwentibolds an, wie wir auf Grund seines Diploms für das Kloster Münster im Gregoriental annehmen dürfen, in dem er über Güter im genannten Gau verfügt.[2] Wahrscheinlich war dann auch das östlich angrenzende Gebiet zwischen Rhein und Aar mit der Stadt Basel im Besitze des Königs, das schon unter Lothar II. dem lothringischen Reiche angehört hatte.[3] Weiter gestattet eine Notiz in der Liste der Erzbischöfe von Besançon, Zwentibold habe der Kirche des heiligen Stephan zu Besançon die Villa Pouilley=les=Vignes zurückgegeben[4], den Schluß, daß auch der pagus Warascorum, dem außer dieser Villa die Metropole Besançon selbst angehörte, der Herrschaft des neuen lothringischen Königs unterstand. Aus dem Besitze dieses Gaues (franz. le Varais) würde sich dann auch der der nördlich davon gelegenen, früher ebenfalls zum Reiche Lothars II. gehörigen pagi Alsegaudia[5] und Portensis[6] durch ihre Lage ergeben. Dagegen bleibt es zweifelhaft, wie es sich mit den im Süden und Westen des Varais sich ausdehnenden pagi Scudinga und Amaus verhält. Jedenfalls erstreckte sich das lothringische Reich damals im Südosten nicht über die Aar und den Jura hinaus.

---

[1] Vgl. zu den Ausführungen über den Umfang Lothringens A. Longnon, Atlas historique de la France, planche VII, VIII und texte explicatif, livr. I, 81.

[2] Trouillat, Monuments de l'histoire de l'ancien évêché de Bâle (Porrentruy 1852 ff.) I, 125 (no 71) = BM. 1961.

[3] Ann. Bertin. a. 870, p. 110, 111: Basulam, Basalchowa.

[4] Series archiepiscoporum Bisontinorum, SS. XIII, 373[21]: «Theodoricus. Per hunc restituit Zuentebolchus rex ecclesiae sancti Stephani villam Pauliaci.»

[5] Vgl. Ann. Bertin. a. 870, p. 111; hier Elischowe genannt.

[6] Vgl. Ann. Bertin. a. 870, p. 113.

Im übrigen werden wir im wesentlichen an den Grenzen des lotharingischen Reiches, wie es 855 geschaffen wurde, festhalten dürfen.[1] Einige Schwierigkeiten erheben sich allerdings auch hier. Namentlich handelt es sich um den Breisgau, den die neueren Forscher[2] Zwentibold zuweisen wollen, weil er in der schon genannten Urkunde für das elsässische Kloster Münster im Gregoriental über eine Villa im Breisgau verfügt.[3] Das erscheint mir jedoch angesichts des Umstandes, daß der Breisgau nie zum lothringischen Reiche gehörte, als zu gewagt. Es ist dabei zu berücksichtigen, daß die Urkunde nur eine Bestätigung von bereits im Eigentum des Klosters befindlichen Gütern enthält, deren Besitz, wie ausdrücklich bemerkt wird, sich auf ältere Privilegien von anderer Seite gründete. Daß aber Könige einem Kloster Besitzungen bestätigen, die in anderen Reichen lagen, kommt auch sonst häufig vor.[4] Der Breisgau wird demnach Zwentibold nicht zugewiesen werden können.

Weiter ist es fraglich, ob das lothringische Reich noch jetzt im alten Ripuarien Gebiete auf der rechten Seite des Rheins

---

[1] Das hat für die einzelnen Gaue aus dem urkundlichen Material festzustellen unternommen R. Parisot, Lorraine p. 518 ff., auf den überhaupt für die Regierung Zwentibolds in erster Linie verwiesen werden muß.

[2] Parisot l. c. Stälin, Wirtemberg. Geschichte I, 264 Anm. 4 und ihm folgend Dümmler, O. R. III, 409.

[3] Trouillat, Monuments de Bâle I, 126 (et in Brisihgeuue villam, quae vocatur Uuizzilistat). BM. 1961.

[4] Vgl. von gleichzeitigen Urkunden namentlich das Diplom Karls des Einfältigen für St. Denis vom 5. Juni 903, in dem er den Mönchen den Besitz des Klosters Leberau in den Vogesen («in regno dilectissimi consanguinei nostri Hludowici») gewährleistet; Bouquet IX, 499 (B. 1922). Ebenso bestätigt Zwentibold in einer Urkunde vom 26. Juli 897 der Abtei Nivelles Güter, die teils im Westreich, teils im Ostreich liegen; Miraeus, Opera diplomatica et historica (Ed. secunda. Brüssel 1723) I, 503. Hier diente als Vorlage die Urkunde Karls des Kahlen vom 9. Juli 877; Miraeus, l. c. I, 502 (BM. 1971, B. 1817).

umfaßte, ob also hier noch die alte Stammesgrenze zwischen
Sachsen und Franken die Reichsgrenze bildete[1], oder ob man
jetzt die rechtsrheinischen ripuarischen Gebiete zum Ostreich rechnete.
Man wird kaum umhin können, letzteres anzunehmen und den
Rhein selbst als Grenze zwischen Lothringen und Ostfranken zu
betrachten. Diese Ansicht wird durch eine Stelle des Teilungsver-
trages von Merſen nahegelegt, auf die Longnon[2] hinweist. Es
heißt hier[3], daß Ludwig der Deutsche fünf Grafschaften in
Ripuarien erhielt: ‹in Ribuarias comitatus quinque.› Da
aber Karl dem Kahlen kein Anteil an Ripuarien zufiel, so kann
Lothar II. auch nur diese fünf ripuariſchen Grafſchaften beſeſſen
haben, und dies müſſen die fünf Grafſchaften geweſen ſein,
welche auf dem linken Rheinufer lagen, die pagi Coloniensis,
Juliacensis, Tulpiacensis, Eiflensis und Bunnensis, während
also die rechtsrheinischen pagi Ruricgowe, Tucingowe und
Avalgowe bereits unter Lothar II. zu Oſtfranken gehörten.
Jedenfalls rechnete man schon unter Ludwig dem Kinde das
Kloster Kaiserswert und den Gau Duisburg (= Rurikgowe) zu
Ostfranken, wie daraus hervorgeht, daß zwei Urkunden dieses
Königs für Kaiserswert von seiner ostfränkischen Kanzlei ausgefertigt sind[4] und nicht von der lothringischen, die nach Zwen-
tibolds Sturz unter Ludwig bestehen blieb und die Ausfertigung
der Urkunden für das ehemalige lothringische Reich besorgte.[5]
Wir werden also annehmen dürfen, daß der Rurikgowe und
dann wohl auch die übrigen einst ripuarischen Gaue auf dem
rechten Ufer des Rheins nicht mehr dem späteren lothringischen

---

[1] Vgl. Zeuß, Die Deutschen und die Nachbarstämme S. 344.

[2] Atlas historique de la France, texte explicatif p. 73 Anm. 4.

[3] Ann. Bertin. a. 870, p. 111.

[4] Lacomblet, Urkundenbuch zur Geschichte des Niederrheins (Düssel-
dorf 1840 ff.) I, Nr. 83 und 85, S. 45 f. (BM. 2023, 2065).

[5] Vgl. Breßlau, Handbuch der Urkundenlehre I, 305.

Reiche angehörten, zum mindesten nicht mehr dem Zwentibolds. Es ist auffallend, daß in den Werdener Traditionen[1] nur bis zum Anfang des Jahres 845 nach den Regierungsjahren Lothars I. datiert wird, seit Mitte des genannten Jahres aber nach denen Ludwigs des Deutschen. Sollte schon damals eine Abtretung der rechtsrheinischen ripuarischen Gebiete erfolgt sein?

Endlich ist die Zugehörigkeit Frieslands zum Reiche Zwentibolds in Frage gestellt worden[2], und zwar lediglich deshalb, weil uns quellenmäßig überliefert ist, daß König Arnulf in diesem Lande Hoheitsrechte ausübte, was von den übrigen Gebieten Lothringens unter seines Sohnes Herrschaft nicht zu beweisen sei. Abgesehen davon, daß solche Eingriffe Arnulfs es kaum hinreichend begründen würden, Friesland, das immer dem lothringischen Reiche angehört hatte und durch seine Lage mit ihm eng verbunden war, vom Reiche Zwentibolds ohne weiteres auszuschließen, erledigt sich der Zweifel dadurch, daß wir ein Diplom dieses Königs besitzen, in dem er unzweifelhaft über Hoheitsrechte in Friesland verfügt.[3] Jene Eingriffe Arnulfs aber sind auf die Stellung seines Sohnes in Anrechnung zu bringen und als Reservatrechte des Vaters aufzufassen.[4]

---

[1] Traditiones Werdinenses no 57—65, herausgegeben von Crecelius in der Zeitschr. b. berg. Gesch.-Vereins VI, 26 ff. Leider bricht das ältere Kartular von Werden mit dem Jahre 848 ab.

[2] Von Parisot, Lorraine p. 518 ff.

[3] Mieris, Groot Charterboek der Graaven van Holland etc. (Leiden 1753) I, p. 28 (Urkunde für die Kirche von Utrecht vom 24. Juni 896, BM. 1964): «Haec rogavit celsitudinem nostram iam dictus episcopus, ut . . . illi concederemus, ut ipsam legem, quam in Dorestadio antecessores nostri reges . . . antecessoribus suis . . . concesserunt, in omnibus huic sanctae Traiectensi sedi ob amorem Dei et reverentiam S. Martini in Daventre scilicet et Thiele universisque aliis locis in ipso episcopatu consistentibus concessissemus.»

[4] P. F. Brabant, Étude sur Régnier I. au Long Col et la Lotha-

Ebensowenig wie der Umfang seines Reiches läßt sich auch die Stellung Zwentibolds seinem Vater gegenüber mit voll= kommener Sicherheit erkennen. Man hat sie entweder als in hohem Maße selbständig oder aber als ganz unabhängig be= zeichnet[1], und allerdings kommen die Machtbefugnisse, wie Zwentibold sie ausübt, denen eines souveränen Herrschers gleich; er unterscheidet sich in seinen Rechten von einem solchen nicht.

Zunächst besitzt er eine eigene Kanzlei[2], an deren Spitze als Erzkanzler der Erzbischof Radbod von Trier steht. In den aus ihr hervorgehenden Diplomen[3] verfügt der König über die ver= schiedensten Güter und königlichen Hoheitsrechte; er eximiert von öffentlichen Abgaben und öffentlicher Gerichtsbarkeit, ver= leiht Immunität, Zollfreiheit, Markt= und Münzrecht.[4] Diese Diplome zeigen in ihrer Fassung keine Spur von Abhängigkeit, der Name des Vaters erscheint weder im Titel noch in der Datierung. Sodann ist es Zwentibold allein, der solche Pri=

---

ringie à son époque in Mémoires couronnés ... par l'Académie Royale de Belgique XXXI, 42 und scheinbar auch Wittich, Die Entstehung des Herzogtums Lothringen (Göttingen 1862) S. 43, komplizieren das Verhältnis dadurch, daß sie Friesland zwar zum lothringischen Reiche rechnen, ihm aber eine Sonderstellung unter einem direkten Einfluß Ar= nulfs einräumen.

[1] Mühlbacher (Karolinger S. 634) und Waitz (V.=G. V, 55) sprechen sich für völlige Unabhängigkeit aus, ähnlich Dümmler (O. R. III, 409: „seine Abhängigkeit eine ganz lose, wesentlich nur durch die Kindespflicht be= dingte"). Parisot l. c. läßt die Sache unentschieden. Nach Wittich l. c. S. 24 gab Arnulf den Besitz Lothringens keineswegs auf, entließ es nur aus seiner unmittelbaren Leitung und Fürsorge. Ebenso betrachtet P. Bra= bant l. c. S. 42 Zwentibolds Stellung als eine abhängige.

[2] Vgl. M. Müller, Die Kanzlei Zwentibolds, Königs von Lothringen (Diss. Bonn 1892). Sickel, Beiträge zur Diplomatik VII, Wiener Sitz.= Ber. 93, 695.

[3] BM. 1956—1983.

[4] Vgl. vor allem BM. 1964, 1966, 1972—1974, 1980—1982.

vilegien für das lothringische Reich erteilt, während von König Arnulf kein einziges Diplom für Lothringen überliefert ist.

Ebenso lag auch die Vergabung und Einziehung der Graf=schaften und Benefizien in der Hand des lothringischen Königs[1], nicht minder die Verfügung über die Abteien.[2] Wie ferner zwei zu Trier und Cambray geschlagene Denare beweisen[3], hat er auch auf den eigenen Namen münzen lassen. Zur Beratung der Landesangelegenheiten finden besondere lothringische Reichs=versammlungen statt, auf denen der König auch die Klagen der Untertanen entgegennimmt und als höchste Instanz ent=scheidet.[4] Hinzu kommt, daß Zwentibold seit 895 keinen Anteil an den Heerfahrten des Vaters nimmt. Ganz besonders aber muß für die Beurteilung seiner Stellung ins Gewicht fallen, daß er nicht nur eine durchaus selbständige äußere Politik

---

[1] Reginonis chron. a. 897, p. 144: «Stephanus, Odacar, Gerardus et Matfridus comites honores et dignitates, quas a rege acceperant, perdunt. Zuendibolch Treveris cum exercitu venit, terram, quam prefati tenuerant, inter suos dividit, monasterium ad Horrea et monasterium sancti Petri, quod Mettis situm est, sibi reservans.» Ann. Fuld. a. 897, p. 130.

[2] Vgl. vorige Anm. — Zwentibold entzog der Kirche von Trier die Abtei des heiligen Servatius zu Maastricht und verlieh sie dem Grafen Reginar, gab sie aber später der rechtmäßigen Besitzerin zurück, BM. 1975 und 1976; Miraeus, Opera diplomatica et historica I, 252: «Quam (abbatiam) postquam ad nos primitus Deo patreque nostro concedente regni sublimitas pervenit, ob fallentium ora ... iniuste Reginario in precariam concessimus.» Vgl. auch BM. 1961 (freie Abtwahl) und 1962.[7]

[3] Vgl. Robert, Sceau et monnaies de Zuentebold, roi de Lorraine in Mémoires de la société d'archéologie et d'histoire de la Moselle V, 273 ff.

[4] Diplom Zwentibolds für die Kirche von Trier vom 13. Mai 898, Miraeus, Opera diplom. I, 252: «Quo ita gesto, nostrorum ineuntes consilium, placitum generale Aquisgrani palatio fieri, fidelesque nostros illuc venire statuimus; quo et memoratus archiepiscopus Rathbodus veniens ...»

treibt, mit fremden Herrschern Bündnis schließt und auf eigene
Fauft Krieg führt, sondern daß diese Politik der des Vaters
gänzlich zuwiderläuft und er Fürsten offen bekämpft, die
Arnulfs Anerkennung und Unterstützung gewonnen haben.[1]

Trotz alledem finden sich jedoch auch Nachrichten, die sich
im Sinne einer Abhängigkeit Zwentibolds vom oftfränkischen
Herrscher verwenden laffen. In erster Linie handelt es sich um
die Besetzung des Utrechter Bistums im Jahre 899. Hier
wurde an Stelle des verstorbenen Bischofs Obilbald Rabbob
gewählt[2], der nach dem Bericht seiner Vita die Bestätigung
von König Arnulf erhielt.[3] Gegen die Richtigkeit dieser Nach=
richt hat man eingewandt[4], daß Bischof Rabbob selbst in einer
eigenhändigen Notiz in einem seiner Kirche bienenden Kodex
zum Jahre 900 bemerkt[5], daß er in diesem Jahre kurze Zeit
vor dem Tode Erzbischof Fulkos von Reims und König Zwenti=
bolds „unter die Diener der heiligen Utrechter Kirche aufge=

---

[1] Reginonis chron. a. 895, p. 143: «Eodem anno Zuendibolch
collecto immenso exercitu cupiens amplificare terminos regni sui
quasi Carolo adversus Odonem auxilium laturus Lugdunum Clavatum
venit et civitatem obsidione cinxit . . .» Kurz vorher wird uns die Ver=
ftänbigung zwischen Odo und Arnulf berichtet.

[2] Reginonis chron. a. 899, p. 147: «Ea tempestate Odilbaldus
sanctus vir, Trejectensis ecclesiae presul, e rebus humanis sublatus
ad caeleste regnum transivit, in cuius loco subrogatus est Ratbodus
venerabilis antistes.»

[3] Vita Radbodi episcopi Trajectensis, SS. XV, 570[8]: «Quin et
rex Arnulfus, qui tunc regni gubernabat habenas, eius et principes,
laudanda sancti viri opinione delectati, ad idem non sine nutu Dei
divinitus ammoniti, tractabant in commune.»

[4] Parisot, Lorraine p. 519.

[5] SS. II, 218: «Hoc eodem anno priusquam tamen epactae mu-
tarentur, Folco Remorum metropolitanus et Zuendiboldus rex inter-
fecti sunt, ac non multis antea diebus ego peccator Radbodus inter
famulos sanctae Trajectensis aecclesiae conscribi merui.» Fulko ftarb
am 16. Juni, Zwentibolb am 13. August 900 (Ann. Vedastini, SS. II,
209[31] und Reginonis chron. p. 148).

nommen sei". Da aber Arnulf bereits am 8. Dezember 899
starb[1], könne die Bestätigung nicht mehr von ihm ausgegangen
sein und müsse die Nachricht Reginos und der Vita Radbodi
auf einem Irrtum beruhen. Der Widerspruch hebt sich jedoch
leicht, denn offenbar bezieht sich jene Notiz Rabbods nicht auf
seine Wahl oder Bestätigung, sondern auf seine Weihe. Erst
durch diese wurde er Mitglied des Utrechter Klerus und konnte
nun unter die „Diener" (Bischöfe) der Utrechter Kirche einge=
reiht werden, wie wir «conscribi» wohl wörtlich übersetzen
müssen. Die Bestätigung der Wahl Rabbods ist demnach mit
Recht für Arnulf in Anspruch zu nehmen.

Sodann hören wir bei Regino, daß nach der Ermordung
des Herzogs Eberhard durch den Friesen Waltgar sein Herzog=
tum vom Kaiser an den Bruder des Getöteten gegeben wurde.[2]
Eberhards Herzogtum kann wohl nur in Friesland gesucht
werden[3], wenn schon wir einen positiven Beleg dafür nicht be=
sitzen, und bestand wahrscheinlich in der militärischen Obergewalt[4]
über diese von den Normannen bedrohten Gebiete. Es ist
möglich, daß die große Bedeutung dieses Amtes für die Ruhe
und Sicherheit des ganzen Reiches König Arnulf dazu veran=
laßte, hier die Neubesetzung selbst vorzunehmen.[5]

Außerdem hat, soviel wir wissen, Arnulf noch zweimal in
die Angelegenheiten des lothringischen Reiches eingegriffen.
Einmal kam durch seine Vermittlung zwischen seinem Sohne

---

[1] Vgl. Dümmler, O. R. III, 473 Anm. 3.

[2] Reginonis chron. a. 898, p. 146: «Per idem tempus Eworhardus
dux filius Meginardi a Waltgario Fresone filio Gerulfi, cum venatum
pergeret, dolo trucidatur; ducatus, quem tenuerat, Meginhardo fratri
ab imperatori committitur.»

[3] Vgl. Reginonis chron. a. 881 und 885, p. 117 und 124.

[4] Diese Bedeutung hat dux und ducatus im 9. Jahrhundert. Vgl.
Waitz, V.=G. V, 38 und 57 Anm. 2.

[5] Vgl. Dümmler, O. R. III, 465 und Parisot, Lorraine p. 518.

und ein paar lothringischen Grafen, denen Zwentibold ihre
Lehen entzogen hatte[1], auf dem Reichstag zu Worms im Mai
897 eine Aussöhnung zustande.[2]   Wir erfahren auch, daß hier
noch weitere Verhandlungen zwischen Vater und Sohn geführt
wurden[3], die sich kaum auf etwas anderes als auf lothringische
Angelegenheiten bezogen haben können.   Dann hat Arnulf zwei
Jahre später nach dem Einfall Karls des Einfältigen in
Lothringen auch den Frieden zwischen diesem und Zwentibold
vermittelt und eine Zusammenkunft der streitenden Parteien
nach St. Goar am Rhein berufen, zu der er von seiner Seite
den Erzbischof Hatto von Mainz und die Grafen Konrad und
Gebhard entsandte.[4]

Wenngleich sich aus den letztgenannten beiden Punkten eine
eigentliche Abhängigkeit Zwentibolds nicht gut konstruieren läßt,
so erhellt doch, daß er die Autorität des Vaters anerkannte,
vor ihm erschien und sich seinem Schiedsspruch unterwarf.
Ebenso war er bereits 897 dem Willen Arnulfs in der Wahl
seiner Gemahlin gefolgt, als er sich mit Oda, der Tochter eines
Grafen Otto, vielleicht des Liudolfingers, vermählte.[5]   Als

---

[1] Vgl. oben S. 197 Anm. 1.

[2] Reginonis chron. a. 897, p. 145: «Eodem anno Arnulfus Wormatiam venit ibique placitum tenuit; ubi ad eius colloquium Zuendibolch occurrit, et interventu imperatoris Stephanus, Gerardus et
Matfridus cum filio reconciliantur.»

[3] Ann. Fuld. a. 897, p. 131: «ceterisque negotiis, prout potuit,
ibidem inter se dispositis placabilem licentiam in sua redeundi
donavit.»

[4] Reginonis chron. a. 899, p. 146: «Zuendibolch colloquium habuit cum optimatibus Arnulfi et Caroli et suis apud sanctum Goarem;
ex regno Arnulfi interfuerunt Hattho archiepiscopus, Cuonradus et
Gebehardus comites, ex parte Caroli ...» Vgl. Dümmler, O. R.
III, 469 f.

[5] Reginonis chron. a. 897, p. 145: «Post haec patrem super
uxorem, quam accipere desiderabat, per legatos consulit. Eius hor-

Vasallen des Vaters faßt augenscheinlich auch der Verfasser der Annales Fuldenses Zwentibold auf, wenn er ihn die Rückkehr vom Wormser Reichstag (897) ausdrücklich mit väterlicher Erlaubnis antreten läßt.[1]

Nach diesen Ausführungen werden wir bezüglich der Stellung des lothringischen Königs zu dem Ergebnis gelangen müssen, daß er zwar eine völlig selbständige, aber nicht unabhängige Gewalt besaß. Im vollen Besitze aller königlichen Rechte hat er nach außen wie im Innern ohne Beschränkung von seiten des Vaters geschaltet, doch wird man ihm gleichwohl eine souveräne Stellung nicht einräumen dürfen, weil Arnulf, wenn auch nur in ganz vereinzelten, ihm wichtig erscheinenden Fällen auch selbst noch gewisse Hoheitsrechte beanspruchte und ausübte, vor allem aber dann einschritt, wenn dem Frieden und dem Bestande des Reiches Gefahr drohte. Im übrigen überließ er, der sich in erster Linie als Baiernkönig fühlte[2], die ihm ferner liegenden Dinge im Westen ganz dem Ermessen seines Sohnes.

Die Ausstattung Zwentibolds mit einer derartig selbständigen, nahezu unabhängigen Gewalt ist jedoch als ein schwerer politischer Fehler König Arnulfs zu betrachten und macht seiner politischen Einsicht wenig Ehre. Während zur Behauptung der neuerworbenen lothringischen Gebiete eine möglichst enge Verbindung derselben mit dem ostfränkischen Reiche hätte erstrebt werden sollen, mußte die Gewährung einer so großen Selbständigkeit notwendig früher oder später zu einer völligen Loslösung dieser Gebiete führen, zumal wenn im Ostreich eine

---

tatu ad Ottonem comitem missum dirigit, cuius filiam nomine Odam in coniugium exposcit . . .»

   [1] Ann. Fuld. a. 897, p. 131: «placabilem licentiam in sua redeundi donavit.»

   [2] Vgl. Dümmler, O. R. III, 490.

weniger machtvolle Persönlichkeit als König Arnulf die Zügel
der Regierung lenkte. In der Tat bildet die Herrschaft Zwentibolds eine Übergangsstufe zu dem bald darauf (911) erfol-
genden Abfall der Lothringer zum Westreiche[1] und stellt recht
eigentlich die Voraussetzung dieser Entwicklung dar.[2]

Zwentibold selbst war der ihm vom Vater gestellten Aufgabe mit nichten gewachsen und keineswegs die geeignete Persönlichkeit, Ordnung im Lande zu schaffen und die zügellosen,
leicht zur Empörung geneigten Barone im Gehorsam zu erhalten.
Sein willkürliches und gewalttätiges Regiment veranlaßte vielmehr bald auch den Bruch mit der Geistlichkeit, an der er
anfangs eine Stütze gefunden hatte, und führte dadurch die
völlige Untergrabung seiner Herrschaft herbei.[3] Es wurde für
Zwentibold verhängnisvoll, daß sein Vater, König Arnulf, der
ihm einen Rückhalt hätte bieten können, bereits im rüstigsten
Mannesalter am 8. Dezember 899 verstarb. Sein Tod wurde
das Signal zu einer allgemeinen Empörung der weltlichen und
geistlichen Großen Lothringens. Sie riefen den eben gekrönten
jungen König Ludwig IV. von Ostfranken ins Land, um das
Reich seines verhaßten Halbbruders in Besitz zu nehmen, und
leisteten ihm zu Diedenhofen die Huldigung.[4] Zwentibold ver-
suchte zwar mit den wenigen, die ihm treu geblieben waren,
sein Reich zu behaupten, verlor aber in einem Treffen an der
Maas, das er am 13. August 900 den Grafen Stephan,
Matfried und Gerard lieferte, gegen die Übermacht Krone und
Leben.

---

[1] Vgl. Dümmler, O. R. III, 572. Parisot, Lorraine p. 582 ff.

[2] Als die Lothringer sich zunächst im Jahre 900 an den ostfränkischen König anschlossen, bewahrte ihr Land eine gesonderte Stellung im
ostfränkischen Reichsverband, vgl. Parisot l. c. p. 558.

[3] Vgl. Dümmler, O. R. III, 472 f. Parisot, Lorraine p. 555.

[4] Reginonis chron. a. 900, p. 148. Ann. Fuld. a. 900, p. 134.

2. Aquitanien unter Ludwig V. (ca. 982—984).

Ludwig, als König von Frankreich der fünfte des Namens, der letzte der Karolinger auf dem Throne des Westfranken= reiches, war ein Sohn König Lothars und der Emma, Tochter der Kaiserin Adelheid, der Gemahlin Ottos des Großen, aus ihrer ersten Ehe mit König Lothar von Italien.[1] Um seinem Sohne die Thronfolge zu sichern, hatte der Vater es durchge= setzt, daß Ludwig bereits in früher Jugend, auf dem Reichstag zu Compiègne im Jahre 979, von den Großen des Reiches, vor allem dem mächtigen Herzog Hugo von Francien aus dem Geschlechte der Robertiner, als sein Nachfolger anerkannt und zum König gewählt wurde.[2] Der Wahl folgte am Pfingst= sonntage des genannten Jahres (8. Juni) die feierliche Weihe durch den Erzbischof Adalbero von Reims. Nominell galt der junge König nun als Mitregent und übte auch sogleich insofern königliche Rechte aus, als er noch am Tage der Weihe dem Kloster Fleury im Gau von Orléans einen Schutz= und Jm= munitätsbrief erteilte[3] und am Tage darauf dem Bischof Arnulf von Orléans die Besitzungen und Privilegien seines Stiftes bestätigte.[4] Ebenso werden einige Urkunden Lothars in beider Namen ausgestellt und von beiden unterzeichnet[5], während andere

---

[1] Flodoardi Annales a. 966, SS. III, 407 [10].

[2] Richeri histor. III, c. 91, p. 119 f.   Warnkoenig und Gérard (Hi= stoire des Carolingiens II, 399) setzen die Wahl, Richers Anordnung des Stoffes folgend, der hier alle auf Ludwig bezüglichen Dinge zu= sammenfaßt, fälschlich in das Jahr 981.   Daß sie bereits 979 erfolgte, geht aus den in den folgenden Anmerkungen genannten Urkunden hervor. Vgl. v. Kalckstein, Kapetinger I, 346.   F. Lot, Les derniers Carolingiens (Paris 1891) p. 108 f.

[3] B. 2062; Bouquet IX, 659 (no 1).

[4] B. 2063; Bouquet IX, 660 (no 2).   Jn Titel und Datierung ge= schieht in beiden Urkunden Lothars nicht Erwähnung.

[5] Bouquet IX, 642 ff., no 33 und 34.   Die erste Urkunde ist von beiden unterzeichnet, die zweite nur von Lothar.

allein Lothar als Aussteller nennen, aber nach den Jahren beider datieren.[1] Dagegen findet sich in Privaturkunden kein Beispiel einer solchen Datierung.[2] An eine Teilnahme an der Regierung und an irgendwelchen Einfluß des Knaben[3] kann natürlich nicht gedacht werden. Es handelte sich in den beiden erwähnten Diplomen Ludwigs lediglich um eine Bestätigung von Privilegien Lothars, die den Besitzern nun, mit dessen Erlaub= nis unzweifelhaft, auch für die künftige Regierungszeit Ludwigs zugesichert wurden. Im einen Falle wurde die als Vorlage dienende Urkunde Lothars wörtlich abgeschrieben[4], im andern ist sie uns nicht mehr erhalten. Demgemäß sind auch beide Diplome nicht etwa von einer eigenen Kanzlei Ludwigs ausge= fertigt, sondern von dem Kanzleipersonal des Vaters.[5]

Wenige Jahre darauf unternahm Lothar, nachdem sein Versuch Lothringen zu erwerben gescheitert war, die Macht des sehr geschwächten westfränkischen Königtums durch die Vermäh= lung seines Sohnes mit einer aquitanischen Fürstin aufs neue zu heben.[6] Auf Betreiben gewisser Personen nämlich faßte man am westfränkischen Hofe den Plan, den jungen Ludwig mit Adelheid, der Witwe des mächtigen Grafen Stephan von Gé= vauban,[7] zu vermählen und ihn gleichzeitig als Unterkönig in

[1] Bouquet IX, 645 ff., no 35 und 36 vom 9. Juli 981 (B. 2056, 2057). Nur diese beiden Urkunden weisen Datierung nach beider Jahren auf.

[2] Das bemerkt bereits Bouquet IX, 659 (Monitum in diplomata Ludovici regis).

[3] Ludwig kann damals höchstens zwölf Jahre alt gewesen sein, vgl. unten S. 207 Anm. 1.

[4] Bouquet IX, 659 = IX, 636 (B. 2062, 2048).

[5] «Arnulf advicem Adalberonis archiepiscopi et archicancellarii.» Adalbero war Erzbischof von Reims.

[6] Vgl. v. Kalckstein, Kapetinger I, 352. Lot, Carolingiens p. 126.

[7] Richer nennt irrtümlich Raimund (I., Grafen von Rouergue und Herzog von Gotien). Daß jedoch Graf Stephan von Gévauban der erste Gemahl Adelheids war, hat Lot, Carolingiens p. 127 und besonders p. 366 ff. sehr wahrscheinlich gemacht.

Aquitanien einzusetzen.[1] Augenscheinlich war Adelheid Besitzerin großer Erbgüter.[2] Man hoffte nun, daß es möglich sein werde, auf dieser Grundlage der Herrschaft der Karolinger im Süden der Loire neuen Boden zu gewinnen und von hier aus ganz Aquitanien und Gotien unter ihre Botmäßigkeit zu bringen.[3] Ebenso meinte man durch eine solche Verbindung auch die mit der königlichen konkurrierende und stark aufstrebende Macht des Frankenherzogs eindämmen zu können, indem man auf diese Weise von zwei Seiten, von Norden und Süden, einen Druck auf ihn auszuüben vermochte.[4] Die Ausführung dieses Planes übernahm ein Graf Gozfried[5], in dem wir aller Wahrscheinlichkeit nach den Grafen Gozfried Grisagonella von Anjou, den Bruder Adelheids, zu sehen haben[6], der als solcher zur Führung der Verhandlungen besonders geeignet erscheinen mußte. Es gelang ihm auch, ihre Einwilligung zu erlangen. Mit einem bedeutenden Vasallenheer führten nun Lothar und seine Gemahlin Emma[7] den Sohn nach Aquitanien,

---

[1] Richeri histor. III, c. 92, p. 120.

[2] Vgl. Richerus l. c.: «postquam ex iure ductae uxoris oppida munitissima ad suum ius retorqueret.»

[3] Richerus l. c.: «Enimvero possibile fieri, totam Aquitaniam simulque et Gothiam suo imperio asstringi posse.»

[4] Richerus l. c.: «Magnum etiam quiddam in hac re et utile comparari, si, patre hinc posito et illinc filio, dux ceterique hostes in medio conclusi, perpetuo urgeantur.»

[5] Richeri histor. III, c. 93, p. 120: «Huius rationis consilium postquam regi suggestum est, apud Gozfredum comitem, qui aderat, ordinatum valuit.»

[6] Daß hier viel eher Gozfried von Anjou in Frage kommt als Goifred von Roussillon, obwohl auch dieser damals mit Lothar im besten Einvernehmen stand (cf. Bouquet IX, 645 f., no 35 und 36), hat Lot, Carolingiens p. 126 Anm. 3 gezeigt.

[7] Ihre Anwesenheit erhellt aus dem Diplom Lothars für das Kloster St. Pierre de Roses von 982, Bouquet IX, 648 (no 37): «interveniente dilecta coniuge nostra Emma».

wo sie zu Brioude in der Auvergne mit großer Pracht von Adelheid empfangen wurden. Hier erfolgte nach Vollzug der Ehe auch die Krönung des neuvermählten Paares zu Königen von Aquitanien durch die Bischöfe des Landes.[1]

Der Zeitpunkt dieser Ereignisse läßt sich mit voller Sicherheit nicht feststellen, da Richer sämtliche Ereignisse, die sich auf Ludwig beziehen, seine Wahl zum König im Jahre 979 und die ganze aquitanische Angelegenheit von Anfang bis zu Ende ohne chronologische Angaben unmittelbar hintereinander erzählt. Einen Anhaltspunkt gewinnen wir dadurch, daß bei Richer der Bericht über Hugo Capets Romreise zu Kaiser Otto II., die Ostern 981 erfolgte[2], sowie über die erst nach seiner Rückkehr stattfindende Aussöhnung mit König Lothar jenen Ereignissen vorhergeht.[3] Somit könnte vor Ende 981 der Zug beider Könige nach Aquitanien kaum stattgefunden haben.[4] Da wir aber aus den Ausstellungsorten zweier Urkunden Lothars[5] mit Sicherheit eine Reise desselben in die Auvergne im folgenden Jahre erschließen können, so kann mit einiger Wahrscheinlichkeit die Vermählung und Erhebung Ludwigs zum König von Aquitanien in eben dieses Jahr 982 gesetzt werden.

Die Absicht Lothars, in Aquitanien die karolingische Herrschaft wieder aufzurichten, wurde jedoch nicht erreicht; die ganze aquitanische Unternehmung nahm vielmehr ein dermaßen schmähliches Ende, daß sie das Ansehen des Königs nicht nur hier

---

[1] Richeri histor. III, c. 93 und 94, p. 121: «Ludovicus rex eam sibi uxorem copulavit atque secum coronatam per episcopos in regnum promovit.» Vgl. jedoch Lot, Carolingiens p. 127 Anm. 2.

[2] Vgl. Uhlirz, Jahrbücher des Deutschen Reichs unter Otto II. (Leipzig 1902) S. 153.

[3] Richeri histor. III, c. 84—89, p. 117 ff.

[4] Vgl. v. Kalckstein, Kapetinger I, 372 Anm. 2.

[5] Bouquet IX, 648 f., no 37 und 38 (B. 2058, 2059). Beide sind in der Auvergne zu Brossac, bezw. Parentignac ausgestellt.

im Süden, sondern im gesamten Reiche auf das empfindlichste
schädigte. Der Hauptgrund lag wohl in der unnatürlichen
Verbindung eines etwa fünfzehnjährigen Knaben mit einer
alternden Frau.[1] Ohne Zuneigung für einander vermochten sie
sich nicht zu verständigen und friedlich zusammen zu leben; ihr
Verkehr beschränkte sich bald auf das Notwendigste. Nach einer
zweijährigen Scheinehe wurde das Verhältnis zwischen beiden
Ehegatten jedoch so unerträglich, daß es zum völligen Bruche
kam und beide sich trennten.[2] Ein solches Verhältnis Ludwigs
zu seiner Gemahlin, auf deren ausgedehntem Besitz seine Macht
vor allem beruhte, mußte seine ohnehin nicht gefestigte Stellung
im Lande völlig untergraben und ihn namentlich in scharfen
Gegensatz zu ihren mächtigen Verwandten bringen. Dazu kam
noch, daß der junge König sich völlig unfähig zur Regierung
erwies und ohne Leitung sich einem ausschweifenden und sitten=
losen Leben hingab.[3] Infolgedessen war von Erlangung irgend=
welcher Macht und Ausübung einer Herrschergewalt über die
großen Vasallen keine Rede.[4] Ludwigs königliche Würde wurde
schließlich überhaupt nicht mehr geachtet; er selbst, von Mitteln
entblößt, geriet in Elend und Not.[5] Sein Vater Lothar war

---

[1] Da Lothar sich im Jahre 966 mit Emma vermählte, kann Ludwig höchstens fünfzehnjährig gewesen sein (Flodoardi annales a. 966,
SS. III, 407 [19]).

[2] Richeri histor. III, c. 94, p. 121: «Et hoc apud eos fere erat
per biennium. Quorum mores usque adeo discordes fuere, ut non
multo post sequeretur et divortium». Etwas anders stellt Rodulfus
Glaber (histor. lib. I, c. 3; SS. VII, 54 [20] ff.) die Sache dar, auf dessen Er-
zählung ich aber Richer gegenüber kein Gewicht lege.

[3] Richeri histor. III, c. 95, p. 121 (moribus degener, regnandi
impotentia).

[4] Richeri histor. III, c. 94, p. 121: «Non tamen regium nomen
sic in eis valuit, ut ullatenus regnandi dominationem in principibus
exercere valerent.»

[5] Richeri histor. III, c. 95, p. 121: «Itaque in miserandam for-
tunam res penitus dilapsa est» — «et qui paulo ante rex genere

nicht in der Lage, hier mit Erfolg einzugreifen. Die königliche Macht in den Händen der Karolinger war derart gesunken, daß Gerbert, der berühmte Vorsteher der Domschule zu Reims und spätere Papst Sylvester II., damals schrieb[1], Lothar sei nur dem Namen nach König, der Herzog Hugo aber in der Tat und durch sein Wirken, Worte, die uns lebhaft an die Verhältnisse in den letzten Zeiten der Merovingerherrschaft im Frankenreich erinnern.[2] Lothar war außerdem seit Ende 983 in den Streit um die Vormundschaft für den jungen Otto III. von Deutschland verwickelt, der ihm, wie er hoffte, die seit langem ersehnte Gelegenheit geben sollte, sich Lothringens zu bemächtigen.[3]

Ohne Hoffnung also, das aquitanische Königtum seines Sohnes stützen und halten zu können, unternahm er endlich, um Ludwig wenigstens vor schimpflichem Untergang zu bewahren, mit seiner Ritterschaft einen Zug nach Brioude und holte ihn nach Francien zurück.[4] Wann dieser Zug Lothars, wann der völlige Zusammenbruch der Herrschaft Ludwigs in Aquitanien erfolgte, läßt sich wiederum nur annähernd bestimmen. Nach Richer dauerte die Ehe des letzteren mit Adel-

---

fama atque copiis potens; nunc erumnosus et inops, rei familiaris simul et militaris calamitate squaleret.»

[1] Lettres de Gerbert, publiées par Julien Havet (Paris 1889), p. 46 (no 48): «Lotharius rex Franciae praelatus est solo nomine, Hugo vero non nomine, sed actu et opere.»

[2] Vgl. Pippins Gesandtschaft an Papst Zacharias und dessen Antwort, Ann. regni Francor. a. 749, p. 8.

[3] Vgl. neben Lot Giesebrecht, Geschichte der deutschen Kaiserzeit (5. Aufl. Braunschweig 1881 ff.) I, 616 f. Als Quelle kommen in erster Linie die Briefe Gerberts in Betracht, vgl. oben Anm. 1.

[4] Richeri histor. III, c. 95, p. 121: «His Lotharius rex per multos cognitis, filium inde revocare cogitabat; non ignorans, in peius eum lapsurum, cum illic nullum dignitatis regiae haberet honorem. Equitatum itaque parat filium repetiturus. Aquitaniam ingressus, Briddam petit. Filium repetit et reducit.»

heib ungefähr zwei Jahre.[1] Das würde, nachdem wir die
Vermählung in das Jahr 982 gesetzt haben, das Jahr 984
ergeben.[2] Dafür spricht auch, baß sich ber junge Lubwig An=
fang 985 wieder bei seinem Vater in Lothringen befanb.[3]
Nach bem Jahre 985 kann jebenfalls die Katastrophe nicht ein=
getreten sein, weil wir im Jahre 986 Abelheid schon als
Gemahlin bes Grafen Wilhelm von Arles finden[4], zu bem
sie sich nach ihrer Trennung von Lubwig begeben hatte[5], unb
im März bieses Jahres bereits Lothar verstarb.[6]

Über irgendwelche Regierungstätigkeit Lubwigs, bie einen
Schluß gestattete auf seine Stellung als Unterkönig von Aqui=
tanien seinem Vater gegenüber, ist uns nichts überliefert. In
Wirklichkeit besaß weber ber eine noch ber anbere nennenswerte
Macht im Lanbe. Doch kann nach ber Lage ber Dinge kein
Zweifel barüber bestehen, baß eine völlig selbständige unb unab-

---

[1] Vgl. oben S. 207 Anm. 2.

[2] Für bie zweite Hälfte bieses Jahres spricht sich v. Kalckstein aus
(Kapetinger I, 372 Anm. 2); er will bas Zurücktreten Lothars in ber
lothringischen Angelegenheit auf bas Scheitern Lubwigs in Aquitanien
zurückführen.

[3] Das ergibt sich aus einer Stelle eines Briefes Gerberts von
Reims an Bischof Notger von Lüttich von Enbe 984 ober Januar 985;
Havet, Lettres de Gerbert p. 37, no 39: «Germanum Brisaca Rheni
litoris Francorum reges clam nunc adeunt, Henricus rei publicae
hostis dictus kal. Febr. occurrit.» Vgl. Lot, Carolingiens p. 142 unb
156 Anm. 1. Dieser nimmt sogar an (p. 128 Anm. 2), baß Lubwig schon
Anfang 984 nach bem Norben bes Westreichs zurückgekehrt war, boch kann
aus ber bafür herangezogenen Stelle eines Briefes Gerberts aus ben
ersten Monaten bes Jahres 984 (Lettres no 22, p. 17 f.) schwerlich bie
Anwesenheit Lubwigs in Lothringen gefolgert werben. Vgl. auch
Lettres no 32.

[4] Vgl. bie Urkunbe in ber Histoire gén. de Languedoc IV, 62
(Note 14, Nr. 13).

[5] Richeri histor. III, c. 95, p. 121: «Regina sese viduatam do-
lens, et verita maioris incommodi iniuriam, Wilelmum Arelatensem
adiit eique nupsit.» — [6] Havet, Lettres de Gerbert, p. 69, no 73 u. 74.

hängige Herrschaft des Sohnes nicht in Lothars Absicht lag,
denn Ludwigs Einsetzung als König von Aquitanien und seine
Vermählung bezweckten ausschließlich eine Hebung der väterlichen
Macht in diesen südlichen Gebieten des Reiches.[1] Demgemäß
hat Lothar auch keineswegs auf die Ausübung der Herrschafts=
rechte in Aquitanien verzichtet, wie uns eine von den wenigen
aus seiner letzten Regierungszeit vorhandenen Urkunden belehrt.[2]
Das gleiche gilt in bezug auf Gotien[3], das dem aquitanischen
Reiche Ludwigs wohl angegliedert wurde.[4] Auch fuhr man in
beiden Ländern fort, in den Privaturkunden nach den Jahren
des Westfrankenkönigs zu datieren[5], und rechnete nach den Re=
gierungsjahren Ludwigs erst vom Tode des Vaters ab, und
zwar mit der Epoche von 986.[6] So betrachtete man also auch
im Lande selbst den Vater als den eigentlichen Herrn, wenn
man ihn als solchen im wesentlichen auch nur dem Namen
nach anerkannte.

---

[1] Vgl. oben S. 205.

[2] Bouquet IX, 651, no 39. Lothar bestätigt hier Besitzungen eines
Klosters in Poitiers.

[3] Vgl. die schon genannten Urkunden Lothars, Bouquet IX, 648 f.,
no 37 und 38 (B. 2058, 2059), oben S. 206 Anm. 5. Lot p. 128.

[4] Richeri histor. III, c. 92, p. 120: «Enimvero possibile fieri,
totam Aquitaniam simulque et Gothiam suo imperio asstringi posse.»

[5] Doniol, Cartulaire de Brioude no 299 (a. 982), no 91 (a. 985).
Deloche, Cartulaire de Beaulieu no 150 (a. 983), no 85 (Mai 984 oder
985). Histoire gén. de Languedoc V, col. 294 f., no 135.

[6] Histoire gén. de Languedoc V, col. 304 ff.

Schluß.

Mit bem 987 erfolgten Tobe Ludwigs V., der in der
Geschichte unverdientermaßen den Beinamen des Faulen führt,
ging die Herrschaft des karolingischen Hauses auch im westlichen
Teile des alten Frankenreiches zugrunde. Werfen wir zum
Schluß noch einen Blick auf die Gesamterscheinung des Unter=
königtums während der karolingischen Epoche, so läßt sich ein
fundamentaler Unterschied erkennen gegenüber dem Unterkönig=
tum der merovingischen Zeit. War dieses im Gegensatz zur
königlichen Gewalt erwachsen und hatte es lediglich den parti=
kularen Sonderinteressen der hohen Aristokratie Vorschub ge=
leistet, so diente das Unterkönigtum der karolingischen Epoche
den rein dynastischen Interessen der Herrscher, deren eigener
Initiative es seine Entstehung verdankte. Während dort die
Einsetzung eines besonderen Herrschers über bestimmte Gebiets=
teile eine staatsgefährliche Maßregel, eine Lockerung des ein=
heitlichen Reichsverbandes bedeutete und die Bildung einer
starken und einheitlichen königlichen Zentralgewalt verhinderte,
wurde sie hier im Gegenteil als ein Mittel der Staatsklugheit
angewandt, um bestimmte Landesteile, deren Verhältnisse eine
besondere Behandlung wünschenswert erscheinen ließen, nur um
so fester und inniger mit dem fränkischen Kernlande und seinem
Herrscherhaus zu verknüpfen, wie es in den einzelnen Fällen
des näheren dargelegt worden ist. Der Grund dieser Wand=
lung im Charakter und in der Bedeutung des Unterkönigtums
liegt in der Veränderung der innerstaatlichen Verhältnisse des

14*

fränkischen Reiches, in der festeren Struktur des karolingischen
Staates und in der Entwicklung einer starken zentralen Königs=
gewalt, der es gelungen war, den fronbierenden Geist der Ari=
stokratie zurückzubrängen. Bei diesen Voraussetzungen stellt das
Unterkönigtum im Reiche der Karolinger ein wohlgeeignetes
Mittel der Staatsraison dar und hat ohne Frage durchaus im
Sinne der Erhaltung der Ruhe und des Friedens in den ver=
schiedenen auf diese Weise organisierten Gebieten gewirkt. Eine
solche Institution mußte auch wesentlich zur Ermöglichung oder
Erleichterung einer geordneten Verwaltung beitragen, die in
einem so gewaltigen Reiche bei so beschränkten Verkehrsmöglich=
keiten und einem so schwer festzulegenden Regierungssystem von
einer einzigen Zentrale aus nicht leicht zu erreichen war.

Für die karolingische Epoche konnten wir die Stellung der
verschiedenen Unterkönige meist des näheren bestimmen und
dabei feststellen, daß dieselbe keineswegs immer die gleiche war,
und daß die Unterschiede teils in den besonderen Verhältnissen
der verschiedenen abgesonderten Reichsteile, teils im Charakter
und in den Eigenschaften der einzelnen Fürsten begründet waren.
Doch kann im allgemeinen gesagt werden, daß den Unterkönigen
nur für die innere Landesverwaltung eine selbständige Entschei=
bung zustand — natürlich stets unbeschadet der Oberhoheit des
Vaters —, während in den auswärtigen Angelegenheiten ihre
Kompetenz zum mindesten beschränkt erscheint. Eine Ausnahme
hiervon bildete nur die Herrschaft Zwentibolds in Lothringen
und die Lothars in Italien nach dem Jahre 833, die beide
ein außergewöhnliches Maß von Unabhängigkeit zeigten. Letz•
tere war nur unter den ganz besonderen Umständen der dama=
ligen Zeitverhältnisse möglich, wohingegen erstere überhaupt von
dem allgemeinen Charakter des karolingischen Unterkönigtums
abweicht, indem die Einsetzung Zwentibolds viel weniger durch
Erwägungen politischer Art veranlaßt wurde, als durch die rein

persönliche Vorliebe König Arnulfs für diesen illegitimen Sohn, der er staatliche Interessen opferte. Die geringste Machtentfaltung des Unterkönigtums wurde wahrgenommen unter Karl dem Großen, unter dem überhaupt Wert und Vorteil der Einrichtung für den Staat am deutlichsten hervortraten.

Ebensowenig war auch die Stellung des gleichen Unterkönigs zu allen Zeiten die gleiche, wie es von den Söhnen Ludwigs des Frommen und Ludwig II. von Italien nachgewiesen werden konnte. Hier spielte vor allem das Alter eine wichtige Rolle; es veranlaßte bisweilen, daß der Vater die Regierung im Nebenreich noch so gut wie ausschließlich persönlich führte, da es sich von selbst verbot, einem Regentschaftsrate ausgedehntere Befugnisse einzuräumen.

Das Unterkönigtum war eine Institution, die ebenso wie das Prinzip der Reichsteilung der privatrechtlichen Auffassung des Königtums entsprang, die den Staat im König verkörperte und das Reich als ein ihm gehöriges Eigengut ansah, über das er nach privatrechtlichen Grundsätzen frei verfügen konnte. Als daher mit der Durchbrechung des Erbfolgerechts diese privatrechtliche Auffassung des Königtums einer mehr staatsrechtlichen Platz machte, welche nicht mehr den König, sondern das Reich als Angelpunkt betrachtete, war auch dem Unterkönigtum die Grundbedingung der Existenz genommen. Durch den Sieg des Wahlprinzips verlor der König, jetzt nur noch Mandatar des Volkes, die freie erbherrliche Verfügung über das Reich und wurde die Unteilbarkeit desselben grundsätzlich gesichert. Demgemäß läßt sich in der Geschichte des deutschen Reiches, das seit Konrad I. überwiegend den Charakter eines Wahlreiches annahm, ein weiteres Vorkommen des Unterkönigtums seitdem nicht nachweisen, während es in anderen Ländern, in denen es zur Ausbildung einer Erbmonarchie kam, sich noch lange erhalten hat.

Nachtrag zu Seite 192.

Die Diözese Basel scheint 895 ein Bestandteil des ostfränkischen Reiches gewesen zu sein, da Bischof Iring auf der im Mai dieses Jahres abgehaltenen ostfränkischen Synode und Reichsversammlung zu Tribur anwesend war (Capit. II, 246), während er noch 892 im Gefolge Rudolfs I. zu Lausanne erscheint (Mémoires et Documents publiés par la société d'histoire de la Suisse romande VI, 55). — Für die Zugehörigkeit des Varais zum Reiche Zwentibolds ließe sich ferner anführen, daß nach Angabe des anonymen Verfassers einer anderen ungedruckten Besançoner Bischofsliste, die die Verfasser der Gallia Christiana benützten (cf. Gall. Christ. XV, 3), Zwentibold der Kirche von Besançon drei im Varais gelegene Villen, Vieilley, Bonnay, Devecey, schenkte (Gall. Christ. XV, 25). Den angeführten Nachrichten bezüglich des Varais würde nicht entgegenstehen, daß der Erzbischof Theoderich von Besançon in zwei Diplomen aus den Jahren 888 und 893 (Bouquet IX, 691. Die zweite Urkunde findet sich bisher nur abgedruckt bei Poupardin, Le royaume de Bourgogne, Paris 1907, p. 18 Anm. 3) als Kanzler Rudolfs I. erscheint, da seitdem die Besitzverhältnisse in diesen burgundischen Gebieten mancherlei Wandlungen erfuhren. So war denn auch schon im Anfange des Jahres 895 nicht mehr Erzbischof Theoderich von Besançon Erzkanzler des hochburgundischen Reiches, sondern der Bischof

Walther von Sitten, wie aus einer dritten Urkunde Rudolfs I. vom Januar 895 hervorgeht (Mémoires et Documents . . . de la Suisse romande VI, 53 f.). Man darf wohl annehmen, daß die Angriffe, die Arnulf im Jahre 894 teils selbst, teils durch seinen Sohn Zwentibold gegen das burgundische Reich unternahm, den genannten Erzbischof bewogen, sich dem ost= fränkischen Herrscher anzuschließen. — Wenn wir der erwähnten anonymen Quelle der Gallia Christiana (XV, 25) Glauben schenken dürfen, war der pagus Amaus (l'Amous) ebenfalls dem Reiche Zwentibolds einverleibt, da dieser auch hier Ver= gabungen vorgenommen haben soll.